사례에서 배우는

학업상담의 실제

황매향

서울대학교 약학대학 제약학과에서 공부하고 회사생활을 하면서 상담에 관심을 갖게 되었다.
서울대학교 사범대학 교육학과에 편입해 학부와 대학원에서 공부하고 교육상담으로 박사학위를 취득했다.
현재 경인교육대학교 교육학과에서 예비교사 및 교사들을 가르치고 있고, 상담심리전문가로서 상담과
수퍼비전을 자원봉사 활동으로 하고 있다.
관심을 가지고 공부하고 상담하는 영역은 학업상담, 진로상담, 취약집단 아동 및 청소년의 발달이고, 헬렌
켈러의 "I cannot do everything, but I can do something; I don't refuse to do something I can
do."라는 삶의 태도를 닮으려고 노력한다.

사례에서 배우는 학업상담의 실제

2016년 11월 7일 초판 1쇄 발행
2021년 1월 25일 초판 2쇄 발행

지은이 황매향
펴낸이 윤철호·고하영
책임편집 임현규
편집 최세정·정세민·김혜림·서은비·김채린·강연옥
디자인 김진운
마케팅 최민규

펴낸곳 (주)사회평론아카데미
등록번호 2013-000247(2013년 8월 23일)
전화 02-326-1545
팩스 02-326-1626
주소 03993 서울특별시 마포구 월드컵북로6길 56
이메일 academy@sapyoung.com
홈페이지 www.sapyoung.com

ISBN 979-11-85617-89-3 93180

* 이 저서는 2014년 정부(교육부)의 재원으로 한국연구재단의 지원을 받아
  연구되었음(NRF-2014SIA6A4A02024728).

사례에서 배우는

학업상담의 실제

황매향 지음

사회평론아카데미

서문

거의 10년에 가까운 '학습부진 극복'에 대한 연구의 결과가 이제 『사례에서 배우는 학업상담의 실제』라는 책으로 결실을 맺게 된다. 학업상담전문가로서 항상 '어떻게 학업상담에서의 효과적인 개입전략을 찾을 수 있을까'라는 고민을 하면서, '학습부진을 극복한 학생들이 다른 사람들로부터 어떤 도움을 받았는지 이야기를 들어보자'라는 생각을 하게 되었다. 운이 좋게 우리나라 학습부진 극복 학생들의 경험에 대한 질적 연구와 미국 학습부진 극복 학생들의 경험에 대한 질적 연구를 한국연구재단으로부터 각각 지원받고, 이후 출판까지 지원받게 되었다. 그래서 이 책은 분명한 책무성을 가지고 있는데, 상담전문가들이 학업상담을 이끌어 나갈 수 있는 개입전략을 학습부진을 극복했던 학생들의 이야기를 통해 배울 수 있어야 한다는 목적을 실현해야 한다.

이런 목적에 부합하기 위해 어떤 주제를 포함시키고 어떻게 내용을 전달할 것인가에 대해 많은 시행착오를 겪었다. 가장 큰 시행착오는 '교재'라는 생각으로 책을 쓰다가 '자기개발서'에 가깝게 내용을 다시 쓰기 시작했던 일이다. 상담전문가들이 수업을 통해 학업상담을 배우게 되는 경우보다는 현장에서 상담을 하면서 학업상담에 대해 더 알아야겠다는 필요를 느끼는 경우가 많다는 현실을 깨달았기 때문이다. 상담자가 알면 실제 상담에서 어떻게 활용할 것인가는 상담자 자신의 전문성으로 실현해 낼 것이라는 믿음을 가지고, 각 주제를 상담자에게 충분히 설명하겠다는 의도로 글을 썼다. 이 책을 통해 많은 상담전문가들이 학업상담이라는 영역에서 성장하기를 기대한다.

그리고 상담전문가의 한 사람으로서 사례를 함께 보면 내용이 훨씬 잘 이해된다는 점을 알기 때문에 거의 모든 절에 사례를 제시하였다. 학습부진 극복 경험에 관한 질적 연구를 통해 한국과 미국에서 수집된 사례들이 가장 많이 포함되었고, 다른 교재에 소개된 사례, 직접 상담했던 사례, 수퍼비전을 했던 사례, 동료의 상담사례, 관찰했던 사례, 영화나 드라마에 나온 사례 등 다양한 출처로부터 사례를 모아 포함시켰다. 인용된 모든 사례는 개인정보 보호를 위해 내용을 각색하고 가명을 사용했는데, 가명과 동명이인인 분들에게 의도하지 않은 불편감을 일으켰다면 지면을 빌어 사과드린다.

이 책은 3부로 구성되어 있는데, 1부 '학업상담의 기초'는 학업상담이 어떤 점에서 일반 심리상담과 같고 어떤 점에서 다른 영역의 상담과 다른가를 다루고, 2부 '학업상담의 과정'은 상담의 과정에서 고려해야 할 학업상담 고유의 특성을 다룬다. 1부와 2부는 초보상담자 또는 준상담전문가도 쉽게 이해할 수 있고, 상담 경험이 많은 상담자라면 자신의 상담을 한번쯤 되짚어볼 수 있을 내용들이다. 그리고 3부 '학업상담의 실제'는 상담의 목표별로 개입전략을 다루는데, 상담자가 학습자 또는 부모/교사의 입장이 되어 각 주제를 이해할 수 있고 이어서 제시되는 상담자 코너에서 그 근거가 되는 이론이나 연구결과를 살펴볼 수 있다. 따라서 각 절의 내용을 차례로 읽는 상담자들은 유사한 내용을 두 번 학습하는 효과를 거둘 수 있을 것이다. 또한 상담자 코너 앞에 제시된 각 주제별 내용들은 전문용어나 이론적 논의가 포함되어 있지 않아 쉽게 이해할 수 있다. 공부문제로 고민하는 사람이라면 누구라도 읽어보면 도움이 될 것이다. 내담자가 당면하고 있는 공부문제와 관련된 내용을 읽어보도록 상담자가 추천할 수도 있다. 추가적인 설명이 필요하다면 상담자 코너의 내용을 이용해 보충해 줄 수도 있을 것이다.

이 책은 많은 사람들의 도움을 받아 완성할 수 있었다. 무엇보다 한국연구재단의 지속적인 연구지원이 큰 힘이 되었다. 연구에 참여해 자신의 이야기를 아낌없이 내 주었던 한국과 미국의 학생들은 이 책의 주인공들이다. 함께 질적 연구를 수행하고 사례를 공유해 주고 원고를 읽으며 값진 피드백을 주었던 여러 선배, 후배, 동료들은 언제나 부족한 나의 큰 지원군들이었다. 또한 이 책이 나오기까지 많은 노력을 기울여주신 사회평론아카데미 여러분들도 또 다른 조력자들이다. 마지막으로 멀리서 지켜봐 주시는 부모님과 동생네 가족들, 그리고 가까이에서 무엇이든 가장 먼저 도와주는 남편은 언제나 내 편이 되어주어 열정을 함께 지켜주었다. 이 모든 분들에게 말로 표현하기 어려울 만큼 깊은 감사를 드린다.

2016년 가을 황매향

차례

1 부

학업상담의 기초

Chapter 1

학업상담의
의미

학업상담이란?

1. 문제영역별 접근으로서의 학업상담

2. 학업상담의 대상: 누구나 겪는 공부 문제

3. 학업상담에서 다루는 문제

학업관련 조력체제

1. 학업과 그 유사 용어

2. 상담과 그 유사 조력서비스

3. 학업상담과 그 유사 조력서비스

학업상담이란?

창수[1]는 학교에서 일으킨 사건으로 인해 학교로부터 상담을 받을 것을 통보받고 아버지와 함께 상담실을 찾았다. 창수 아버지의 요청과 상담자의 문제 파악에 근거해 학교에서 요청한 문제행동 자체의 재발방지를 위한 상담보다는 창수가 원하는 진로와 학습 문제에 초점을 맞춰 상담을 진행하는 것이 바람직할 것으로 평가되었다.

창수는 자신이 원하는 기계공고 진학을 위해 학교 내신 성적을 잘 받아야 할 필요성에 대해 인지하고 있고, 이를 위해 열심히 공부하고자 애쓰는 등 노력하고 있으나 지난 1년 반 동안 거의 공부를 하지 않아 어떻게 공부해야 할지 막막해하고 있었다. 더불어 진학 문제로 스트레스를 받고 있음을 호소했다. 창수가 원하는 기계공고로의 진학은 과거 창수가 아버지를 따라 공사현장을 다니면서 아버지가 하는 현장감독직 일이 마냥 쉬워 보였다는 창수의 진술이나 심리검사 결과를 통해 나타나는 창수의 성격적 특성을 고려할 때, 현재 중학생인 창수가 갖고 있는 막연한 목표일 가능성 또한 배제할 수 없었다.

창수와 창수 아버지와의 합의를 통해 '진로결정 및 그에 따른 학습전략 세우기'와 '부적응 행동에 대한 부모의 불안 감소'라는 목표를 설정했다. 이러한 상담목표 성취를 위해 '진로관련 검사를 활용한 진로결정 돕기', '고교진학 방향에 따라 그에 적절한 학습전략 안내하기', '과거 부적응 행동에 대해 창수와 아버지가 함께 탐색하는 작업을 통해 신뢰관계 강화하기' 등의 개입을 하였다. 이를 통해 창수의 학습동기가 향상되었고, 창수 아버지의 불안도 감소되었다.

---

1   한국청소년상담원에서 매년 발간되는 상담사례집 가운데 『2011 상담사례연구집』에 소개된 사례(69-97쪽)를 요약한 것으로 "A"로 명명된 내담자의 이름을 창수라는 가명으로 표기함.

1. 문제영역별 접근으로서의 학업상담

학업상담은 '새로운 지식을 습득하고 활용하고 생산해 내는 공부의 과정에서 발생하는 여러 가지 어려움을 조력하는 상담서비스'로 정의된다(황매향, 2008, p. 12). 창수의 사례와 같이 내담자가 호소하는 공부관련 문제를 상담이라는 서비스를 통해 해결해 나가는 것이 학업상담이다.

상담에서 다루는 문제를 보다 세분화하고, 그에 따른 차별화된 전략으로 접근해야 한다는 상담의 전문화 논의는 오래 전부터 이어져 오고 있다. 우리 나라에서는 1990년대 중반에 상담에 대한 적용영역별 접근이 학계와 상담 현장에 소개되었다. 학계에는 김계현(1995)의 『상담심리학: 적용영역별 접근』을 통해 '교육 및 학습문제와 상담'이라는 명칭으로 학업상담이 상담의 주요 영역으로 제안되었다. 김계현은 전통적으로 상담 관련 교과서들이 인간의 인지, 행동, 감정에 대한 이론에 바탕을 두고 각 이론별 상담원리를 정리하는 방식에서 탈피하고, 새로운 상담학의 틀을 상담이 적용되는 문제영역별로 잡아 나가야 한다는 입장에서 "상담심리학은 실제에의 적용, 즉 응용을 전제로 하는 학문이기 때문에 논리적 전제나 가정보다는 적용 실제의 분야들을 기준으로 구조를 잡는 것이 학문의 성격을 이해하는 데 더 용이할 것으로 보인다 (p. 16)"고 주장한다. 상담현장에서는 청소년 상담전문가 양성을 위한 교재 중 『청소년 학업상담』이 포함되어 학업상담이 청소년 상담의 주요 영역임을 확인시켜 주었다. 그리고 학업상담이 포함된 이유를 우리나라 청소년들이 가장

표 1-1. 상담의 전문 영역

김계현(1995)의 『상담심리학: 적용영역별 접근』에서 제안한 상담의 전문 영역	1996년 청소년대화의 광장에서 청소년상담 분야의 교재로 구성한 상담의 전문 영역
• 정신건강문제와 상담 • 성격문제와 상담 • **교육 및 학습문제와 상담** • 진로문제와 상담 • 직업적 적응문제와 상담 • 부부·가족문제와 상담 • 기타문제와 상담(신앙, 죽음, 건강 등) • 성장욕구와 상담	• 청소년 발달상담 • **청소년 학업상담** • 청소년 진로상담 • 청소년 성격상담 • 청소년 비행상담 • 청소년 약물상담 • 청소년 개인상담 • 청소년 가족상담 • 청소년 집단상담

고민하는 문제가 공부문제라고 밝히고 있다(김형태 외, 1996, p. 19).

이에 힘입어 학업상담의 영역은 서구의 교육과정에는 포함되지 않는 경우도 있지만, 우리나라 청소년상담에서 중요한 상담의 영역으로 자리잡고 있다. 청소년상담사 자격시험과 연수과정에 학업상담이 포함되어 있고, 여러 상담전문가 양성과정에 학업상담이 필수 또는 선택 과목으로 포함된다.

2. 학업상담의 대상: 누구나 겪는 공부 문제

우리나라는 학생들에게 '공부'가 심하게 강조되고 교과별 성적이 학생평가에 미치는 영향이 매우 커서 공부가 안 되거나 성적이 낮을 경우 다양한 문제를 겪게 된다. 나아가 우리 사회도 평생학습사회로 진입하면서 공부는 학교를 다니고 있는 학생들의 문제만이 아니라, 태어나면서부터 죽는 날까지 해야 하는 과업이 되었다. 누구나 자신이 하고 있는 공부 때문에 어려움이 있다고 호소하며 상담실을 찾는다면 학업상담의 대상이 될 것이다.

연령의 측면에서 볼 때, 학령기에 있는 학생들만이 아니라 유치원에 다니는 어린 아이부터 평생학습원에 다니는 노인에 이르기까지 모두 대상이 된다. 그뿐만 아니라 따라서 공간의 측면에서 볼 때, 초등학교에서 대학교에 이르는 학제에 포함된 교육기관만이 아니라, 사이버 공간에 마련된 학습공간이나 지역에 마련된 다양한 평생교육을 위한 학습공간에서 공부하는 모든 사람들도 대상에 포함된다.

3. 학업상담에서 다루는 문제

공부문제가 공부하는 사람은 누구나 겪고 있는 문제인 만큼 거의 모든 상담에서 공부문제가 호소문제 또는 다루어야 하는 문제로 포함된다. 상담이 시작될 당시에는 공부문제만을 호소했지만 그 이외의 문제가 더 큰 경우도 있고, 다른 호소 문제를 다루는 과정에서 공부문제를 발견하게 되거나 새롭게 대두되기도 한다. 그러나 공부문제를 다룬다고 해서 다른 문제가 해소되거나, 다른 문제를 다룬다고 해서 공부문제가 해소되는 경우는 드물어 공부문제는 그 자체로 직접적으로 다루어져야 한다.

이를 위해 선행되어야 할 것은 공부와 관련된 문제, 즉 학업문제와 그 이외의 문제를 구분해야하는 것이다. 내담자가 호소하는 학업문제의 원인이 비교적 명확하고 단순할 경우, 그 원인을 집중적으로 다루어 주면 된다. 또는 상담자는 학습관련 장애에 대한 처치, 학습전략 프로그램을 통한 공부방법의 개선, 보충학습을 통한 선수학습의 결핍 해소 등이 가능하도록 조력체제를 조정하고 구축하는 역할을 하게 될 수 있다. 그러나 대부분 내담자들이 호소하는 학업문제는 상당히 오랜 기간 지속되면서 공부만이 아니라 다른 적응영역에서도 심각한 문제를 가지고 있거나, 그 특성상 복잡한 요인이 관련되어 있거나, 학업문제로 인한 정서적 곤란을 크게 겪고 있는 경우가 많다. 또는 학교부적응, 가정불화, 또래관계 또는 이성관계에서의 실패, 심각한 정서적 곤란 등이 학업문제를 초래하고 있는 경우도 적지 않다. 이러한 복합적인 문제를 해결하기 위해서는 어떤 문제가 가장 심각한지 구분하여 우선순위에 따른 상담을 통해 지속적이고 체계적인 조력서비스를 제공해야 한다. 또한 필요에 따라 공부방법 향상 프로그램이나 보충학습, 약물치료 등이 상담과 병행될 수 있다.

학업관련 조력체제

상담의 한 영역으로 학업상담의 연구와 실제가 이어져 오고 있는 가운데, 학생들의 학업을 돕는 다양한 조력서비스들이 함께 개발되고 적용되고 있다. 최근 기초학력부진 학생에 대한 조력체제로 제안된 '두드림 학교 모형'은 다양한 서비스를 포괄하는 대표적 사례다. 공부문제와 관련된 여러 조력서비스들은 대상과 목적 면에서의 유사성으로 인해 서로 뚜렷이 구분하기 어려운 것이 사실이다. 동일한 현상을 서로 다른 용어로 표현하거나 서로 다른 현상을 동일한 용어로 표현해 용어에서부터 혼란을 일으키고 있다. 이러한 혼란을 분명하게 정리하기는 어렵지만, 유사 개념과 유사 서비스의 내용을 알아봄으로써 이 책에서 사용하는 '학업'과 '학업상담'이라는 용어가 무엇을 의미하는지 명료화하고자 한다.

그림 1-1. 학교 중심 기초학력부진 학생에 대한 포괄적 서비스 모형
(출처: 두드림학교운영가이드, 교육부·교육과정평가원, 2014, p. 9)

1. 학업과 그 유사 용어

'학업상담'이라는 용어 대신 '학습상담'이라는 용어가 사용되기도 하는데 학업과 학습은 서로 다른 의미일까? 학업, 학습, 공부가 서로 혼용되어 사용되고 있는데, 세 용어의 사전적 정의(국립국어원 표준국어대사전)는 다음과 같다.

- 학업(學業): 공부하여 학문을 닦는 일
- 학습(學習): 배워서 익힘
- 공부(工夫): 학문이나 기술을 배우고 익힘

이런 사전적 정의가 뚜렷이 구분되지 않을 뿐만 아니라 실제 사용에서도 큰 차이를 보이지 않는 말들이다. 학업을 정의하기 위해 공부라는 용어가 등장하기도 한다. 그 의미들을 구분해보면 다음과 같다.

'학습'은 새로운 것을 배우고 익히는 것에 초점을 두고 있다면, 학업은 배우고 익힌 것을 축적해 나가는 긴 여정까지 포함한다고 할 수 있다. 여기에 상담이라는 용어를 결합해 학업상담 또는 학습상담이라고 명명할 때 여전히 이런 차이로 두 용어는 구분되는가? 실제 현장에서는 학업상담과 학습상담을 거의 구분없이 사용하고 있다. 또한 학업상담을 학습과정 자체만이 아니라 학습과정과 관련된 모든 활동과 환경을 아우르는 것으로 학습상담과 구분하기도 한다. 이런 입장에서 학습상담은 보다 주의집중, 기억, 인출, 망각 등 정보처리적 과정에 초점을 둔 접근으로 여겨진다. 이 책에서도 학업의 의미가 학습을 포괄한다는 점에서 '학업상담'이라는 용어로 공부문제를 돕는 상담을 명명하고자 한다.

'공부'는 보다 일상적으로 사용되는 용어로 학문적 논의나 전문가들의 글에서는 잘 언급되지 않는다. 공부가 가장 포괄적으로 새로운 것을 배우고, 익히고, 적용하고, 나아가 새로운 것을 생산하는 의미까지 포함한다. 이 책에서는 보다 친근하고 쉽게 표현하기 위해 공부라는 말을 학업과 함께 혼용하고 있지만, 학업상담을 공부상담이라는 용어로까지 바꾸지는 않았다.

2. 상담과 그 유사 조력서비스

학업상담(academic counseling)은 학업과 상담의 조합어로 학업과 관련된 문제를 다루는 상담이라는 것을 용어에서 쉽게 추론할 수 있다. 이때 학업상담의 의미는 상담이 무엇을 의미하는가에 따라 결정된다. 상담이란 무엇이고 다른 조력서비스와 어떻게 구분되는 개념인가에 대한 논의가 여기에도 그대로 적용된다.

우리나라는 상담과 관련된 학문이나 실제의 역사가 그리 길지 않다. 그동안 상담이라는 조력서비스가 다른 조력서비스와 달리 어떤 영역을 다루고 있는지와 주로 어떤 문제를 다루는지에 대해 비교적 일관된 논의가 유지되고 있다. 그 내용으로는 이장호(1982)가 제안한 '생활지도, 상담, 심리치료 영역의 구분'과 홍강의(1993)가 제안한 '상담과 기타서비스와의 관계'가 대표적이다. 이 두 접근에서 나타나듯이 상담이라는 서비스와 다른 서비스가 분명하게 구분된다고 보기는 어렵고, 서로 차별화된 부분을 가지면서도 중복되는 부분도 공유한다.

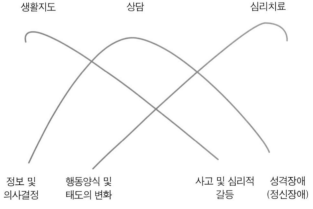

그림 1-2. 생활지도, 상담, 심리치료 영역의 구분
(출처: 이장호, 1982, p. 16)

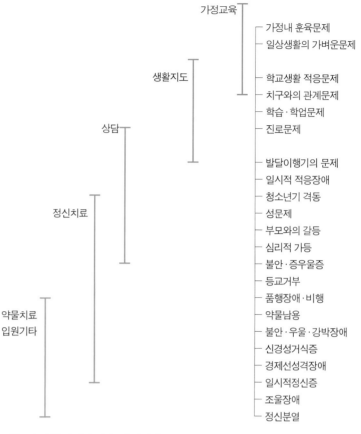

그림 1-3. 상담과 기타 서비스와의 관계
(출처: 홍강의, 1993, p. 44)

3. 학업상담과 그 유사 조력서비스

학생들의 공부문제는 그 원인, 양상, 심각도가 다양하기 때문에 그 해결과 조력 방안으로 학업상담 이외에 여러 접근이 가능하다. 특히, 공부는 스스로 배우고 익히는 부분도 있지만, 학교라는 체제를 통해 교사로부터 새로운 지식을 전달받고, 또래들과의 상호작용 속에서 학습과정이 강화되거나 약화되며, 가정에서의 부모의 관여에 따라 학습이 촉진되기도 하고 방해받기도 한다. 뿐만 아니라 자신이 처한 사회적 환경에 따라, 공부는 압력이 되기도 하고 휴식처가 되기도 한다. 따라서 한 개인의 학업은 개인의 특성만이 아니라 다양한 맥락이 영향을 미치고, 그 과정에서 발생한 문제의 해결을 위한 여러 가지 조력서비스가 존재한다. 학업상담 이외에 공부와 관련되어 현재 우리나라에서 제공되고 있는 서비스의 명칭들을 정리해 보면 다음과 같다.

① 학습코칭

코치라는 말은 스포츠 분야에서 가장 많이 사용되는 용어인데, 코치들의 가르치는 행동이 바로 코칭이다. 최근에는 다양한 분야의 조력에 코칭이라는 용어를 붙이고 그 일을 하는 사람을 그 분야의 코치라고 부른다. 라이프코치, 연애코치, 진로코치, 학습코치 등의 용어가 그 예다. 코칭이란 개인이 지닌 능력을 최대한 발휘하여 목표를 이룰 수 있도록 돕는 일인데, 학습코칭은 공부에서 최대한 능력을 발휘할 수 있도록 돕는 것을 의미한다.

학습코칭(learning coaching)이라는 말은 초기에 부모의 학습지원활동이나 교육지원활동을 보다 쉽고 친근하게 표현하는 용어로 사용이 되었다. 예를 들어, 노명숙(2009)은 부모의 학습지원행동을 구조화한 부모교육 프로그램을 '학습코칭 부모교육 프로그램'으로 명명했다. 이후 부모에 국한하지 않고 공부와 관련해 학생들을 돕는 활동으로 확대되어 학습코칭이라는 용어가 사용되고 있는데, 대표적 정의는 다음과 같다. 이러한 정의로 볼 때 학습코칭은 스스로 공부를 잘 해 나가는데 필요한 삶의 기술을 구체적으로 가르쳐주는 것에 초점을 둔 서비스임을 알 수 있다.

> 학습코칭이란 코칭기법과 자기주도학습을 위한 관리기법을 결합한 것으로 초등학교, 중학교, 고등학교 학생을 대상으로 올바른 자아정체성과 목표의식을 찾고 스스로 공부하는 열정과 능력을 갖춤으로써 자립형 인재로 성장하게 하는 것이다. '개인의 잠재력 계발', '학습동기 유발', '학습법 및 학습관리'의 코칭기법을 통해 자기주도학습능력과 리더십을 두루 갖춘 스스로 공부하는 리더를 만드는데 그 목적이 있다. (이보라, 2011, p. 17)

② 학습컨설팅

컨설팅이란 어떤 분야에 전문적인 지식을 가진 사람이 고객을 상대로 상세하게 상담하고 도와주는 것으로 국어사전에서 정의하고 있다. 영어에서 온 외래어로 주로 의료, 법률, 재무 영역에서 사용되던 용어가 그 사용 영역이 학교까지 확대되었고, 학교컨설팅의 영역이 세분되면서 학습컨설팅의 개념도 파생되었다. 우리나라에서는 한국교육심리학회를 중심으로 학습컨설팅(learning consultation)에 관한 논의가 활성화되었고, 학회 차원에서 양성되고 관리되는 학습컨설턴트들이 현장에서 학생들을 돕고 있다. 그 동안 제시된 학습컨설팅에 대한 정의와 내용은 다음과 같다. 정의에 나타나 있듯이 학습컨설팅을 학생과 대면하는 교사나 부모에게 어떻게 학생의 학습과정을 도울 것인가에 대한 조언과 지침을 주는 것이지만, 실제 현장에서는 학생들을 직접 만나 필요한 도움을 제공하는 경우도 많다.

> 학습컨설팅은 학생들의 학습향상이나 행동변화를 목적으로 개별 학생이나 교사 단위에서 요청되는 전문적인 도움이다. (윤초희, 2009, p. 2)

> 학습컨설팅은 기존의 치료적 또는 심리측정적 접근이 학교 문제 특히 학생들의 학습 및 행동 문제를 해결하지 못한다는 불만이 증가함에 따라 등장한 심리적 컨설팅의 한 형태이다(Bramlett & Murphy, 1998). 학습컨설팅은 학교컨설팅의 하위 영역으로 학습 및 기술에 관한 전문가인 컨설턴트가 교사나 학부모에게 서비스를 제공하여 클라이언트인 학생들의 학습 및 행동 문제를 해결하도록 도와주는 과정이다. 학습컨설팅에서 다루는 문제는 학생의 학습과 행동의 문제이지 컨설티의 개인적 문제가 아니다. 학습컨설팅은 학생의 문제를 해결하기 위해 학생과 직접 접촉하는 학습상담이나 학습클리닉과 달리 교사나 학부모를 통해 학생에게 서비스를 제공하는 형식을 선호한다. 그러나 학습컨설팅도 필요한 경우에 학생과 직접 접촉할 수 있다. (김정섭, 2009, p. 20~21)

> 학습컨설팅은 개별 학생의 학습향상이나 행동변화를 목적으로 요청되는 전문적인 도움을 제공하는 과정으로, 당면한 문제를 직접 해결할 뿐 아니라 미래에 발생 가능한 문제를 예상해 대비할 수 있도록 하는 관점에서 출발하는 접근방법이다. 학교기반 학습컨설팅은 학생의 학습과 적응을 향상하기 위해 학습과 행동전문가인 컨설턴트가 학생의 문제를 의뢰

해 온 교사등과 상호작용하여 심리, 행동, 학습 관련 서비스를 제공하면
서 협력적으로 일하는 과정이다. (이명숙 외, 2015, p. 856)

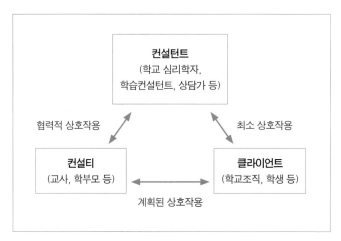

그림 1-4. 학습컨설팅에서 삼자 관계
(출처: 이명숙 외, 2015, p. 856)

③ 학습클리닉

학습클리닉은 클리닉(clinic)이라는 용어에서 병원과 관련된다는 느낌을 갖게
하는 용어다. 클리닉은 질병을 치료하는 진료소를 지칭하는 용어였으나 건강
과 관련된 일을 하는 시설을 통칭하는 곳으로 의미가 확대되었다. 우리나라에
서는 언젠가부터 성장클리닉, 비만클리닉, 헤어클리닉, 스트레스클리닉 등 신
체적으로나 심리적으로 좋아지는 서비스를 제공하는 곳에 붙이는 외래어가
되었다.

학습클리닉이라는 용어가 일반인들에게 알려지게 된 것은 90년대부터 문
을 열기 시작한 소아정신과 내 학습장애클리닉 센터가 계기가 되었다. 그 이후
'소아정신과 내에서 학습장애를 치료하는 곳'이라는 좁은 의미에서 '공부문제
를 두루 다루는 곳'이라는 넓은 의미로 그 의미가 확대되어 사용되고 있다.

학습클리닉 서비스의 가장 대표적 예는 각 시도교육청을 통해 운영되는
'학습종합클리닉센터'라고 할 수 있다. 학습종합클리닉센터는 국가 차원의 대
규모 기초학력지원사업의 일환으로 2011년 말부터 교육부 주도로 시작된 사

업이다. ADHD, 우울, 난독증 등 '정신건강'으로 어려움을 겪는 기초학력미달 학생을 지원하는 시스템을 구축한다는 목표로 각 시도교육청에 학습종합클리 닉센터를 세우고 전문인력을 충원해 그 서비스를 확대해 나가고 있다. 최근에 는 학교 내에 복합적인 요인으로 어려움을 겪는 기초학력 부진학생을 지원하 기 위한 두드림 학교 프로그램도 함께 운영되고 있다. 다음은 기초학력향상지 원사이트 꾸꾸에 탑재된 학습종합클리닉센터에 대한 소개 내용이다.

> "학습종합클리닉센터는 예방센터입니다. 특수교육 지원 대상으로 판정을
> 받지 않은 경계선상에 놓여 있어 일반적인 학습이 어렵고, 학교폭력이나
> 자살 등의 심각한 위기 학생으로 구분되지 않아 Wee센터의 우선 지원 대
> 상에서 밀릴 수밖에 없는 학생들, 그래서 어떠한 학습도 일어나지 않으며
> 수업시간에 멍하게 있거나 엎드려 잘 수밖에 없는 학생들을 1:1로 지원하
> 기 위해 학습종합클리닉센터의 코칭단 선생님들이 직접 달려 나갑니다."
> (출처: http://www.basics.re.kr/sub/info.do?page=060203&m=060203&s
> =kucu)

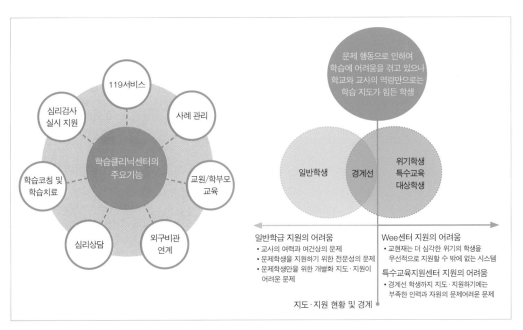

그림 1-5. 학습종합클리닉센터의 주요 기능과 지원 대상

또한 교육부는 2012년 '수학교육 선진화 방안'을 발표하면서 '수학클리닉'을 개설하여 운영할 것을 과제로 삼았다. 당시 발표한 수학클리닉 개설의 취지와 그 업무는 다음과 같다. 그 내용을 살펴보면 수학클리닉이란 수학학력신장을 위한 개별적인 조력을 할 기관이라고 볼 수 있다. 이를 이어받아 2015년 발표된 '제2차 수학교육 종합계획'에서는 '수학학습나눔교실'로 명명되고 있다.

> "학생과 학부모들은 효과적인 수학 학습방법 등에 대해 궁금증과 고민이 많지만, 정작 이에 대해 물어보고 논의할 만한 곳은 마땅치 않은 상황이다. 이에 현직 또는 퇴직 교사 및 교수 중에서 상담전문가를 선발하여 수학 관련 학습, 적성, 진로에 대한 학생, 학부모의 고민을 상담해 주는 수학 클리닉을 운영하는 한편, 자기주도 학습능력이 우수한 고학년 학생, 대학생들을 상담도우미로 선발하여 저학년 학생 상담을 돕고, 수학학습 know-how를 축적·전파하고자 한다." (교육과학기술부, 2012, p. 9)

④ 학업상담교사

미국에서는 1930년대에 이미 심리상담(personal counseling)과 구분되는 서비스로서의 학업상담(academic counseling)에 대한 논의가 있었고(예, Beaumont, 1939), 대학에서 제공한 상담이 학생들의 학업에 어떤 효과를 보였는지에 대한 25년간의 종단연구(예, Campbell, 1965)도 있었다. 지금도 미국에서는 공부문제를 주로 대학생들이 고민하고 호소하는 문제로 다루고 있다. 초·중·고교 학생들도 대학생 못지않게 심각한 어려움을 겪고 있는 우리나라와는 다른 상황이다.

미국 대학의 학업상담은 보다 학업문제를 전문화하여 효율적으로 돕는 서비스인 학사지도(academic advising)로 발전하였다. 학사지도사(academic advisor)는 학업성취를 잘 할 수 있고 전공 결정에 유리하려면 어떤 과목을 수강하는 것이 좋은지 조언해 주는 역할을 주로 하면서, 전반적인 대학 생활 중 학업 부분의 적응을 돕는다. 더불어 어학이 부족한 학생들을 위한 언어학습지원센터(language center)나 학업을 따라가는데 필요한 기초를 보충해 주는 학습지원센터(learning center)가 따로 있는 학교들도 많다.

이런 미국의 학사지도 제도는 우리나라의 일부 대학에서도 도입하고 있다. 그리고 고등학교에서 이 제도를 도입해 '학업상담교사'라는 명칭을 부여하고, 다음과 같이 그 역할을 규정했다.

> 학업상담교사는 학생들의 학업계획 수립을 지원하고, 학생의 학습 및 수행 수준을 진단하며, 학생의 교과목 선택에 조언을 주고, 수행 결과에 대한 피드백을 제공한다. 그리고 이러한 과정을 통해서 궁극적으로 학생들의 학습력을 극대화하는 것에 목적을 둔다. (조대연 외, 2012, p. 96)

학업관련 요인

학업관련 요인에 관한 개관 연구

무엇이 학업성취도를 결정하는가에 관한 연구는 교육학의 역사와 함께 한다고 해도 과언이 아닐 만큼 오랫동안 이어져 오고 있다. 학업성취도에 영향을 미치는 요인에 관한 연구결과의 가장 큰 특징 중 하나는 관련된 요인이 너무 많다는 점이다. 이에 따라 교육심리, 교육과정, 교육평가, 교육사회, 평생교육 등 교육학의 다양한 분야에서 관련 연구가 수행되고 있다. 요인이 복합적이고 접근 영역이 다양한 만큼 선행연구의 분량도 방대하다. 이러한 여러 선행연구를 종합한 메타연구만도 여러 편에 이르는데, 학업성취도를 결정하는 모든 요인을 아우르는 메타분석과 함께 개별 요인들의 예언력에 대한 메타분석까지 이어지고 있다.

메타분석이란?

동일한 연구문제에 대한 누적된 연구결과들을 종합적으로 검토하는 계량적 연구방법으로서, 기존의 문헌연구에서 연구자의 주관적 견해에 따른 연구의 편파성을 극복하고 선행연구들의 결과를 객관적으로 요약하기 위한 통계적 방법이다. 메타분석에서는 분석의 대상이 선행된 개별연구들이며, 각 연구에서 연구변수들의 효과 크기(effect size)를 산출하여 효과 규모가 연구들 사이에 통계적으로 유의미한 분산이 있는가를 검정하고, 유의미한 분산이 발견되는 경우에는 효과 크기에 영향을 미치는 연구설계 요인을 통계적 검정절차를 거쳐서 밝히는 분석을 시행한다. 학자에 따라서는 통계적 가설검정 절차 없이 효과 크기의 기술통계량만으로 연구결과를 요약할 것을 주장하기도 한다.

(출처: 교육심리학용어사전, 학지사, 2000, p. 111)

1. 학업성취 결정 요인의 상대적 중요성에 대한 탐구[1]

1) 미국의 학업성취 결정 요인 개관 연구

학업성취 결정요인에 관한 연구를 처음으로 종합한 Bloom(1976)은 교육성취에 관한 국제연구(International Studies of Educational Achievement, IEA)와 당시까지의 학업성취도 결정 요인에 대한 연구를 함께 분석했다. Bloom은 학업성취와 관련된 학생들의 개인차를 인지적 투입행동과 정의적 투입행동으로 나눴다. 먼저, 인지적 투입행동은 어떤 새로운 학습과제를 학습하는 데 반드시 필요한 선수적인 지식, 기능, 능력으로 보았다. 구체적으로 이전의 성적(선수학습), 적성, 독해력, 일반지능 등을 선행연구에서 다루고, 인지적 투입행동과 관련된 거시적·미시적 연구를 종합한 결과 가장 강력한 예언 변인은 선수학습인 것으로 밝히고 있다($r=.73\sim.83$). 인지적 투입행동 전체가 후속되는 학습과제에서의 성취도의 차이를 약 50%($r=.70$) 까지 설명할 수 있다고 추정했다. 다음으로 정의적 투입행동은 제시된 학습과제에 대한 학생들의 다양한 정의(情義)로 교과관련 정의(흥미 및 태도), 학교관련 정의(학교와 학교교육에 대한 일반적인 태도 또는 흥미), 학문적 자아개념 등이 포함된다. 정의적 투입행동 역시 학생들의 학업성취 과정에서 매우 중요함이 선행연구에서 밝혀졌고, 학업성취도의 약 25%($r=.50$) 까지를 설명할 수 있다고 추정하였다.

Mandel과 Marcus(1988)는 가장 많은 수의 연구를 종합했는데, 당시까지 미국에서 수행된 학업성취 결정 요인에 관한 경험적 연구 500여 편이 포함되었다. 성격, 가족, 또래집단, 학교요인, 요인분석, 학습부진의 정의와 예측 등 여섯 가지 영역으로 학업성취 관련 변인을 분류했는데, 이 중 성격에는 심리검사 결과, 자아개념, 지능과 인지양식, 주의집중 및 주의산만, 정의적 요인 등에 관한 선행연구가 포함되었다. 수동적인, 순종적인, 태평한, 사려적인, 겸손한, 반항적인, 외향적인, 소외된, 수동공격적인, 억압적인, 호전적인, 포부가 낮은, 우울한, 불안한, 불신하는, 방어적인 등이 학습부진아의 성격적 특징으로

---

1 이 내용은 학습부진학생의 이해와 지도(이대식, 황매향, 2011, 2014, 교육과학사) 2장에 제시된 내용을 저자들의 허락을 받아 요약한 것임.

확인되었다. 이에 비해 정상적인 성취를 보이는 학생들은 성취지향적인, 긍정적인 자아상을 가진, 심각한, 책임감 있는, 지배적인, 자신 있는, 훈육된, 미래지향적인, 독립적인 등의 성격을, 과성취 학생들은 남을 의식하는, 책임감 있는, 성적을 잘 받으려고 하는, 성취지향적인, 가족에게 의존된, 인정욕구가 높은, 내적으로 불안한, 매우 열심히 하는, 일관된, 솔선수범하는, 조직된 등의 성격을 가지고 있는 것으로 나타났다. 가족에서는 형제관계 변인, 부모의 양육방식, 아동 및 청소년의 성역할, 가정의 사회경제적 지위, 가족관계의 질, 다문화 가정 등에 관한 선행연구 결과를 따로 정리하고 있다. 나머지 또래집단, 학교요인, 요인분석, 학습부진의 정의와 예측에서는 선행연구들을 하위 영역으로 분류하지는 않고 개관하고 있다.

비교적 최근의 연구까지 개관한 Arbona(2000)는 『*Handbook of Counseling Psychology* (3rd ed.)』에 실린 "The development of academic achievement in school-aged children: Precursors to career development"라는 논문에서 학업성취 결정 요인을 개관했다. 사회경제적 지위, 아동 및 부모의 IQ, 학교의 질(학습기회), 부모 및 또래의 영향, 성취동기 등으로 분류하고, 특히 부모 및 또래 영향과 동기적 요인에 집중하고 있다. 부모 및 또래의 영향 부분에서는 양육태도와 성적의 관계, 심리적 곤란과 자기억제, 정서적 적응·공격성·반항 등의 매개효과, 학교친구(school-oriented peer)의 영향 등을 다루고, 동기적 요인에서는 주어진 활동에 언제, 어떻게 시간과 노력을 기울이는가의 문제, 귀인이론, 성취목표지향, 자기효능감, Eccles의 기대-가치 모델 등을 다루고 있다.

2) 우리나라에서 수행된 메타분석

학업성취 결정 요인을 모두 포함시켜 메타분석을 시도한 것은 오성삼과 구병두(1999)의 연구가 거의 유일하다. 해방 이후 발표된 국내 석·박사 학위논문 중 학업성취와 관련된 813편의 논문이 수집되었다. 이 가운데 메타분석이 가능한 587편의 논문을 그 내용에 따라 가정변인, 학교변인, 교사변인, 학생변인, 교수-학습변인 등 5개 변인군으로 분류하여 메타분석을 시도하였다. 가정변인을 다시 가정환경과 학부모로 분류하고, 가정환경에는 심리적 환경, 물리적 환경, 가족구성원 관계, 공·사교육비, 과정변인을 학부모에는 사회경제적 지위, 자녀양육교육방식, 학부모 특성, 역할기대를 포함시켰다. 학교변인은 학교와 학급으로 분류하고, 학교에는 조직풍토와 학교장 지도성을 학급에는 학급풍토와 학급규모를 포함시켰다. 교사변인은 교사라는 하나의 하위변인만 두었고, 여기에 배경 특성, 역할기대, 직무만족, 지도성을 포함시켰다. 학생변인에 포함된 변인이 가장 많았는데, 지적 특성, 정서, 자아인식, 동기·태도·습관의 4개 영역으로 나누었다. 지적 특성에는 지능, 창의성, 인지양식, 메타인지를, 정서에는 불안·스트레스, 소외, 욕구, 성격인성을, 자아인식에는 자아개념, 귀인성향, 내외통제 자기조절, 기대지각, 학습무기력, 사회성, 진로인식을, 동기·태도·습관에는 학습동기, 태도, 학습습관, 적성·흥미를 포함시켰다. 교수-학습변인은 교수, 학습, 평가로 분류하고, 교수에는 탐구학습, 컴퓨터 보조학습, 수업방법, 방송수업, 발문수준을, 학습에는 선수학습, 학습전략·방법, 학습의 양을, 평가에는 평가와 피드백을 포함시켰다.

학업성취에 영향을 미치는 변인들 가운데 가장 큰 효과크기를 지닌 변인군은 교수-학습변인군(e.s.=.69)이었고, 다음으로 학생변인군(e.s.=.47), 교사변인군(e.s.=.42), 가정변인군(e.s.=.33), 학교관련 변인군(e.s.=.25)의 순으로 나타났다. 그리고 이들 각 변인군들 속에 포함된 세부 변인들 중에서는 메타인지(e.s.=1.84), 가정의 과정변인(e.s.=1.40), 학생의 기대지각(e.s.=1.24), 지능(e.s.=1.11), 교사의 직무만족(e.s.=1.06), 학습된 무기력(e.s.=-.97), 선수학습(e.s.=.96) 등이 학업성취에 큰 영향을 미치고 있는 것으로 나타났다. 반면, 학교변인에 포함된 모든 세부변인들과 공·사교육비, 학부모 특성, 불안·스트레스는 상대적으로 평균효과크기가 작았다.

3) 학업성취 결정구조를 밝힌 연구들

메타분석은 아니지만 학업성취도에 영향을 미치는 여러 변인들의 상대적 중요성을 파악하기 위한 시도들도 있었다. 지금까지 살펴본 연구들과 같이 다양한 연구를 종합한 연구로 보기는 어렵지만, 다양한 변인을 함께 고려하고 있

다는 점에서 의의를 갖는다. 그 중 하나는 학업성취도에 영향을 미치는 변인
들에 대한 연구들이 개별 변인과 학교성적과의 관계에 치중되어 있음을 비
판한 이해명(1998, 2001)의 연구다. 이 연구에서는 중학생의 경우, 학업성적
과 상관관계가 높은 변인의 순서가 지능(.67), 노력(.60), 가정환경(.31), 사회환
경(.29), 학교환경(.19), 과외(.19) 등으로 나타났다. 고등학생의 경우 학업성적
을 결정하는 변인들의 상관관계가 조금 다른데, 지능(.73), 학교환경(.57), 노력
(.49), 사회환경(.37), 가정환경(.31), 과외(.22) 등의 순으로 나타났다.

박영신, 김의철, 정갑순(2004)은 우리나라의 토착적인 부모자녀관계의 변
인을 학업성취도 과정에서 고려해야 함을 강조하면서, 학업성취 결정과정 구
조를 검증하였다. 학업성취 결정 요인 중 부모자녀관계에 관한 부분이 잘 정
리되어 있고, 다른 학업성취 결정요인과 함께 그 상대적인 중요성을 3년간의
종단적 자료로 검증했다는 의의가 있는 연구이다. 특히, 우리나라의 높은 교육
열이라는 독특한 현상이 학생들의 학업과정에 많은 영향을 미치고 이것이 또
한 학생들의 학업문제를 유발한다는 점을 고려할 때 더욱 의미가 크다. 이 연
구에 포함된 학업성취도의 중요한 결정 요인은 부모자녀관계, 학습자의 특성,
과거의 성취도로 대별된다. 부모자녀관계에는 다시 부모의 사회적 지원, 성취
압력, 자녀에 대한 기대, 부모와의 관계(부모에 대한 죄송함과 부모에 대한 존경
심) 등을, 학습자의 심리특성은 자기조절학습효능감(인내와 노력)과 성취동기
(성취에 대한 열망)인 심리적 특성과 공부시간인 행동적 특성 등을 변인으로 포
함하였다. 각 변인의 선정과정은 경험적 연구결과와 더불어 우리나라 사람들
의 교육에 대한 성취의식을 질적으로 분석한 결과(박영신, 김의철, 2002)에 근
거를 두고 있다. 과거의 성취도는 현재의 학업성취도에 가장 크게 영향을 미
치는 변인으로 확인되었고, 직접적인 효과와 더불어 자기조절과 성취동기를
통한 간접효과도 확인되었다. 두 번째로 부모의 영향력이 크게 작용하고 있음
을 확인할 수 있었는데, 특히 부모자녀 관계에서는 부모에 대한 죄송한 마음
은 성취동기에 부모에 대한 존경심은 자기조절에 영향을 미쳐 학업성취도를
향상시킨다는 것을 밝혔다. 마지막으로 자기조절효능감과 성취동기는 학업성
취의 매개변인으로 확인되었다.

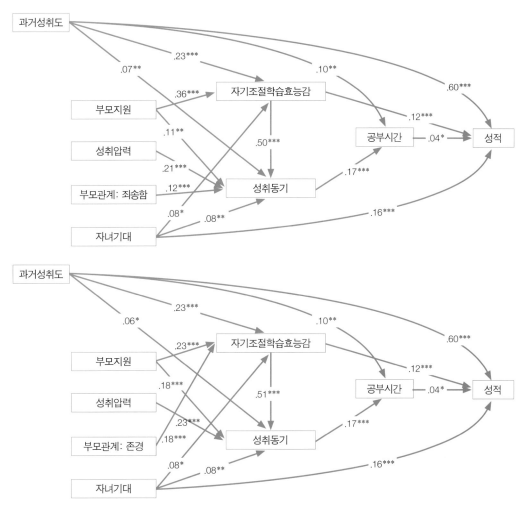

그림 2-1. 학업성취과정에 대한 경로분석(출처: 박영신, 김의철, 정갑순, 2004. p. 44, p. 49)

2. 개별 변인의 설명력(효과 크기)에 대한 탐구

지금까지 살펴본 연구들은 학업성취를 결정하는 다양한 요인들을 함께 고려하면서 어떤 요인이 더 큰 영향을 미치는지 알아보고자 했다. 학업에는 여러요인들이 관여되고, 각 요인들이 독립적인 것이 아니라 서로 영향을 주고받고있음이 확인되면서 다양한 변인을 한꺼번에 투입하는 형태의 연구는 줄어들고 있는 추세다. 또한 지능이나 부모의 사회경제적 지위 같은 변화시키기 어려운 요소들보다는 동기나 학습전략과 같은 비인지적인 개인내적 변인에 대한 관심이 높아지고 있다. 비인지적 변인들에 대한 연구를 종합하여 설명력을 밝히는 메타분석 연구도 활발하게 진행되고 있다.

그 가운데 가장 대표적인 변인은 학습동기인데, 학습동기에는 성취동기, 귀인, 효능감, 자기결정성, 목표지향 등 다양한 동기적 구인들이 포함되어 있다. 김아영(2010a)은 이를 학업동기로 명명하고, 각 구인과 관련된 이론, 연구방법, 교육현장에 주는 시사점, 우리나라에서의 연구동향 등을 종합적으로 정리하고 있다. 상세한 내용은 책을 참고하기 바란다. 동기적 구인 가운데 개별연구가 가장 활발한 것은 '자기효능감'일 것이다. 우리나라와 미국에서 모두 자기효능감과 학업성취도에 대한 메타분석이 실시되었고, 모두 자기효능감이 학업성취도를 예언하는 중요한 변인임을 밝히고 있다(구병두, 양애경, 최종진, 2014; 임선아, 정윤정, 2013; Multon, Brown & Lent, 1991; Robbins et al., 2004). 동기 요인 중 최근에 많은 연구가 이루어진 영역은 성취목표 지향과 관련된다. 성취목표와 학업성취의 관계에 관한 메타분석에서 숙달접근목표와 학업성취의 효과크기가 가장 크고 다음으로 수행접근목표가 뒤를 잇는 반면, 수행회피목표는 학업성취와 부적인 관계를 보인다(송주연, 2012; Hulleman et al., 2010). 또한 성취목표 지향과 자기조절학습의 관계에 관해 실시된 메타분석 결과에 따르면, 숙달접근 목표가 자기조절학습에 대해 가장 큰 효과크기를 보였고 숙달회피 목표는 오히려 부적인 효과크기를 보였다(김영숙, 조한익, 2014). 자기조절학습에 관한 메타분석(구병두, 양애경, 최종진, 2013; 윤광심, 2003)의 결과로 자기조절학습이 학업성취도를 유의하게 설명함이 확인된 점을 고려할 때 숙달접근 목표 지향성이 학업성취를 예언하는 중요한 변인임을 추론할 수 있다.

학습자를 둘러싼 환경 변인에 대해서는 부모의 심리적 지원과 같은 사회적 관계의 질이나 과정에 초점을 둔 연구가 증가했고, 그에 따라 메타분석 연구도 등장하고 있다. 그 가운데 최근에 발표된 Jeynes(2016)의 연구는 부모역할 중 어머니의 역할을 제외한 아버지 역할의 고유한 설명력을 검증하고 있다. 연구결과 아버지의 고유한 역할은 적응지표의 전반에서도 유의한 설명력을 가졌고, 학업성취도에 있어서도 유의한 것으로 확인되었다. 우리나라에서는 부모양육방식과 학업성취도를 포함한 인지발달의 관계에 대해 메타분석이

실시되었는데, 합리적, 애정적, 성취적, 자율적, 통제적 양육의 순으로 정적인
관계성을 확인할 수 있었다(이종욱, 최한희, 박병기, 2012).

학업성취도 결정 요인의 분류 체계

학습동기, 선수학습 수준, 가정의 사회경제적 지위를 비롯해 다양한 요인이 학업성취도를 결정한다. 그리고 여러 요인들이 설명력을 검증하는 연구들에 대해 앞서 살펴보았다. 그러나 여전히 방대한 요인을 한꺼번에 다루기는 어렵다는 문제가 있는데, 이를 해결하기 위해 유사한 특징을 갖는 요인끼리 분류하려는 시도들이 있었다. 여러 사태나 사상을 어떤 기준을 설정해 분류해 보거나, 크게 분류를 하고 각 분류 속에서 또 분류를 계속하는 방식이 분류의 대표적인 방식인데, 생물학의 분류학[2]에서 그 기원을 갖는다고 할 수 있다. 아마 중고등학교에서 "종-속-과-목-강-문-계"라는 체제를 암기했던 기억들이 있을 텐데, 이렇게 진화론에 입각해 생물을 분류하던 체제를 사회과학적인 현상을 이해하는 데 접목하고 있다. 학업성취도를 결정하는 다양한 요인들도 이렇게 분류해 본 시도들이 있는데, 그 내용을 참고하여 내담자가 가진 학업의 문제를 보다 체계적으로 이해할 수 있을 것이다.

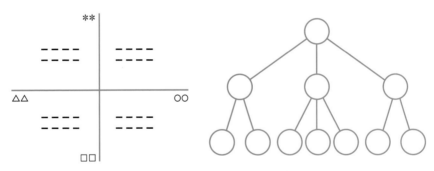

그림 2-2. 분류 체계의 예시

---

2 분류학(taxonomy): 자연적 유연관계를 바탕으로 동식물을 나누는 학문. 생물계를 문(門), 강(綱), 목(目), 과(科), 속(屬), 종(種)의 단계로 나누고 이들의 상호 관계나 계통 분화를 연구한다. (출처: 표준국어대사전)

1. 교수학습과정에서의 분류

생물학의 분류학(taxonomy)을 교육학에 적용한 Bloom(Benjamin Samuel Bloom, 1913~1999)은 학교교육 목표의 분류 체제를 제안한 것으로 알려져 있다. 학교교육과정의 설계부터 운영, 나아가 평가에 이르기까지 분류체제가 필요하다는 인식에서 출발한 현장 중심적 접근으로 지금까지도 영향을 미치고 있다. 학업상담이 초·중·고생을 대상으로 할 경우, 학교교육과정의 맥락 속에 있기 때문에 학교교육과정의 틀에 대한 이해가 필요하다. 특히 상담을 위해 교사들과 소통할 때는 교육학 전문용어에도 익숙해야 하는데, 이런 의미에서 교수학습과정에서 채택하고 있는 분류 체계를 살펴보면 표 2-1과 같다.

Bloom이 제시한 방대한 학교교육 목표의 분류체제를 모두 알기는 어려운데, 이러한 분류 체제를 위한 가장 첫 번째 단계로 영역의 분류를 숙지해야 한다. Bloom은 인지적, 정의적, 행동적 등 3개 주요 영역으로 분류를 시도한다고 밝히고 있다. Bloom이 제시한 인지적 특성, 정의적 특성, 심동적 특성의 분류가 동양의 지(智), 덕(德), 체(體)라는 교육목표와 유사하다고 말하는 학자들도 있다.

2. 변화가능성을 중심으로 본 분류

학업성취와 관련된 다양한 변인들 가운데, 상담자를 비롯한 조력자들이 보다 주목할 변인은 경험을 통해 비교적 변화가 용이한 변인들이다. 예를 들면, 지능과 부모의 사회경제적 지위는 학업성취도를 예언하는 가장 강력한 변인이

표 2-1. 인지적, 정의적, 심동적 영역

영역	정의 (Bloom, 1954/1981, p. 7)	행동 특성 (황정규, 1998, p. 22)
인지적 영역 (cognitive domain)	지식을 습득이나 지적인 능력이나 지적인 기술의 신장	지능, 지식, 이해력, 사고력, 문제해결력, 비판력, 창의력
정의적[4] 영역 (affective domain)	흥미, 태도, 가치 등의 변화와 판단력과 적응력의 발달	관심, 흥미, 태도, 가치관, 자아개념, 인성, 협동심, 도덕성
심동적[5] 영역 (psychomotor domain)	어떤 것을 조작하거나 운동 기술과 관련된 발달	기능, 기민성, 지각속도, 지각 정교성, 신체적 강인성

지만 두 가지 모두 짧은 시간에 변화시키기는 쉽지 않다. 반면 공부에 대한 태도나 학습동기는 상대적으로 변화가 용이하다. 또한 상담은 개인의 변화를 일차적인 목표로 하는 활동이다. 예를 들면, 상담자가 학교와 협조하여 학생에게 맞게 교수방법을 변화시켜 나가는 것은 현실적으로 어렵기 때문에 학생 개인의 변화에 초점을 둔다. 따라서 학업성취도를 예언하는 개인 내적 변인과 맥락적 변인의 구분도 필요하다.

즉, 학생의 개인내적 변인과 환경 변인으로 분류하고, 이를 다시 변화 가능한 변인과 비교적 변화시키기 어려운 변인으로 분류하여 개념화하는 방법이 제안되었다(황매향, 2009). 다음과 같이 개인-환경, 변화-불변의 두 개 축으로 변인을 나눠볼 수 있다. 상담자는 학업상담에서 다양한 변인들을 고려하여 내담자의 문제를 이해해야 하는데, 주로 1사분면의 요인들에 집중하고, 나아가 2사분면의 요인들의 변화를 촉구하며, 3사분면과 4사분면의 변화를 장기적으로 이끌 수 있다.

(변화 가능)	
부모와의 관계, 부모의 양육태도, 성취압력, 또래 관계, 교사와의 관계, 형제와의 경쟁, 학교풍토, 교육과정, 교사의 교수법, 학습과제, 학교시설, 시험 형식, 경쟁구조	기초학습기능, 선수학습, 학습동기, 학습전략, 성격, 공부에 대한 태도, 부모에 대한 지각, 불안, 우울, 비합리적 신념, 자아개념, 공부시간
(환경 변인)	(개인 변인)
부모의 지위 변인, 역기능적 가족구조	지능, 적성, 기질, 인지양식
(변화 불가능)	

그림 2-3. 변화가능성 중심의 학업성취 결정 요인 분류의 예

---

3 '정의(情義)적'이라는 표현은 일상적으로 사용되는 단어는 아니지만, Bloom의 설명으로 볼 때 정서적인 측면과 태도적인 측면을 포괄하고 있다는 의미에서 영문인 'affective'가 이렇게 번역되어 사용되어 오고 있다.

4 '심동(心動)적'이라는 표현 역시 잘 사용되지 않는 단어지만, 영문의 'psycho'를 심(心)으로 'motor'를 동(動)이라는 한자어로 각각 번역해 조합한 것이다. 신체운동기능이라고 표현하는 경우도 있다.

3. 상담을 위한 분류체계의 제안

지금까지 학업상담을 비롯한 학업관련 조력서비스에서는 학업성취도 결정 요인을 '인지-정서-행동-환경'의 틀로 분류하고 있다. 최근 상담의 흐름인 절충적 접근 또는 통합적 접근의 측면에서도 이러한 분류는 타당하다. 단, 학업상담에서는 이러한 통합적 접근의 인지-정서-행동-환경 이외의 개인의 역량 부분이 추가되어야 한다. 지능, 학습기초와 선수학습의 결손, 학습장애를 비롯한 관련 장애는 학업성취도를 가장 크게 예언하지만 상담을 통해 개입하기 어렵다. 그러나 내담자의 학업문제와 밀접히 관련되기 때문에 그 영향력에 대한 파악은 필수적이다. 이를 반영하여 학업성취도 결정 요인을 분류해 보면 다음과 같다. 이 책은 이 분류체계를 근간으로 삼고자 한다.

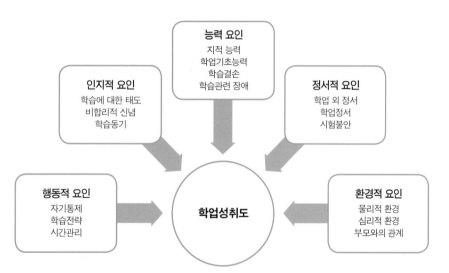

그림 2-4. 상담자를 위한 학업성취도 결정요인 분류의 예

그러나 다른 방식의 분류도 충분히 가능하다. 예를 들면, 학업성취도를 예언하는 다양한 변인을 상담에서의 절충적 접근의 틀을 그대로 적용해 인지-정서-행동-환경으로 분류하고, 인지에 지적 능력, 학업기초능력, 학습결손, 학습관련 장애를 포함시킬 수 있다. 그리고 한 단계 더 세분하여 인지 영역 중 지적 능력을 언어이해 능력, 정보처리 능력, 선택적 주의력 등으로 구성할 수도 있을 것이다. 앞서 제시한 모형에서는 능력 요인을 인지적 요인과 분리하고,

한 차원의 분류를 시도했는데, 인지적 요인으로 묶고 그 아래 하위 차원의 분류를 더 시도하는 것이다. 또는 인지적 요인에 포함된 동기 요인을 독립된 범주로 설정하는 것도 가능하다. 학업상담에서는 동기 요인이 핵심이 될 수 있는데, 동기는 인지, 정서, 행동의 영역에 걸쳐 있기 때문에 인지의 영역으로 분류하는 것보다 따로 범주화하는 것이 좋다고 생각할 수도 있다. 즉, 학업상담에서 합의를 이룬 분류체제가 존재하지 않는다는 것이 안타까운 일이지만, 상담들의 창의성을 발휘할 영역이 된다는 점에서는 장점이다. 유능한 상담자들은 자신이 주로 상담하는 내담자의 특성을 고려해 자신만의 분류체제를 구축할 수 있을 것으로 기대한다.

2부

학업상담의 과정

상담
시작하기

상담의 출발: 관계

1. 상담의 출발점으로서의 촉진적 관계 형성
2. 부모와의 촉진적 관계 형성의 필요성

비자발적 내담자

1. 자신은 원하지 않는데 상담을 받아야 하는 아이들
2. 부모와 교사의 기대라는 압박감
3. 상담에 대한 안내

상담의 출발: 관계

상담은 상담전문가만이 하는 활동이라는 견해도 있지만, 누구라도 도움이 되는 이야기를 나눈다면 상담이 되고 그 이야기를 들어주는 사람은 상담자가 된다는 견해도 있다. 상담전문가가 포함된 조력전문가(helping professional)인 교사, 정신과 의사, 사회복지사, 청소년지도사, 학습코치, 진로코치, 호스피스 등은 모두 상담 활동을 하는 전문가 또는 준전문가들이다. 그뿐만 아니라 부모를 비롯한 가족, 동성이나 이성 친구, 선배 또는 후배, 친척, 강사나 예체능 코치, 이웃, 동아리나 동호회 회원 등 친한 사람이나 때로는 우연히 만난 낯선 사람, 블로그 운영자, SNS, 자주 가는 카페의 주인이나 종업원, 미용사, 피부관리사, 보험설계사 등에게까지도 상담을 청한다. 이들과 이야기하면서 자신의 삶의 문제를 해결할 실마리를 찾았거나 다시 힘을 내어 삶의 문제와 부딪쳐볼 용기를 얻었다면, 바로 그들이 상담자의 역할을 한 것이다. 어떤 문제보다 공부문제는 상담전문가가 아닌 준전문가 또는 일반인들이 도움을 주는 경우가 많다. 이들이 상담자가 되는 가장 큰 이유는 "믿고 내 이야기를 할 수 있는 사람"이라고 여겨지기 때문이다. 즉, 상담의 토대가 되는 "신뢰로운 관계"가 형성되었기 때문에 쉽게 자신의 문제를 의논할 수 있는 것이다.

1. 상담의 출발점으로서의 촉진적 관계 형성

학업상담은 상담에서 다루는 주제가 '공부와 관련된 문제'인 경우에 부여한 명명으로 상담이라는 큰 우산 아래에 있다. 따라서 학업상담도 다른 상담과 마찬가지로 "관계 형성과 상담구조화 → 문제 진단 → 사례개념화 → 상담목 표 합의 → 개입 → 상담성과 평가 → 종결과 추수지도"라는 일반적인 상담과 정을 따른다. 그리고 이 과정은 이렇게 단선적으로 진행되는 것이 아니라, 상 담이 진행되면서 새로운 문제가 등장하거나 문제에 대한 가설을 수정할 정보 가 다시 나타나거나 개입이 효과를 거두지 못할 때마다 문제진단부터 평가까 지의 과정이 다시 반복하는 순환적 진행을 거친다. 관계 형성 단계에서 내담 자와의 관계 형성만이 아니라 부모와의 관계 형성의 중요성이 강조된다는 점 과 문제의 진단과 상담계획 단계에서 학업 자체의 문제와 학업 이외 문제를 구분하여 파악하고 다른 접근과 병행하게 되는 경우가 종종 있다는 점이 차이 점이라고 할 수 있다. 즉, 학업상담의 첫 출발점은 내담자와 좋은 관계를 형성 하는 것이다.

상담은 일반적으로 내담자가 상담자를 찾아오면서 시작되고, 내담자가 상 담자를 믿고 자신의 문제를 함께 해결해 나가고 싶어야 상담이 진행될 수 있 다. 때로 처음 만난 사람에게 술술 자신의 이야기를 하게 되기도 하지만, 일반 적으로 처음 만나는 사람에게 자신의 문제를 털어놓기는 쉽지 않다. 많은 내 담자들은 "내가 이런 문제를 가진 사람이라는 걸 알면 어떻게 생각할까?", "나 같은 사람을 이해해 줄까?", "괜히 안 좋은 소문만 낼 사람은 아니겠지?", "아 무런 해결책이 없다고 말하면 어쩌지?" 등 많은 걱정을 안고 처음 만나는 상 담자 앞에 앉게 된다. 공부문제는 다른 문제에 비해 보편적으로 경험하는 문 제로 여겨질 수 있어 이런 마음이 덜 생길 수도 있지만 여전히 이런 걱정이 솔 직하게 마음을 털어놓는 것을 막는다. 내담자가 이런 불안을 넘어서야 상담이 나아갈 수 있기 때문에 상담자는 조금이라도 빠른 시간에 내담자로부터 신뢰 를 얻기 위해 노력한다.

상담의 과정 중 관계형성과 관련해 가장 많이 등장하는 개념은 라포(rap-port), 작업동맹(또는 상담협력관계, working alliance), 촉진적 관계형성(진정성,

무조건적 존중, 공감) 등이다. 서로 다른 관계를 지칭하는 것은 아니지만, 상담에서 어떻게 관계를 형성해야 한다는 구체적 내용에서 조금씩 다르다. 가장 일반적으로 사용하는 관계에 대한 용어는 '라포'로 상담만이 아니라 여러 조력체계에서 함께 사용하고 있다. 좋은 관계라는 의미인데, 상담에서는 내담자가 안전함을 느끼고, 지지받으며, 존중받고, 돌봄을 받고, 소중히 여겨지며, 칭찬받고, 인격체로 받아들여지고, 경청받고, 듣고 있다고 느낄 수 있는 관계로 개념화한다(Hill & O'Brien, 1999). 학업상담에서도 마찬가지로 이와 같은 라포형성이 중요한데, 자신의 능력이나 노력이 평가받는다고 느끼지 않도록 하는 것이 필요하다. 특히, 초중고생들에게 상담자는 교사나 부모와 비슷하게 '공부 잘하는 아이만 예뻐하는 어른'으로 간주되기 쉽기 때문에 성적이라는 잣대로 내담자를 평가하지 않도록 유의해야 한다.

라포를 조금 더 상담이라는 활동에 맞게 구체화한 개념이 '작업동맹(또는 상담협력관계)'이다. Bordin(1979)은 상담자와 내담자가 상담을 위해 형성해야 할 관계는 목표에 대한 합의(goal), 작업에 대한 합의(task), 유대(bond)의 세 가지 측면으로 구성된 작업동맹이라고 처음 소개했다. Bordin에 따르면, 내담자가 스트레스, 좌절, 불만으로 인해 사고, 정서, 행동에서 나타나는 부적응에 대해 자신을 분석해 보고 변화시키고자 상담을 찾는 것이고 이 지점에서 목표가 합의되어야 된다고 본다. 상담의 접근에 따라 서로 다른 목표를 세울 수 있지만, 내담자가 다른 서비스가 아닌 상담을 찾았을 때 갖게 되는 목표는 이 지점에서 합의된다. 과제는 이런 목표를 성취하기 위해 상담과정에서 해야 할 일들이다. 자신을 관찰하고 자신의 생각이나 경험을 탐색하고 그 의미를 성찰하는 등이 대표적인데, 상담의 접근에 따라 강조되는 과제가 다를 수 있다. 예를 들면, 정신분석적 접근에서는 자유연상을 통한 무의식의 탐색이 행동수정에서는 자신의 행동에 대한 관찰과 기록이 더 중요한 과제가 된다. 이와 같이 Bordin은 라포형성에서 한 걸음 더 나아가 구체적으로 무엇을 위해 어떤 활동을 하는가에 있어 상담자와 내담자가 합의하고 협력해야 함을 강조한다. 이러한 작업동맹의 중요성은 학업상담에서도 그대로 적용되는데, 자신에게 주어진 학업이라는 과제를 잘 수행해 나가는 것이 목표로 채택되는 경우가 많을 것이다. 그러나 목표에 상담자와 내담자가 합의하지 못한다면 상담은 제대로 진행되지 못한다.

어떤 상담이론이 가장 효과적인 접근인가에 대해 우열을 가릴 수 없다는 점이 확인되면서 통합적 접근이 등장하게 되었고, 절충적 접근에서는 Rogers 의 치료조건에 해당하는 진정성, 무조건적 존중, 공감을 상담관계 형성의 토대 로 삼는다. 거의 대부분의 상담자들은 여기에 동의하고 있고, 상담을 한번이 라도 공부한 사람이라면 진정성, 무조건적 존중, 공감의 의미, 필요성, 기법에 대해 알고 있을 것이다. 그러나 실제 상담에서 잘 실천해내기 쉽지 않다. 상담 자들은 학생들에게 "모든 사람이 비난하는 사람이 나의 내담자로 온다면"을 가정해 보라고 하고, 그 사람을 진심으로 존중하고 공감할 수 있겠는지 상상 해 보라고 요청하기도 한다. 그때 반응은 조금 갸우뚱해 하다가, 당시 사회면 을 장식한 흉악범이나 비리를 저지르고도 뉘우침이 없는 정치인을 구체적인 예로 제시하면 모두 고개를 절레절레 흔든다. 물론 그런 사람들만이 내담자가 되는 것은 아니지만, 그들까지 이해하고 받아들여야 할 만큼 어려운 과제라는 것을 실감해 보라는 의미에서 이런 시도를 한다. 학업상담에서는 이렇게까지 큰 도전을 주는 내담자를 만나는 경우가 상대적으로 적은 것은 사실이다. 그 러나 공부문제를 가진 내담자라고 해서 더 쉽게 수용할 수 있고 더 쉽게 공감 할 수 있는 것은 아니다. 자칫 너무 쉬운 문제여서 공감하고 있다고 생각했는 데 상담자의 경험세계를 토대로 잘못 이해하고 있어 공감하지 못하는 경우가 많기도 하다. 또한 공부문제라는 특화된 문제를 다루고 있는 것 같지만 그 내 용을 살펴보면 양상이 다양해서 공감이라는 과제가 쉽지만은 않다. 예를 들면, 지금까지 모든 과목에서 A+를 받다가 한 과목에서 A0가 나와 고민하는 내담 자에서부터 학교를 안 가는 것 말고는 바라는 것이 아무것도 없다고 주장하는 내담자까지 다양하다.

☞ 진정성, 무조건적 존중, 공감에 대해 더 알아보기
『인간관계의 필요충분조건: 진정성 · 수용 · 공감』, 박성희 저, 학지사, 2014년
The Necessary and Sufficient Conditions of Therapeutic Personality

Change, Carl R. Rogers, *Journal of Consulting and Clinical Psychology*, December 1992 Vol. 60, No. 6, 827-832

2. 부모와의 촉진적 관계 형성의 필요성

청소년을 대상으로 한 학업상담에서는 내담자 자신뿐 아니라 그 청소년과 동반한 부모 또는 보호자와 교사와도 좋은 관계를 형성해야 한다. 학업상담이 갖는 또 다른 어려움 중 하나다. 때로 부모나 교사나 함께 상담에 오는 것이 아니라 의뢰만 하고 학생만 상담에 보내기도 한다. 그러나 여전히 그들의 기대는 상담자에게 큰 영향을 미치고 있는데, 예를 들면 유료상담의 경우 부모가 상담료를 지불하기 때문에 상담의 효과가 성적으로 나타나지 않으면 상담을 중단시켜 버리기도 한다. 다음 사례는 부모와의 관계 형성에 실패하면서 조기 종결 되었던 사례다. 이 사례에서 부모와의 관계 형성에 실패한 이유는 여러 측면에서 분석해 볼 수 있는데, 학업상담에서는 이런 문제가 빈번히 일어난다는 점에 유의하여 접수면접에서부터 내담자와만이 아니라 내담자를 의뢰한 부모나 교사와 촉진적 상담관계를 형성할 수 있도록 노력을 기울여야 한다.

정희는 어릴 때는 공부를 잘 했었는데 부모님이 이혼을 하면서 성적이 많이 떨어지기 시작했고, 어머니가 정희를 데리고 상담실을 찾았다. 접수면접에서 어머니는 "우리 정희가 이혼으로 힘들어하는 것 같은데 엄마인 나보다는 다른 사람에게 이야기를 편하게 할 수 있을 것 같아요. 아이의 이야기도 들어주고 공부에 마음을 붙일 수 있도록 해 주세요"라고 요청했다. 이후 정희와 2회기 정도 상담을 진행한 다음, 어머니와도 상담이 필요하다고 판단한 상담자는 어머니에게 전화를 해 어머니도 함께 상담을 받을 것을 권했다. 이 전화를 받은 어머니는 "내가 할 수 있으면 왜 상담을 보냈겠냐. 내가 바빠서 대신 이야기를 들어주라는 건데 내가 가야한다면 다른 상담실을 찾아보겠다"고 말했고, 다음 회기부터 정희는 상담실에 오지 않았다.

비자발적 내담자

수업시간 50분 중 45분을 졸면서 보내는 고등학교 2학년 도준[1]의 상담은 담임선생님과의 만남으로 시작되었다. 도준이 다니는 학교 부장선생님은 상담이 절실히 필요하다는 학생이 있다면서 담임선생님과 함께 상담실을 찾았다. 담임선생님으로부터 상담 의뢰 이유에 대해 들은 후 도준을 만나보기로 했다. 상담 첫날 학습된 무기력이 심해 보였고 검사 도중에도 졸음을 참기 어려워했다. 두 번째 상담에서는 심층검사가 필요했는데, 너무 졸아 검사수행 자체가 힘들어서 문항을 불러주며 끝마치도록 했고, 상담자는 "과연 상담이 가능할까?"라는 갈등이 생겼다. 2회기를 마친 후 어머니의 간곡한 요청으로 어머니를 만나게 되었다. 나쁜 친구들과 떨어뜨리려는 마음에 친구들과 다른 학교에 입학시켜 친한 친구도 없고 엄한 규율을 지켜야 하는 학교에 진학시킨 것이 학교부적응이라는 슬럼프에 빠지고 학교에 마음의 문을 닫게 한 것 같다고 했다. 3회기부터 조금씩은 변화하고 싶다고 말했지만, 계속 피곤한 상태로 상담에 오고 무력한 모습의 변화는 매우 느리게 진행되었다.

---

1 학습종합클리닉 우수사례집 『선생님, 내가 할게요! 내가 할 수 있어요!』에 수록된 '무기력에 갇힌 17세를 깨우다. 열두 번의 만남, 열두 번의 두드림'(대전 김지현 학습상담사 사례, 88-104쪽)의 내용 중 일부를 요약한 것으로 사례에서 사용한 가명을 그대로 씀.

1. 자신은 원하지 않는데 상담을 받아야 하는 아이들

언젠가부터 우리나라에서는 상담이 처벌을 대신하는 경우들이 많아졌다. 특히, 성장하는 청소년들에게 처벌을 통해 잘못된 행동에 대한 책임을 지게 하기보다는 올바른 행동을 습득할 수 있는 기회를 제공한다는 취지로 바람직한 대처다. 그러나 이들을 만나야 하는 상담자들은 자발적으로 상담을 찾는 내담자를 만날 때보다 훨씬 큰 어려움을 겪게 된다. 학업상담에서 대표적인 예는 '학업중단 숙려제'의 일환으로 상담에 오게 된 고등학생과 제적 위기에서 대학의 지시로 상담에 오게 된 학사경고자들이다. 이들을 상담에 보내는 학교의 입장은 학업에 대한 도움을 주어 학교에 남아있기를 바라는 것이고, 학생들은 이미 학교를 다닐 마음이 없는 경우가 많다. 그리고 상담을 받게 되는 경위로 볼 때 상담자를 자신을 설득해 학교에 머물게 하려고 하는 사람으로 지각하기 쉬워 상담관계 형성이 더욱 어려워진다. 이런 상황에서 상담자는 학교의 입장을 떠나 내담자가 가장 원하는 것이 무엇이고 내담자에게 가장 도움이 되는 접근이 무엇인지에 귀기울여 촉진적 상담관계를 형성해야 한다.

물론 억지로 상담에 오게 되긴 했지만, 상담을 통해 도움을 받게 되는 경우가 더 많다. 시간관리 부분에서 소개되는 사례인 미연씨의 경우, 학사경고를 받고 대학에서 의무로 시행하는 공부방법 워크샵에 참여하면서 상담의 필요성을 알게 되었고 개인상담을 통해 대학 적응에 성공할 수 있었다. 상담에 오게 되는 경위보다는 상담을 통해 어떤 도움을 받을 수 있는지 안내하고 신뢰를 주는 것이 중요하다는 것을 일깨워주는 사례라고 할 수 있다. 앞서 Bordin이 지적하고 있듯이 목표를 공유하게 되는 것이 상담관계, 나아가 상담의 효과에 중요한 역할을 한다.

비자발적 내담자와의 상담은 청소년상담을 비롯해 상담과정 연구에서 자주 논의되는 주제다. 따라서 상담자들은 선행연구에서 밝힌 내용들을 참고하여 자신의 상담과정에 적용하는 노력을 기울이기 바란다. 이런 연구들이 공통적으로 제시하는 점들은 먼저, 상담 초기에만 관계형성의 위기가 오는 것이 아니고, 관계형성이 되어가는 듯하다가 또다시 저항에 부딪히는 과정을 겪게 된다는 것이다. 그리고 비자발적인 내담자와의 상담에서는 특히 경청의 중요

학업중단 숙려제도란?

• 초중등교육법 시행령 제54조 ⑤∼⑥항이 정하고 있음

⑤ 학교의 장은 학업을 중단할 뜻이 있거나 가능성이 있다고 인정되는 학생에게는 전문상담기관의 상담이나 진로탐색 프로그램 등을 안내하거나 제공하여 학업중단에 대하여 숙려(熟廬)할 기회를 주어야 한다. 이 경우 학교의 장은 그 숙려 기간을 출석으로 인정할 수 있다. 〈신설 2013.10.30.〉

⑥ 제5항에 따른 학생에 대한 판단기준, 숙려 기간, 숙려 기간 동안의 출석일수 인정 범위, 전문상담기관의 범위와 프로그램의 내용, 그 밖에 학업중단 숙려에 필요한 사항은 교육감이 정한다. 〈신설 2013. 10.30.〉

• 제도의 정의 및 모형 (출처: 교육부 보도자료, 2012.5.25.)

"학업중단 숙려제는 학업중단의 징후가 발견되거나 학업중단 의사를 밝힌 학생 및 학부모에게 Wee센터(클래스), 청소년상담지원센터 등의 외부전문 상담을 받으며 2주 이상 숙려하는 기간을 갖도록 하는 제도이다."

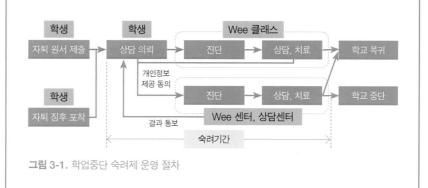

그림 3-1. 학업중단 숙려제 운영 절차

성이 강조되는데, 탐색을 위한 질문의 사용보다는 내담자가 준비될 때까지 기다려주는 것이 상담자가 해야 할 중요한 일이다.

☞ 비자발적 내담자와의 관계형성에 대해 더 알아보기

『비자발적 내담자와 상담하기』, Brodsky, S. L. 저, 이규미·손강숙 역, 시그마프레스, 2013년

『청소년상담모형개발연구: 비협조적 내담자의 상담』, 김혜숙·공윤정·박한샘 저, 청소년대화의광장, 1996년

『질적 분석을 통한 비자발적 청소년 내담자의 상담지속요인 연구』, 양미진, 숙명여자대학교 박사학위논문, 2005년

『비자발적 청소년내담자와 상담자의 치료적 관계형성 과정에 대한 질적 연구: 상담자 경험을 중심으로』, 나경미, 한국상담대학원대학교 석사학위논문, 2016년

2. 부모와 교사의 기대라는 압박감

청소년의 경우 부모의 손에 이끌려 공부문제로 상담실을 찾은 내담자들이 많은데, 대부분 비자발적 내담자다. 청소년상담의 경우 내담자인 학생의 자발적인 의사에 의해 시작되기보다는 문제를 인식한 부모나 교사의 추천과 요구에 의해 시작되는 경우가 많다. 학업상담도 마찬가지로 내담자가 비자발적인 경우가 많은데, 일반 청소년상담과 달리 교사의 추천이나 요구보다는 적극적인 요구를 가진 부모와 함께 오는 경우가 많다. 부모의 요구는 거의 대부분 내담자의 성적 올리기에 있고, 이러한 부모의 기대 자체가 내담자를 고통스럽게 만들고 있는 경우도 적지 않다. 학업이라는 문제가 내담자가 절실하게 해결하고 싶은 문제라기보다는 부모가 보기에 해결해야 할 문제인 것이다. 부모의 요구에 귀 기울일 경우 내담자와의 관계를 형성하기 어렵고, 부모의 요구를 무시할 경우 상담을 지속하기 어려운 상황에 처할 수도 있다. 따라서 상담에 대한 내담자의 동기를 불러일으키고, 부모의 요구를 현실화하기 위한 노력을 병행해야 하는 것이 학업상담에서 주요한 과업이 된다. 자발적으로 내방하기보다 부모가 먼저 문제를 제기하여 '끌려 온' 경우 내담자와 촉진적 관계를 형성하기가 쉽지 않다는 점도 감안해야 한다. 부모의 요구가 어떤 상담에서보다 강력할 수 있고, 이러한 부모의 요구는 내담자의 비자발성을 더욱 강화시킨다.

실제 상담의 진행과정에서 내담자의 저항이 강하게 일어나기도 한다.

3. 상담에 대한 안내

감기에 걸려 병원에 가면 증상을 완화시킬 약을 처방해 줄 것이고, 처방전을 가지고 약국에 가면 그 약을 구입하게 될 것이라는 것은 그 서비스에 대한 특별한 안내나 교육을 받지 않아도 잘 알 수 있다. 과연 상담이라는 서비스는 그렇게 명확한가? '상담을 받는다'라고 하면 생각하는 내용이 사람마다 다를 수 있는데, 비자발적 내담자의 경우 상담에 대한 오해를 가지고 있어 더욱 상담에 오는 것을 싫어한다.

상담이 어떤 활동이고, 상담은 어떻게 진행되고, 상담에서 상담자의 역할은 무엇이고 내담자의 역할은 무엇인가 등에 대해 안내하는 단계를 상담구조화라고 한다. 오리엔테이션, 상담전 교육, 상담기대 사회화, 역할 준비 등 다양한 용어로 사용하는데, 최근에는 상담구조화라는 용어를 가장 많이 사용한다. 상담구조화는 상담이 어떤 서비스라는 것을 내담자에게 소개하는 과정으로 자칫 일방적인 교육과정으로 여겨질 수 있지만, 내담자가 생각하는 상담이 무엇인가, 상담에서 어떤 것을 기대하는가, 상담에서 자신이 어떤 기여를 할 것인가 등에 대한 탐색이 선행되어야 한다. 특히, 학업상담에 비자발적으로 온 내담자들은 하기 싫은 공부를 또 시키는 사람으로 상담자를 생각해 버리고 저항하는 경우가 많다. '도대체 왜 어른들은 이렇게 재미없는 공부를 시키려고 하는가'라는 생각에 가득 찬 내담자와 상담을 이끌어 가기는 쉽지 않다. 이런 생각을 내담자가 얘기해 준다면 상담자는 그 질문에 답해 보는 것을 상담의 목표로 삼으면 어떤지 제안해 볼 수 있다. 왜 목표가 될 수 있는지에서부터 이야기를 나눠보면 자연스럽게 상담구조화가 이루어진다. 즉, 비자발적 내담자가 상담에 의뢰된 이유와 상관없이 비자발적 내담자가 가장 원하는 주제로 상담을 이끌어 간다는 상담의 기본 정신을 내담자가 경험할 수 있는 과정으로 상담구조화를 활용해야 한다.

상담
계획하기

학업문제의 파악

1. 호소문제 중심의 문제 파악

2. 호소문제와 원인을 결합한 사례개념화

학업문제의 원인 탐색

1. 학습관련 장애

2. 지능검사

3. 관찰과 기록의 중요성

4. 성취수준에 대한 파악

5. 온라인 검사 활용하기

학업상담이란?

1. 학업상담의 목표는?

2. 학업 외 문제에 대한 상담계획

학업문제의 파악

"공부문제"라는 동일한 문제를 가지고 상담을 찾는 학생들은 저마다 다른 문
제를 호소한다. 앞서 살펴본 바와 같이 학업관련 요인이 다양한 만큼 공부문
제도 그 원인과 양상에서 각기 다르다. 상담자를 비롯한 조력자들은 서로 다
른 공부의 문제를 구분해 그 문제에 맞게 개입해야 한다. 이를 위한 지침을 제
공하기 위해 학업을 결정하는 여러 요인을 분류하고 나아가 공부문제를 어떻
게 유형화할 것인가에 대한 논의가 있어 왔다. 학습부진의 요인이 너무 많아
하나하나 점검하고 접근하는 것에서 어려움이 있어, 이를 유형화라는 방식으
로 간명화하고자 하는 노력들이다. 공부를 할 때 어떤 방식을 더 선호하는가
를 나타내는 학습유형과는 조금 다른 접근으로, 주로 학습부진을 일으키는 성
격이나 행동의 특성을 토대로 유형화를 시도한다. 아래는 우리나라에서 많이
사용되고 있는 U&I 학습유형검사의 "학습행동유형" 하위검사에서 분류한 학
습부진 유형과 자신의 임상경험을 토대로 유형화를 제안한 Whitley(2001)의
유형화로 대표적 사례다.

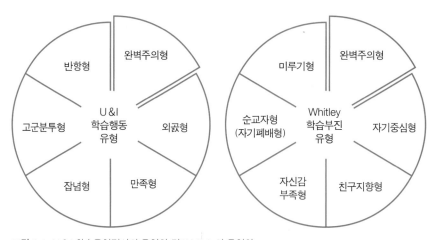

그림 4-1. U&I 학습유형검사의 유형화 및 Whitely의 유형화

1. 호소문제 중심의 문제 파악

학업문제를 분류할 수 있는 이론적 틀이 마련되지 않은 상태에서 여러 호소문제들의 공통점을 요약하여 문제를 제시하는 방식이 상담 현장에서 사용되고 있다. 공부와 관련된 청소년들의 문제를 가장 포괄적으로 살펴본 연구는 한국청소년상담원에서 실시된 학업문제 유형분류를 위한 노력이다. 초창기 청소년대화의광장에서는 청소년들의 문제를 보다 체계적으로 이해하고 분류하는 데 필요한 틀을 구축하면서 '공부 및 성격 영역'에 학업문제가 포함되었다(김창대 외, 1994). 청소년 자신, 교사, 학부모가 지각한 문제가 종합적으로 수집되고 분석되어 지금까지도 그 내용은 현장을 잘 반영하고 있다는 평을 받고 있는데 그 내용은 다음과 같다.

① 시험불안: 시험에 따른 불안감과 압박감
② 공부 자체에 대한 회의와 의문: 공부의 필요성에 대한 근본적인 의문과 회의
③ 집중력 부족: 주의산만, 잡념 등으로 인해 집중력이 부족해서 공부나 성적에 영향
④ 성적 저하 및 저조로 인한 걱정과 스트레스: 성적이 떨어지거나 오르지 않아서 걱정
⑤ 공부방법 문제: 효과적으로 공부하는 방법을 모르거나 부적절한 방법으로 공부함으로써 공부나 성적에 영향이 있는 경우
⑥ 공부에 대한 반감: 공부에 대한 근본적인 의문은 별로 없이 공부하는 것 자체에 대한 반감과 반발심을 갖는 경우
⑦ 노력은 했는데 성적이 안 오름: 나름대로 공부를 하려고 하고 또 실제로 했음에도 불구하고 뚜렷한 원인을 알 수 없이 결과가 좋지 않아 고민하는 경우
⑧ 능력 부족: 실제 능력, 즉 지능이나 기억력이 낮거나 부족하여 공부나 성적에 영향을 받는 경우
⑨ 공부습관 미형성: 공부를 하고자 하는 마음은 있는데 단지 그것이 체계적인 습관으로 형성되지 않은 경우

표 4-1. 학업문제의 분류(홍경자 외, 2002, p. 115)

대분류	중분류	소분류
인지적 문제	지적 능력 부족의 문제	⑧ 능력부족
	학습전략의 문제	③ 집중력부족 ⑤ 공부방법 문제 ⑦ 노력은 했는데 성적이 안 오름
정의적 문제	학습동기의 문제	② 공부 자체에 대한 회의와 의문 ⑥ 공부에 대한 반감* ⑩ 공부에 대한 동기부족
	공부태도의 문제	⑥ 공부에 대한 반감* ⑨ 공부습관 미형성
	학습관련 스트레스와 시험불안	① 시험불안 ④ 성적저하 및 저조로 인한 걱정과 스트레스 ⑪ 성적에 대한 집착
관계의 문제	관계관련 문제	⑫ 성적으로 인한 관계 문제 ** 관계 문제로 인한 학업 문제

* 공부에 대한 반감은 '학습동기의 문제'와 '공부태도의 문제'에 모두 포함.
** 위의 문제유형 분류에는 관계문제가 원인이 되는 '관계문제로 인한 학업문제'는 분명히 드러나지 않았으니, 관계의 갈등으로 인해 학업문제가 발생하는 경우도 있고, 반대로 '학업문제로 인해 관계가 왜곡되는 문제'도 있기 때문에 본 표에 표기함.

⑩ 공부에 대한 동기 부족: 공부에 대한 반감이나 반발심과 같은 부정적인 감정은 없지만, 단지 공부하려는 마음이 형성되어 있지 않은 경우

⑪ 성적에 대한 집착: 공부의 질적인 면에 치중하기보다는 점수와 등수에 얽매여서 경쟁심을 느끼고 심지어는 죽고 싶다는 생각까지 하는 경우

⑫ 성적으로 인한 관계에서의 문제: 공부 및 성적에 대한 문제들로 인해 친구나 부모, 교사와의 관계에서 문제를 겪는 경우

당시 12가지로 분류된 학업문제는 인지적 문제, 정의적 문제, 관계의 문제라는 대분류 틀을 적용해 표 4-1과 같은 체계로 다시 제시되었다.

2. 호소문제와 원인을 결합한 사례개념화

상담의 개입을 위해서는 호소문제 중심만으로 내담자의 문제를 파악해서는

한계가 있다. 어떤 원인에 개입할 것인가에 대한 목표와 전략을 수립하기 위해서는 원인에 대한 파악이 필요하다. 따라서 내담자의 호소문제와 그 배경의 원인이 무엇인지가 동시에 파악될 필요성이 제안되었는데, 예를 들면 한국청소년상담원에서 제시한 학업문제 진단체계(김태성 외, 2001)다. 이 진단체계에서는 호소문제 중심으로 등교부담, 수업부담, 학업소진, 학업 무의미, 시험불안, 결과불안, 방법불안, 학업 외 관심, 학업 무계획, 학업 비효율, 자기이해 부족, 자신감 부족(교우관계), 자신감 부족(학교적응), 학업 자아개념 등 14가지를 제안한다. 그리고 그 원인으로 공부계획 문제, 독서방법 문제, 심화학습 문제, 학업동기 부족, 선수학습 부족, 주의분산 문제, 신체적 문제, 집안환경 문제, 부모와의 관계 문제, 교사와의 관계 문제, 과장된 생각, 강박적 생각, 비관적 생각 등 13가지를 설정하고 있다. 청소년의 학업관련 호소문제와 원인을 포괄하고 있다는 점에서는 참고가 되지만, 여전히 너무 많은 영역으로 학업문제가 정리되어 있고, 호소문제와 원인의 구분이 모호하다는 점에서 내담자의 문제를 효율적으로 개념화하는 데는 한계가 있다.

호소문제와 그 원인을 결합한 문제 파악의 또 다른 방법이 황매향(2009)에 의해 제안되었는데, 내담자의 주된 호소문제가 무엇인지 앞서 살펴본 한국청소년상담원의 호소문제 목록을 중심으로 파악한 다음, 그 호소문제의 원인을 학업성취도 결정 요인의 분류의 틀에서 찾는 것이다. 앞서 살펴본 여러 학업성취도 결정요인 분류 중 상담을 고려해 제안했던 틀을 사용하면 표 4-1과 같은 양식으로 문제를 파악할 수 있을 것이다. 그리고 이러한 시도는 한 내담자가 여러 호소문제를 토로할 수 있고, 하나의 호소문제에 여러 요인이 관여할 수 있으며, 또한 하나의 원인이 여러 호소문제를 불러일으킬 수 있음을 상정한다. 따라서 호소문제와 원인의 관계를 조망할 수 있어 사례개념화에 유리하다. 여러 가지 호소문제를 아우르는 핵심적인 원인을 파악할 수 있다면 더욱 상담을 효율적으로 진행할 수 있다. 이 양식을 활용하는 방법은 내담자의 호소문제를 중심으로 왼쪽의 호소문제 해당 여부를 표시하고, 그 원인이 무엇인지를 오른쪽으로 옮겨가며 하나씩 확인해 보면서 탐색이나 검사가 필요한 부분도 파악하고 내담자의 호소문제에 대한 가설도 세워나간다.

표 4-2. 호소문제와 그 원인 (홍매향, 2009)

호소문제와 그 원인 (사례개념화 활동)	능력 요인				인지적 요인 (생각)			정서적 요인 (감정)			행동적 요인			환경적 요인 (맥락)		
	지적 능력	학업 기초 능력	학습 결손	학습 관련 장애	학업에 대한 태도	비합리적 신념	학습 동기	학업 외 정서	학업 정서	시험 불안	자기 통제	학습 전략	시간 관리	물리적 환경	심리적 환경	부모와의 갈등
공부에 대한 반감																
공부에 대한 회의																
집중력 부족																
낮은 학습효능감																
공부방법 모름																
습관 미형성																
노력해도 성적 안오름																
능력 부족																
동기 부족																
성적 관련 관계문제																
다른 활동과 갈등																
성적에 대한 집착																
시험불안																
걱정과 스트레스																

학업문제의 원인 탐색

상담에서는 내담자가 호소하는 문제의 원인을 알아보기 위해 심리검사의 실시를 비롯해 여러 과정을 거친다. 의학적 접근에서는 보다 심리검사의 결과에 의존한다고 할 수 있다. 아래는 국내의 한 종합병원의 홈페이지에서 제공되는 일반인을 위한 의학정보인데, 공부문제에 대한 의학적 접근을 잘 보여주고 있다. 상담에서도 심리검사를 이용해 내담자의 문제를 진단하는 과정이 있지만, 내담자에 대한 보다 포괄적인 이해를 하기 위해 심리검사 실시 이외 다른 방법들을 사용한다. 학업상담에서도 마찬가지로 공부문제의 원인을 찾기 위해 심리검사를 비롯한 여러 방법이 사용되고, 이 방법들에 상담자는 익숙해져야 한다. 여기에서는 대부분의 상담에서 공통적으로 거치는 진단 및 평가 과정에 대한 내용은 생략하고, 학업상담에서 독특하게 적용되는 평가나 진단에 대해 살펴볼 것이다.

FAQ

☑ 글 보내기   URL줄이기

공부를 못하는 아이에게 심리검사가 도움이 될까요?   등록일자   2003-04-24

심리검사가 "필수적으로" 필요한 경우입니다. 공부를 못하는 데는 이유가 있을 텐데, 심리검사를 통해서 그 이유를 알아보는 것이 치료의 첫걸음이라고 볼 수 있기 때문이죠. 이런 경우 우선 아동의 정확한 인지기능 수준과 공부를 방해하는 정서적 문제가 있는지 여부를 평가하게 됩니다. 즉 인지기능 자체에 제한이 있는지(예를 들어 정신지체나 발달장애의 경우), 혹은 인지기능은 정상인데 가지고 있는 능력만큼 능력발휘를 효율적으로 못하고 있는지를(예를 들어 심한 우울증이나 불안장애의 경우) 구분하는 것입니다.

인지적 능력 평가는 기본적으로 지능검사를 실시합니다. 지능검사는 지능지수뿐만 아니라 수리력, 언어능력, 시공간능력, 사회성 등에 대한 전반적인 정보를 제공하게 됩니다. 그리고 사례에 따라서는 개별 학습능력이나 주의력 등 특정한 인지 능력을 더욱 정밀하게 살펴보기도 합니다. 다음으로 인지기능은 대체로 원활한 편인데도 공부를 못하는 경우입니다.

이런 경우 정서적인 어려움이 원인인 경우가 많기 때문에 정서상태와 성격을 파악하기 위한 아동종합심리검사를 실시하거나(종합검사의 내용은 성인종합검사 내용과 유사합니다. 검사 소개란을 참조하십시오), 증상평가를 하기도 합니다. 증상평가는 평가를 받는 사례에 따라 평가 내용이 달라지며 주로 설문지를 통해 이루어지는데 아동이 스스로 작성하는 것과 보호자가 작성하는 것으로 나뉘어집니다. 이러한 과정을 통해서 우울이나 불안과 같은 정서적 어려움이 문제인지, 낮은 자존감과 또래관계 기술의 부족으로 인한 적응장애가 문제인지 등을 파악하게 됩니다.

참, 끝으로 아동의 경우에는 검사를 받는 원인이 무엇이든 빼놓을 수 없는 평가 영역이 바로 '부모-자녀'관계랍니다. 그러니 이런 경우에도 당연히 부모-자녀관계를 살펴보는 검사도 빠트리지 않고 함께 해야겠죠.
휴~ '공부를 못한다'는 것이 알고 보니 참 복잡한 문제이지요? 어떤 부분이 문제인지 어떻게 아이를 도와주어야 할지 전문적인 조언을 통해 딱 맞는 도움을 받으실 수 있길 바랍니다.

(출처: http://sev.iseverance.com/dept_clinic/department/psychiatry/faq/view.asp?con_no=1521)

1. 학습관련 장애

학습부진과 밀접하게 관련된 것으로 알려진 학습장애와 ADHD는 상담자가 진단을 내리게 되는 경우는 드물다. 학습장애는 우리나라 특수교육법이 정한 장애로 분류되기 때문에 특수교육대상자로 선정되기 위해서는 특수교육지원센터의 진단·평가전문가로부터 평가를 받아야 한다. ADHD는 소아정신과의 임상심리전문가로부터 진단을 받게 되는데, 의사의 처방을 받아 약을 복용하게 된다. 학습장애와 ADHD를 비롯해 학습부진을 초래할 수 있는 여러 장애는 초등학교 저학년 시기 전에 진단에 이어 치료 또는 교육적 개입이 시작되기 때문에 상담자가 진단을 위해 검사를 실시하거나 진단을 의뢰할 일은 거의 없다. 이와 같은 학습관련 장애를 가진 학생들이 학년이 올라가면서 학습부진이 더 심각해질 때 상담자를 찾게 되는 경우가 대부분이다. 요통 환자들 대부분은 처음에는 한 병원에서 치료를 받지만, 통증이 조금 개선될 뿐 완치되지 않으면서 여러 의료기관, 운동요법, 민간요법 등 다른 서비스를 찾는 것과 유사한 상황이라고 할 수 있다. 이때 상담자는 어떤 진단을 받았고 그동안 어떤 처치를 받았으며 어떤 효과가 있었는지 확인하고 다른 조력체제와 협력해야 할 부분들에 대해서도 점검해야 한다. 따라서 직접 진단과 평가를 하지 않더라도 학습관련 장애의 진단 과정과 다양한 개입 방안에 대해 숙지해야 한다.

☞ ADHD의 진단 및 개입에 대해 알아보기

Attention-deficit hyperactivity disorder: A handbook for diagnosis and treatment (4th ed.), Barkley, R. A. 편, Guilford, 2014년

『리틀 몬스터: 대학교수가 된 ADHD 소년』, Jergen, R. 저, 조아라·이순 역, 학지사, 2006년

2. 지능검사

앞서 제시한 학습부진의 원인을 각각 확인하기 위한 심리검사들이 마련되어 있긴 하지만, 각 원인을 찾기 위해 내담자에게 모든 검사를 실시하는 것은 윤

리적으로 적절하지 않다. 내담자와의 면담을 통해 수집한 자료와 내담자를 의뢰한 부모나 교사로부터 받은 정보를 토대로 원인에 대한 가설을 세워야 한다. 심리검사의 결과를 통해 상담자가 세운 가설을 확인하고, 앞으로의 상담계획을 세우는 근거자료로 활용한다. 상담실마다 그 특성에 맞게 상담실을 찾는 대부분의 내담자에게 실시하는 성격검사나 부적응검사를 정하고 있는데, 이러한 심리검사의 결과들은 모두 학업상담에 도움이 되므로 적극 활용할 것을 권한다. 예를 들면, 대인관계에서 나타나는 개인의 성격적 특성을 알아보기 위해 자주 사용되는 MBTI의 경우, 내담자가 어떤 학습자료와 공부방법을 선호하는지에 대한 정보를 제공해 준다.

다른 문제를 다루는 상담에서는 잘 사용되지 않지만, 학업상담에서 많이 사용되는 심리검사 중 하나는 지능검사다. 학업상담을 위해 지능검사는 모든 내담자에게 실시해야 한다는 주장도 있지만, 지능검사에는 시간과 비용이 많이 들기 때문에 꼭 필요한가에 대한 판단을 먼저 하기를 권한다. 지능검사는 학교학습에 필요한 개인의 지적 능력을 알아보는 검사로 학업성취도를 예언한다. 다시 말해, 학생들의 학업성취도(학교 내신이나 수능 성적)는 또 다른 지능의 지표가 될 수 있다. 지적인 특성 중 또래들에 비해 어느 정도 수준에 있는가를 파악해야 한다면, 지능검사를 반드시 실시하지 않아도 될 것이다. 학업성취도가 지적 능력의 정확한 지표라고 할 수 없지만, 상담에 필요한 정보로서 활용가능하다. 학업성취도로 지적 능력을 추론할 때에는 여러 해에 걸친 점수를 확보하여 참고해야 한다.

그러나 학업성취도의 편차가 학년에 따라 크거나 과목별 성취도 수준 차이가 클 경우, 그 원인이 지적 능력의 하위요인 간 차이 때문일 수 있기 때문에 지능검사를 실시하는 것이 좋다. 또한 학교학습에서 보여주는 능력과 일상생활에서 보여주는 능력에서 차이를 보인다는 지각이 내담자 자신 또는 부모나 교사에게 있는 경우도 지능검사로 그 차이를 알아볼 수 있다. 즉, 지능검사는 전반적인 지적 능력의 수준의 지표이기도 하지만, 외부 사태를 조작하고 처리하는 과정에서 나타나는 개인차에 대한 정보를 제공한다는 점에서 더 의의를 갖는다. 따라서 학업상담전문가는 개인지능검사의 실시만이 아니라 그 해석에 대해서도 잘 알고 있어야 하고, 특히 하위척도 및 소검사 사이의 편차를 학습과정과 연결하는 개인내 차이에 대한 분석을 할 수 있어야 한다.

우리나라에서 가장 많이 사용되고 있는 개인지능검사는 웩슬러검사다. 성인용, 아동용, 유아용이 모두 한국에서 표준화되어 사용되고 있고, 대상 연령으로 볼 때 대체로 초등학생과 중학생은 아동용을 사용한다. 고등학생은 만 16세까지는 아동용이, 17세부터는 성인용이 적합하다. 고2의 경우 만 16~17세에 연령이 걸쳐 있기 때문에 상담자는 내담자의 만 연령을 계산하여 적합한 검사도구를 선택해야 한다. 다양한 이유로 내담자의 나이가 학년의 또래들과 다를 수 있기 때문에 반드시 생년월일을 확인하는 것이 필요하다. 검사의 실시 과정에서도 내담자의 과제처리 특성이 드러나기 때문에 상담자가 직접 검사를 실시하는 것이 바람직한데, 다른 전문가가 검사를 실시할 경우 검사에서 보인 태도에 대한 정보를 확보해야 한다. 웩슬러검사 실시에 대한 전문적 교육을 받은 상담자라면 이미 숙지하고 있을 것이다.

웩슬러검사는 편차IQ로 지능지수를 제시하고 있고, 현재 우리나라에서 사용되고 있는 4판의 경우 전산처리를 통해 원점수를 입력하면 지표들이 자동 계산된다. 전체 지능지수와 함께 언어이해지표(언어성 지능), 지각추론지표(동작성 지능), 작업기억지표, 처리속도지표 등이 표준점수와 오차범위 점수로 제시되고, 검사가 실시된 모든 소검사에 대한 환산점수와 프로파일도 제공되기 때문에 개인의 상대적 위치만이 아니라 개인내 차이를 해석하기에 용이하다.

☞ 지능검사의 활용에 대해 알아보기

Assessment of Children: Cognitive Foundations (5th ed.), Sattler, J. M. 저, Jerome M. Sattler Publisher, 2008년

『웩슬러 지능검사: 1. 임상 및 교육 가이드북』, 노경란·박현정·안지현·전영미 저, 학지사, 2016년

『상담과 심리검사』, 김계현·황매향·선혜연·김영빈 저, 학지사, 2011년

3. 관찰과 기록의 중요성

학업상담은 다른 상담에 비해 행동을 직접 다루는 경우가 많다. 내담자의 '공부하는 행동'을 문제 파악의 단계에서부터 개입 및 평가 단계에까지 계속 관찰하고, 점검하고, 기록한다. "집중이 잘 되지 않아요"라는 내담자의 호소를 상담에서는 '공부에 집중하는 행동'으로 다루어 나가게 된다. 내담자가 생각하는 집중이란 어떤 행동을 의미하는지, 어떤 상황에서 집중을 하고 싶은지, 어느 정도까지 집중하고 싶은지 등에 대해 탐색해 내담자가 습득하고자 하는 집중하는 행동을 명료화한다. 그리고 그 행동이 실제 어느 정도 일어나고 있는지 관찰하고 기록해 문제를 진단하는 것이다. 평소 내담자가 자신이 어떻게 행동하고 있는지 제대로 지각하지 못해 탐색이 잘 진행되지 않는다면, 공부하는 전반적인 행동에 대해 관찰하고 기록하는 것에서 출발할 수 있다.

문제의 파악을 위해 관찰과 기록을 사용한 사례는 뒷부분 '공부를 방해하는 환경'에 소개한 석호의 사례에서 찾을 수 있다. 시험을 방해하는 요소가 무엇인지 찾기 위해 시험준비를 하면서 하는 자신의 모든 행동을 기록한 결과 음료수가 원인이 된다는 것을 알게 되었다. 때로는 다음 혜수의 경우처럼 평가를 위한 관찰과 기록 자체가 효과를 나타내는 경우도 있다. 따라서 학업상담에서는 공부하는 행동에 대한 관찰 및 기록 자료를 사례개념화를 위한 기초 자료로 활용할 것을 권한다.

> 혜수의 집중력이 떨어져서 걱정이라며 혜수와 어머니가 상담실을 찾았다. 어머니는 혜수가 공부방에 앉아서 공부를 하는 동안 너무 자주 방을 들락거리는 것을 집중하지 못하는 행동으로 꼽지만, 혜수는 "내가 뭘 그렇게 자주 들락거린다고 그러세요?"라고 하면서 인정하지 않았다. 상담자는 혜수가 공부시간으로 정한 저녁 두 시간 동안 몇 번이나 방에서 나오는지 일주일간 기록하라는 과제를 어머니에게 주었다. 기록 결과 혜수는 2시간 동안 평균 7번 정도 방에서 나오는 것으로 나타났고, 혜수는 깜짝 놀라며, "정말 내가 이렇게 자주 내 방에서 나왔어요?"라고 말했다. 그 이후 혜수는 공부하는 시간 동안 자리를 뜨고 바깥에 나와서 딴 짓을 하는 횟수가

현저히 줄어들었다고 전화가 왔고, 상담실은 더 이상 찾지 않았다.

(출처: 황매향(2016)의 pp. 37-38에 제시된 사례를 요약함)

4. 성취수준에 대한 파악

학업상담에서는 내담자의 생활기능 중 학업을 얼마나 잘 수행하고 있는가에 대한 파악이 중요하다. 학업성취도가 그 지표가 될 수 있는데, 주로 내담자의 성적표를 그 근거자료로 활용한다. 그러나 성적표만으로 내담자의 성취수준에 대해 정확하게 파악하지 못하는 경우 보다 객관적인 성취도 검사가 필요하다. 교육과정평가원에서 제공하는 성취도 검사들을 활용하면 되는데, 학업상담전문가는 이 부분에 대해 잘 알고 있어야 한다. 또한 과목별 학년별 규준이 현재 내담자의 상황과 잘 맞지 않을 경우들도 있으니 유의해야 한다. 이럴 경우, 과목을 담당하는 교사나 강사의 도움을 받을 수밖에 없는데, 다음 사례를 통해 그 과정을 이해할 수 있을 것이다.

상담자는 연수에게 지능검사나 표준화된 학업성취도검사를 실시하지 않았다. 중학교 1학년까지 상위권에 머물렀다면 학업기초능력은 충분히 갖추었으며 지능도 보통 이상은 될 것이라고 가정하였기 때문이다. 대신 상담자는 연수가 특히 어려움을 많이 겪어 온 과목이 무엇인지, 과목별 성적 분포가 어떠한지, 학습습관과 방법은 어떠한지 등을 좀 더 자세히 탐색했다. 연수는 국어, 영어, 사회 등의 과목에서는 아직도 별 어려움이 없으며, 수학과 과학 분야에서 특히 어려움을 많이 겪어 왔는데 중학교 2학년 말부터 그 어려움이 더욱 두드러지게 나타났다고 하였다. 먼저, 상담자는 연수의 수학 및 과학 분야에서의 실력이 어느 수준인지를 면밀히 파악해 줄 수 있는 교사가 있는지 연수와 의논하였다. 연수는 수학은 지금 다니고 있는 학원의 수학 선생님께 부탁할 수 있을 것 같고, 과학은 담임 선생님을 통해 과학선생님들께 부탁하면 될 것 같다고 해 다음 상담시간까지 평가받아 오기로 약속하였다. 다음 상담시간에 연수가 알아 온 결과로는, 수학과 물리는 중학교 3학년 초 내지 중간 정도, 화학은 중3 말 정도 수준이라고 하였다. 상담자는 그렇게 평가를 받는 과정을 수행하는 것 자

체가 힘든 일임에도 불구하고 선생님들에게 요청하여 평가를 받아 온 사
실을 칭찬하고 격려하였다.

(출처: 박승호 외, 2003, p. 207)

5. 온라인 검사 활용하기

많은 자기보고식 심리검사들은 국책연구기관들이 운영하는 웹사이트를 통해
무료로 제공되고 있다. 상담자가 이를 잘 활용하면, 비용이나 노력을 절약할
수 있고 검사와 연계되어 제공되는 자료들은 상담에 바로 적용해 볼 수 있다.
특히, 초보상담자라면 보다 구체적인 지침을 제공받아 적용해 보는 것이 필요
할 것이다. 그런 온라인 검사 중 하나는 한국교육과정평가원의 "기초학력향상
지원사이트(KU-CU, www.basics.re.kr)"에서 제공하는 '학습유형검사'다. 이
검사는 학습부진아의 특성 중 학습동기와 자기통제를 고려해 유형화한 것으
로 다음은 네 가지 유형을 나타내는 사례들(황매향, 김영빈, 오상철, 2010)이다.
이 검사는 학습부진의 유형을 알아보는 것으로 학습부진아를 대상으로 규준
이 마련되어 있다. 즉, 일반 학생들이 자신에게 맞는 공부방법을 찾기 위해 학
습유형(learning style)을 알아보는 것을 목적으로 실시하는 것은 추천되지 않
는다. 무엇보다 학습부진을 일으키는 가장 대표적 요인인 학습동기와 자기통
제로 간명한 유형화와 상담지침을 제공해 주기 때문에, 학업상담의 초기단계
에 적용하기에 적절하다.

학습유형검사의 각 유형별 사례

〈동기도 높고 통제도 높지만 공부가 안되는 "노력형"인 중1의 A양〉

수업시간에 태도도 좋고, 평소 학교생활도 성실하게 잘하는 학생이다.
규범을 위반하거나 수업시간에 불성실한 모습 때문에 지적을 받은 적
도 없다. 그러나 1학기 중간고사를 보고 난 뒤, A양의 담임교사는 A양
의 성적을 보고 놀라움을 감출 수 없었다. 평소 생활 모습을 봤을 때
는 이해가 가지 않는 점수가 나왔기 때문이다. A양을 불러 상담해본

결과 답안지를 밀려 쓰거나 시험 당일 컨디션이 나쁜 것도 아니라고 했다. 낮은 성적의 원인에 대해 A양의 생각을 물어보았을 때, 매일 놀고 싶어도 참으면서 공부하고 있다고 하면서, 공부를 잘하고 싶은데 성적이 왜 안 나오는지 모르겠다고 이야기한다.

〈동기는 높지만 통제가 부족한 "동기형"인 초6의 B군〉

어머니는 학부모 상담에 오면 늘 교사에게 "우리 B는 하려는 마음은 정말 많아요. 늘 좋은 성적을 받고 싶다고 해요. 그런데 컴퓨터 게임을 도저히 못 끊어서요. 선생님 어쩌면 좋죠?"라고 이야기 한다. B군은 늘 활발한 편이며 주변에 친구들도 많다. 수업 시작종이 울리면 그제야 자리에 앉아 책을 꺼낸다. 수업시간에도 교사에게 부정적 피드백을 듣는 것을 싫어하고 칭찬을 해주면 화색이 돌면서도, 금세 수업시간에 방해되는 행동을 보인다. 교사가 상담을 해보면 성적을 잘 받고 싶고 선생님들로부터 인정을 받고 싶은 욕구도 많으며, 좋은 대학교에 가고 싶어 한다. 교사에게 늘 열심히 하겠다고 약속하고서도 같은 문제행동을 반복한다. "선생님, 전 작심삼일인가 봐요. 안 되나 봐요"라는 말을 수시로 하며, 약속을 하고 계획표를 짜도 집에 가면 어느 새 TV나 인터넷을 하느라 깜빡했다며 약속을 못 지킨다.

〈통제는 잘 되지만 동기가 부족한 "조절형"인 중2의 C군〉

얌전하고 조용하며 교사의 지시를 잘 따르는 모범생이다. 숙제를 제때 제출하거나 준비물을 챙겨오는 등의 기본적인 학습태도는 우수함에도 늘 성적이 오르질 않고 겉으로 보이는 행동과 성적에 차이가 난다. 얼마 전 학교에서 전체적으로 실시한 진로탐색 수업에서 나중에 하고 싶은 직업, 가고 싶은 대학쓰기와 같은 활동지에 전혀 답을 적지 못하고 교사의 질문에 "딱히 하고 싶은 것이 없어요"라는 이야기를 했다. 평소 시간을 어떻게 쓰는지 물어보니 주로 엄마가 시키는 대로만 하고, 학교와 학원에서 내주는 숙제만 하면 시간이 모두 간다고 답했다.

교사가 생각하기에 머리가 나쁘지도 않고, 숙제를 하는 데 그토록 많은 시간이 걸릴 분량이 아님에도 불필요하게 많은 시간이 걸린다는 생각을 지울 수 없었다. 의지를 갖고 하면 성적이 오를 것 같은데도 학생과의 대화에서 성적을 높이고 싶은 욕구가 느껴지지 않았다.

〈동기도 낮고 통제도 어려워하는 "행동형"인 중2의 D군〉

수업시간에 거의 집중을 하지 않는다. 타 교과 선생님들에게 물어본 결과 제대로 수업을 듣는 과목이 거의 없었으며, 졸거나 친구들과 잡담을 하고 낙서를 하는 등 수업시간에 충실하게 참여하지 않는다. 종종 지각을 할 때도 있으며, 성적표가 나오는 날이나 시험날에는 스트레스를 받지만, 다음날이면 금세 언제 그랬냐는 듯이 친구들과 놀기 바쁘다. 특별히 문제가 되는 학생들과 어울리지는 않지만 학교생활에 별로 흥미가 없으며 수행평가나 실기평가를 소홀히 여기고, 수업시간에 교과서를 잘 챙기지 않는 경우도 많다. 숙제를 제때 내는 경우가 없으며, 부모님 동의서나 참가 신청서와 같은 서류들도 늘 시기를 넘겨서 내곤 한다. 상담을 해보면 왜 공부를 해야 하는지 모르겠다고 얘기하며 그냥 매일 컴퓨터 게임이나 하고 편하게 살았으면 좋겠다고 말해 교사에게 무력한 기분과 걱정스런 마음을 안겨준다.

학업상담이란?

"학업상담의 목표는 성적 올리기 아닌가요?"

이런 질문에 많은 학업상담전문가들은 "그렇다"고 답하기 불편해 할 것이다. 상담이라는 서비스가 '성적 올리기'의 가장 놓은 서비스인가, 성적 올리기라는 목표가 상담의 목표로 적절한가, 어느 정도까지 성적을 올려야 목표가 성취되었다고 할 수 있는가 등의 질문이 상담자에게 몰려올 것이다. 공부가 고민인 내담자들 중에는 성적은 이미 높은 상태로 더 올리는 것이 필요하지 않은 경우도 적지 않다. 따라서 상담자는 '성적을 올리고 싶어요'라는 내담자의 호소와 요청에서 더 나아가 공부와 관련해 어떤 문제를 느끼고 있고 어떻게 해결되기를 바라는지 깊이 탐색해 보아야 한다. 앞서 살펴본 탐색의 과정을 통해 보다 구체적인 목표를 설정할 필요가 있다.

1. 학업상담의 목표는?

내담자가 호소하는 공부문제가 무엇인지 그리고 그 원인이 무엇인지에 대한 탐색이 마치면, 상담자는 상담에 대한 목표를 세우고 개입전략을 구상한다. 그 내용을 글로 정리하여 사례개념화를 한 다음, 내담자를 만나 상담목표에 합의하는 절차로 넘어가게 된다. 상담 전체를 이끌어 갈 목표에 합의하면, 어떤 과제들을 상담을 통해 수행할 것인가에 대해서도 의견을 나누고 그에 맞게 상담 회기별 목표도 설정되게 된다.

상담은 성격의 재구조화, 상담자와 내담자의 친밀한 관계 형성, 역기능적 신념의 탈피, 해결책을 스스로 찾기 위한 자기성찰, 잘못된 신념이나 가설의 수정, 성역할 고정관념의 교정, 가족 내에서의 개인차 촉진, 삶의 의미 발견 등 다양한 목표를 설정하고 있지만, 이 내용들은 모두 인지, 정서, 행동의 변화로 귀결된다(Corey, 2013). 학업상담의 목표를 이 틀에서 조망한다면 어떤 목표들이 가능할 것인가? 목표가 일반적으로 그 원인을 제거하거나 바꾸는 것이라면, 학업문제의 원인에서 목표설정의 출발점을 찾을 수 있을 것이다. 앞서 살펴본 학업문제의 원인 중 능력 부분은 상담을 통해 쉽게 변화시키기 어려운 부분으로 포함시키지 않을 수 있다. 인지라는 부분이 여러 내용을 포함하고 있어, 조금 더 공통점을 이끌어 태도, 신념, 동기로 세분화해 볼 수 있다. 이 책에서는 이렇게 목표를 구성해 다음과 같은 학업상담의 목표를 제안하고자 한다.

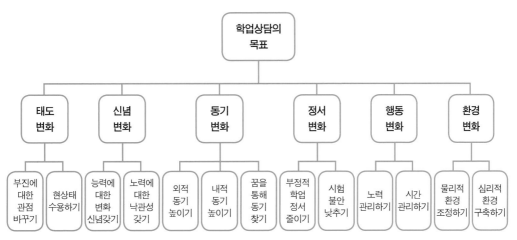

그림 4-2. 학업상담의 목표

2. 학업 외 문제에 대한 상담계획

공부문제를 호소하는 학생들이나 학부모들은 학생의 학업 자체의 문제로 어려움을 겪고 있는 경우도 있지만, 공부에 영향을 미치는 다른 문제를 가지고 있거나 공부문제로 인해 발생된 다른 문제 때문에 더 힘들어하기도 한다(황매향, 2008). 학생으로 살아가는 시기 동안 개인의 기능의 가장 대표적 지표는 바로 학업수행을 얼마나 잘 하고 있느냐가 된다. 어떤 어려움이 발생하면 그 어려움이 학업수행에서의 실패 또는 곤란으로 드러나기 쉽다. 그래서 공부문제로 상담을 찾았지만, 다른 문제를 더 시급히 다루어야 하는 경우도 있다. 뿐만 아니라, 자신에게 주어진 과업인 공부가 잘 되지 않으면, 다른 적응에도 문제를 초래할 수 있다. 잘 안되고 하기 싫은 공부를 해야 하는 학교에 나가지 않게 되는 등교거부에서부터 위축되고 자신감이 없어지면서 우울에 빠지기도 한다. 또는 학업을 중요하게 여기는 부모와의 마찰도 커져서 가족문제로 확대되기도 한다. 어떤 경우이든 공부 자체가 아닌 다른 문제를 함께 다루어야 하는데, 상담에서 여러 가지 문제를 동시에 다루기는 쉽지 않다. 일반적으로 내담자의 요구에 따라 문제의 우선순위를 정하고, 다급하게 여겨지는 문제부터 다룬다. 다음 석규의 사례는 가족문제와 공부문제를 모두 다루고 싶어해 두 상담자가 상담을 했던 경우다.

> 석규는 지난 학기에도 학사경고를 받았는데 이번 학기에도 여전히 공부가 안되어 상담을 찾게 되었다. 대학에 와서 줄곧 공부가 어려웠다고 호소했고, 어디서부터 잘못 되었는지 어떻게 해야 대학 공부를 잘할 수 있는지 그 답을 찾고 싶다고 했다. 3회기 진행 중에 집이 지방이어서 부모님과 떨어져 지내기는 하지만 거의 매일 어머니가 전화를 해 우시는데, 그것 때문에 신경이 쓰여 아무 것에도 집중을 할 수 없다는 이야기를 처음 꺼냈다. 가족관계에 대해 더 탐색을 해 본 상담자는 이 문제를 더 중요하게 다루어야 할 것 같다고 제안을 했는데, 이번 학기 또 학사경고를 받지 않는 것이 더 급하다는 내담자의 입장과는 달랐다. 그래서 상담자는 공부문제에 대해서는 지금처럼 계속 상담을 하고, 가족문제에 대해 다른 상담

자에게 상담을 받아볼 것을 권했다. 석규의 입장에서는 1주일에 2회 상담을 받게 된 것인데, 시간이 많이 빼앗기긴 했지만 중요한 문제를 동시에 다룰 수 있어 도움이 많이 되었다.

상담
진행하기

학업상담의 기법

학업상담에서 사용하는 상담기법과 일반상담에서 사용하는 상담기법이 다른 것은 아니다. 예를 들면, 우리나라에서 가장 많이 읽히고 있는 Clara Hill이 쓰고 주은선이 번역한 『상담의 기술(*Helping Skills*)』에 소개된 탐색, 통찰, 실행을 위한 기술들에 학업상담전문가 역시 익숙해야 할 것이다. 단, 학업에서의 어려움 그리고 그 극복과정의 특성으로 인해 조금 더 강조되거나 세분되는 것이 있다. 학업상담을 효과적으로 해 나가기 위해 상담자는 어떤 개입을 해야 하는가라는 질문에 답하기 위해 우리나라와 미국 대학생들을 대상으로 학업에서의 어려움을 극복했던 이야기를 수집해 보았다. 그리고 다음은 각 나라의 학습부진 극복자들이 공통적으로 보고한 도움이 되었던 경험들이다. 이들의 이야기에서 학업상담전문가가 할 수 있는 일이 구체적으로 무엇인가를 찾아볼 수 있다.

표 5-1. 학습부진 극복자들의 경험

한국 학습부진 극복자들의 경험 (출처: 황매향 외, 2010)

범주	하위 범주
계기	성적을 극복하겠다는 마음을 먹음
공부방법	많이 함
	혼자 스스로 공부함
	자신만의 공부방법을 찾음
	물리적 환경을 조절함
	수업을 열심히 들음
동기조절	경쟁심(공부하는 학교 분위기)
	긍정적 기대(노력에 대한 낙관성 및 귀인)
	목표(목표, 목표 조절)
	공부에 흥미를 느낌(성공경험: 성적이 오르면서 희망/재미/의욕/내적 동기가 생김)
	여가조절
외적 자원	정서적 지원
	학습적 지원(피드백)
	물적 지원
	역할 모델

미국 학습부진 극복자들의 경험 (출처: Hwang et al., 2014)

범주	하위 범주
Attitude (공부에 대한 태도)	Determination(결심을 함)
	Value of education(배우는 것의 중요성을 앎)
	Independence(혼자 하려고 함)
	Interests in study(공부에 흥미를 느낌)
	Ability in study(내가 잘 하는 영역을 찾음)
Study strategies (학습전략)	Study skills(공부방법을 배움)
	Self-regulated study skills(자기조절 전략 사용)
	Study intensity(지독하게 공부함)
	Regulating environment(환경을 나에게 맞게 바꿈)
	Time management(시간조절)
External support (외적 자원)	Help-seeking/Use resources(조력서비스를 이용함)
	Emotional support(정서적 지지)
	Informative support(정보적 지지)
Coping difficulties (장벽의 극복)	Coping through efforts(노력하여 극복함)
	Coping through changes of situation(상황을 변화시킴))
	Coping through hardship itself(어려움을 통해 성장함)

1. 공통 요인

상당히 오랫동안 지속되어 온 상담 및 심리치료의 효과에 관한 논의는 학업상
담전문가에게도 중요한 방향성을 제시한다. 상담이나 심리치료의 접근에 상
관없이 내담자에게 변화를 일으켜 문제를 개선하는데 기여하는 공통된 기제
가 있다는 주장은 Saul Rogensweig(1936)까지 거슬어 올라가는데, Rogens-
weig는 서로 다른 치료접근에서 나타나는 성과의 공통성을 찾아내 제시했다
(Wampold, 2000). 이후 여러 학자들이 경험적 연구를 통해 공통요인(common
factors) 추출을 위해 노력했다. Lambert와 Ogles(2004)는 상당히 포괄적인
분석을 시도해 아래 표와 같이 30여 가지의 공통요인을 밝히고 상담이 진행되
는 과정에 따라 지지 요인, 학습 요인, 실행 요인으로 분류했다. 공통요인에 관
한 논문을 개관한 Imel과 Wampold(2008, p. 255)는 공통요인이 상담성과에
서 30~70%의 변량을 설명할만큼 상당히 큰 영향 요인임을 밝히고 있다. 즉,
학업상담전문가는 학업상담을 가장 효과적으로 이끄는 최고의 이론적 접근이
라는 신화에서 벗어나, 상담에 효과를 보이는 공통요인들을 상담과정에서 최
대한 실현할 수 있도록 노력해야 할 것이다.

표 5-2. 치료적 공통요인 목록(출처: Lambert & Ogles, 2004, p. 173)

지지 요인 (Support Factors)	학습 요인 (Learning Factors)	실행 요인 (Action Facots)
카타르시스	조언	행동적 조절
상담자에 대한 동일시	정서적으로 경험하기	인지적 완수(확실하게 알게 됨)
고립의 완화	문제적 경험에 대한 동화	두려움에 맞서기를 격려함
긍정적 인간관계	인지적 학습	위험을 감수하고 행동함
안심시키기	교정적 정서 경험	모델링
긴장의 해소	피드백	연습
구조화	통찰	현실검증
치료적 동맹	합리성	성공경험
상담자와 내담자의 적극적 참여	내적 참조체제의 탐색	훈습
상담자의 전문성 발휘	개인적 효과성에 대한 기대 변화	
상담자의 온정, 존중, 공감, 수용, 진정성		
신뢰		

2. 학업상담 개입의 특성

장점을 활용한 접근

학업상담은 '능력의 신장'이라는 변화를 위해 노력하는 과정을 포함하는 경우가 많다. 그리고 각 교과에서의 실력에서부터 자기조절능력이나 학습전략과 같은 정의적 영역의 능력까지 신장시켜야 하는 능력의 범위도 광범위하다. 여기에서 어려운 점은 바로 내담자들은 모든 능력을 신장시키고 싶어 하고 골고루 실력을 갖추고 싶어 한다는 점이다. 그러나 전반적인 능력을 키운다는 것은 교육의 모든 과정에 관여해야 한다는 것으로 상담의 목표로 삼기에 적절하지 않다. 상담을 통해 도움을 받으면서 집중적으로 높여야 할 능력을 선택해 효율적으로 접근하는 것이 필요하다. 흔히 얘기하는 '선택과 집중'을 통한 효과적 노력의 사용을 적용한다.

어떤 능력의 신장에 먼저 초점을 둘 것인가? '제일 부족한 것 보완하기', '가장 중요한 것 새로 배우기', '가장 잘하고 있는 것 더 잘하기' 등 여러 기준으로 한 가지를 선택할 수 있다. 많은 내담자들은 가장 부족한 부분을 보완하거나 새로운 것을 배워야 지금보다 더 나아질 것이라고 기대하지만, 학업상담에서는 '가장 잘하고 있는 것 더 잘하기'를 목표로 선택한다. 그 이유는 잘하는 것을 더 잘하는 것이 목표를 이뤄 성공할 가능성이 가장 높기 때문이다. 아무리 좋은 목표도 실패하면 아무 소용이 없다.

내담자들의 이야기를 들어보면, 상담을 하기 이전에도 부족한 부분에 대한 보완을 위해 많은 노력을 기울여 온 경우가 많다. 그로 인한 좌절이나 상처의 경험도 많이 가지고 있는데, 그런 좌절 때문에 잘하던 것조차 하기 싫어졌다는 경우들도 있다. 행동변화를 촉진하는 원리에서는 개인의 장점을 활용해 계속 성공할 수 있도록 환경을 조성할 때 행동변화의 가능성이 가장 높다고 한다. 즉, 학업상담전문가는 내담자가 잘 못하는 부분이 아니라 잘 할 수 있는 부분을 어떻게 활용할 것인가에 초점을 두어야 한다.

내담자의 장점을 활용해 잘하는 것에 초점을 둘 경우 내담자는 '그럼 지금 잘 못하는 걸 영원히 못하면 어쩌지'라는 우려를 하게 될 것이다. 내담자의 부족한 부분을 보완하거나 새로운 것을 배워야 하는 것을 아예 하지 않는다는 것이 아니라 잘하는 것에서부터 출발한다는 의미임을 내담자에게 알려야 한다. 잘하는 것에서부터 출발해 성공을 맛보고, 그 힘으로 좌절이나 실패가 예상되는 잘 안 되는 것과 새로운 것에 도전하는 것이다. 또한 어느 한 부분의 능력만 신장되어도 다른 능력들이 함께 신장되는 시너지 효과도 볼 수 있기 때문에 예상보다 좋은 결과를 경험하게 된다. '공부에 대한 자신감'에 소개된 현아의 사례는 이 과정을 잘 나타내 주고 있다. 따라서 잘하는 것에 집중해 출발하는 접근에 대해서 불안해하지 않고 몰두할 수 있도록 안내라고 지지하고 강화하는 역할을 상담자가 해 주어야 한다.

> **영화에서 발견한 장점 키우기 원리**
> 2016년 개봉한 「쿵푸팬더 3」이라는 애니메이션에서 장점을 활용한 접근을 잘 보여주는 장면이 있다. 자신의 친부모를 찾아 팬더마을로 간 주인공 포는 팬더마을 주민들과 함께 적과 싸워야 할 위기에 처하게 되고 그 준비를 하게 된다. 전쟁에 나아갈 힘을 키우기 위해 훈련하는 과정에 바로 장점을 활용한 접근이 적용되는데, 포는 '누구를 닮을 것이 아니라 각자가 잘하는 걸 하게 하는 거야'라고 깨닫고 훈련에 성공하게 된다.

다른 조력체제와의 협력

상담이라는 서비스에만 국한하는 것이 아니라 다른 조력체제와 어떻게 협력할 것인가라는 접근은 여러 상담에서 제안되고 있는데, 학업상담 역시 마찬가지 접근이 필요하다. 내담자 조력의 코디네이터 역할이 상담자 역할로 강조되는데, 내담자에게 상담 이외에 어떤 조력이 필요한지 확인하고 그 조력체제를 찾아 연결하고 피드백을 수집해 그 효과를 높일 수 있도록 노력하는 일을 상담자가 맡게 되는 것이다. 때로는 다른 조력전문가가 학업상담 전문가를 필요한 조력체제로 초대하기도 하는데, 예를 들면, 약을 복용 중인 ADHD 아동이나 특수교육을 받고 있는 학습장애아의 경우 상담자는 대부분 보조적인 조력가로 참여하게 된다. 이때 상담자는 내담자의 조력체제를 관리하는 코디네이터 전문가에게 잘 협조해야 한다.

학업상담에서 가장 빈번하게 활용되는 조력체제는 내담자의 학습부진을 보완하고 지도해 주는 수업이다. 사교육, 방과후 프로그램, 멘토링, 학습코칭 등 직접적으로 공부와 공부방법을 가르쳐주는 다양한 프로그램이 학업상담과 병행될 수 있다. 일반적으로 상담은 1주일에 1~2번 정도의 호흡으로 내담자를 만나기 때문에 일상생활에서 매일 공부를 도와줄 조력체제가 필요하다. 공부를 스스로 해 나갈 수도 있지만, 기초학습부진아를 비롯해 학습부진의 기간이 긴 내담자의 경우 뒤쳐진 선수학습을 혼자 힘으로 보충하는 것은 쉽지 않다. 그리고 이 부분을 가르쳐 줄 조력자는 상담자가 아닐 것이다.

이 부분에서 상담자는 적어도 학교와 가정에 대해 점검하고 협조를 요청해야 한다. 먼저 학교의 경우, 내담자에게 맞는 교수학습 환경 조정을 위해 협조를 요청할 수 있다. 학교에서 가장 보편적으로 적용되고 있는 교수학습 환경에 맞지 않아 공부가 어렵다는 호소를 하는 내담자들이 많다. 자신의 학습 스타일과 학교의 교수학습 환경이 맞지 않는 것이다. 가장 많이 사례로 제시되는 것은 MBTI 성격 유형의 불일치인데, 우리나라 학교의 일제식 수업은 대부분 ISTJ 유형들이 적응하기에는 유리하지만 그 반대의 유형인 ENFP 유형들이 적응하기는 어렵다는 것이다. 공부에 어려움을 겪는 내담자들은 자신과 학교에서 진행되는 수업방식이 잘 맞지 않는다고 호소한다. 과연 상담자가 학교의 수업방식을 변화시킬 수 있을까? 쉽지 않은 과제이지만, 내담자의 특성과 내담자가 받고 있는 수업들의 교수학습 환경에 대한 정보를 확보하고 어떤 노력을 기울일 수 있을지 그 방안을 찾는 노력이 필요하다. 내담자 자신 또는 상담자가 교사와 함께 교수학습 환경에 대해 함께 의논하고 조율하는 과정도 학업상담전문가가 해야 할 일이라고 책임감을 갖기 바란다.

다음으로 학교(또는 교육청이나 지역사회)에서 마련된 학업관련 조력체제를 내담자가 잘 활용할 수 있도록 상담자가 적극 나서야 할 때가 있다. 방과후 프로그램, 학습멘토링, 공부방, 과학교실, 역사교실 등 교과학습을 도와주는 프로그램과 함께 정신건강증진이나 특수교육 등이 학교를 중심으로 제공되고 있는데, 수혜자가 누구인지 어떤 절차를 밟아야 하는지 등이 제대로 안내되지 못하는 경우가 많다. 내담자가 활용할 수 있는 서비스를 찾아보고, 해당 서비스를 받을 수 있도록 교사와 협력하는 일을 상담자가 해야 한다.

가정에는 보다 적극적으로 도움을 요청해야 한다. 공부로 인한 과도한 스트레스, 공부로 인한 부모와의 갈등, 보충학습이 필요한 경우 등은 부모의 협조가 필요하다. 내담자의 일상생활을 가장 많이 관찰하면서 가장 빈번히 관여할 수 있는 사람이 부모 또는 가족이기 때문에 가정은 어느 상담에서나 다루어진다. 우리나라의 경우 독특하게 부모와 공부문제가 밀접하게 관련되어 있기 때문에 학업상담에서는 부모와의 협력이 더 강조된다. 예를 들면, 시간관리 능력을 습득해 나가는 과정에서 가정에서 가족들의 일어나는 시간, 식사시간, 가족과 함께 하는 여가 활동 등을 미리 계획하고 가족구성원들이 서로 지켜나가게 되면 훨씬 빠르고 수월하게 시간관리 능력을 습득할 수 있다. 내담자의 시간표를 공유하고, 잘 지켜나갈 수 있도록 돕고 강화하는 체제가 가정에서 확립되면 더욱 효과적이다. 부모의 협력을 어떻게 이끌어 낼 것인가에 대해서는 학업상담의 실제 중 '부모와 공부'에서 좀 구체적으로 다루고 있다.

긍정심리학적 접근

우리나라의 경우 학교상담은 정신병리의 치료보다는 발달에 좀 더 치중되어 있는데, 학업상담도 마찬가지 입장이다. 정신병리(또는 이상심리)를 어떻게 정의하는가에 관한 입장 차이도 있지만, 주로 병원의 진단을 중심으로 제공되는 약물치료와 심리치료의 대상을 학업상담의 주된 대상으로 삼지 않는다는 점이다. 학업은 교육을 받고 있는 학생의 신분을 가진 모든 사람이 일차적으로 해야 할 생애 과제로, 약물치료나 심리치료를 받고 있는 내담자가 학생인 경우 학업문제를 호소하는 경우도 적지 않다. 이들의 문제를 다루지 않는다는 입장이 아니라, 이들이 경험하는 학업문제에 집중하기보다는 학생이라면 누구나 경험하게 되는 보편적인 공부문제를 다룬다는 의미에서 학업상담에서는 치료보다는 발달적 접근을 채택한다.

내담자가 경험하고 있는 공부문제의 어려움이 잘못된 어떤 것을 고쳐야 해결된다고 보기보다는 공부와 관련된 생각이나 행동을 조금 더 발달시켜 나가면 해결된다고 보는 입장이다. 예를 들어, 과제를 자꾸 미루는 학생이 있다면, 완벽주의적 성격이나 우울 때문일 수도 있지만, 제때 과제를 해야 할 필요성을 느끼지 못하거나, 호흡이 긴 과제를 차근차근 해 나가는 방법을 모르거나, 과제에 필요한 시간 예측을 잘못 했거나, 놀고 싶은 마음을 참지 못했을 가능성에서 원인을 찾으려고 노력하는 접근이다.

이런 의미에서 21세기 심리학적 패러다임을 바꾼 긍정심리학(Seligman & Csikszentmihalyi, 2000)의 등장은 학업상담 전문가에게는 반가운 일이다. 긍정심리학은 인간의 불행을 초래하는 마음을 없애는 데 노력함으로써 인간의 행복을 가져올 수 있다고 믿었던 부정심리학이 불편을 해소할 뿐 진정한 행복을 가져다 줄 수 없었다는 반성에서 출발한다. 따라서 긍정심리학은 인간이 행복해지려면 행복 자체를 탐구하고, 행복을 가져다주는 심리적 기제를 촉진해야 한다는 새로운 관점을 채택하고 있다. 이후 행복을 촉진하는 개인의 특성을 성격강점이라고 개념화하고, 어떤 성격강점이 있는지 그 향상을 위해 어떤 노력을 기울여야 하는지에 대한 연구가 활발히 진행되고 있다. 그 내용 중 학업상담과 관련되는 내용은 성공을 예언하는 성격 요인에 대한 논의들일 것이다.

긍정심리학에 대한 관심이 높아지기 이전에도 성공을 예언하는 개인의 특성에 대한 연구는 꾸준히 있어 왔다. 예를 들면, 의지(will), 지구력(persistence), 인내력(perseverance), 성실성(conscientiousness) 등이 오래 전부터 성공을 예언하는 중요한 성격으로 확인되었고, 잘 알려진 마시멜로 실험은 지연된 만족감(delayed satisfaction)의 종단적 효과를 실험연구(Mischel, Shoda, & Rodriguez, 1989)를 통해 입증했다. 낙관성이 성공을 이끄는 가장 중요한 성격적 특성이라는 또 다른 종단연구의 결과를 토대로 개인의 정서적 인식 및 조절 능력의 중요성을 강조했던 정서지능 역시 마찬가지다(Goleman, 1995). 보다 최근에는 미국 육군사관학교 생도들의 학업중단에 관한 연구(Duckworth et al., 2007)에서 추출된 끈기(Grit)라는 새로운 개념이 소개되어 경험적 연구들이 진행되고 있다. 어렵고 도전적인 학습과제를 해 내기 위해서는 그 목표에 대한 흥미를 계속 유지하고, 장벽이나 좌절이 있더라도 포기하지 않고 목표성취를 위해 꾸준히 노력하는 끈기가 그 어떤 개인의 특성보다 성취에 대한 예언력이 높다는 것이다. 성공을 이끄는 개인 특성은 학업상담전문가가 상담을 이끌어 나갈 지향점 또는 목표설정에 지침을 제공해 준다고 할 수 있다. 즉, 개인의 성격은 쉽게 변화하지 않지만, 학업상담전문가들은 학업에 도움이 되는 위와 같은 성격들을 발달시켜 나갈 수 있도록 도울 수 있을 것이다.

아는 것에서 나아가 실행하기, 그리고 연습으로 익숙해지기

최근 상담의 흐름은 어느 한 이론에 입각해 상담을 진행하기보다는 내담자의 특성이나 내담자가 경험하고 있는 문제의 성격에 따라 더 적합한 접근을 선택하는 통합적 접근을 취하는 것이다. 이 책에서도 어느 한 상담이론에서의 관점에서 학업상담을 설명하기보다는 통합적 접근으로 상담과정을 제시하고 있다. 그럼에도 불구하고 조금 더 강조되는 접근이 있다면, 행동적 접근이다. 학업은 학생들의 일상 속에서 지속적으로 수행해야 할 과업으로 상담에서의 변화가 학생들의 생활 속에서 습관이 되어야 하기 때문이다. 예를 들어, 노력에 대한 낙관성을 상담을 통해 이해하고 채택하게 되었다면, 노력의 효과를 믿고 공부에 매진할 수 있는 행동으로 나타날 때까지 상담이 지속되어야 한다. "노력해도 안돼요"라는 학습된 무기력에서 벗어난다는 것은 "노력하면 할 수 있어"라고 생각을 바꿀 뿐만 아니라, 그 바뀐 생각이 공부하는 행동까지 변화시켜 지행일치(知行一致)에 이르러야 한다. 생각을 바꾸는 것에서 나아가 어려운 과정이 더 지속된다. 노력하면 된다고 생각하고 공부에 노력을 더 기울여보지만 실제 그 실천은 쉽지 않고, 노력을 기울인다고 해서 바로 그 성취 수준이 높아지지 않을 수도 있기 때문이다. 이러한 과정을 거쳐 "정말 노력으로 될까?"라는 의심이 없어지고, 그런 갈등없이 공부에 몰입할 수 있을 때가 되어야 노력에 대한 낙관성이 확립되었다고 할 수 있다. 따라서 학업상담에서는 어떤 행동 변화를 시도해 보고, 그것을 실천하면서 나타나는 장벽들을 극복하면서, 점차 자신의 일상생활 속에 자연스럽게 그 행동을 할 수 있도록 충분히 연습한다.

역할모델 제시

어떻게 행동을 변화시킬 것인가라는 과제에서 역할모델을 찾아주는 접근이 학업상담에서는 자주 활용된다. 특히, 새로운 행동(인지, 정서, 행동을 아우르는 광의의 의미)을 습득하기 위해 적절한 모델을 찾고, 그 모델이 하는 대로 해 보는 것이 도움이 된다. 모델링은 인간이 스스로 학습하는 가장 강력한 기제로 알려져 있는데, 누군가 하나하나 가르쳐주지 않아도 다른 사람이 하는 것을 보고 배운다는 것이다. 눈에 보이는 행동만이 아니라 생각이나 정서도 모델링을 통해 학습하는데, 정신분석학의 성격발달 이론에서 제안하고 있는 성격 형성의 기제 중 하나인 동일시(identification) 역시 그 습득 과정에는 모델링이 주를 이룬다. 인간만이 아니라 다른 동물세계에서도 "보고 배우는" 활동을 통해 생존방법을 터득한다. 이렇게 핵심적인 인간의 학습 기제를 상담에서 잘 활용해 상담의 효과를 높일 수 있다.

모델링을 촉진할 좋은 역할모델을 발견하는 것이 상담에서 큰 과제가 되는데, 먼저 내담자에게 역할모델을 찾아보도록 제안한다. 가족, 친구, 친척 등 일상생활을 함께 하고 있는 가까운 사람이 역할모델이 되면 가장 좋은데, 주변에서 역할모델을 찾기 어렵다면 조금 더 범위를 넓혀 찾아야 한다. 책, 드라마, 영화, 동영상 등에서 찾을 수도 있고, 상담자는 3부 학업상담의 실제에 소개되는 많은 사례들을 활용해 역할모델을 제시할 수도 있을 것이다. 역할모델을 설정한 다음에는 모델의 행동을 통해 성공적으로 새로운 행동을 배우고 습득할 수 있도록 촉진해야 한다. 동기화와 함께 배움의 과정에 대한 피드백을 통해 자신의 행동으로 자리 잡을 수 있도록 조력한다.

또한 상담자는 상담과정을 통해 문제해결의 모델을 제시해 주는 역할을 담당하고 있다는 점을 염두에 두어야 한다. 상담자가 원하든 원하지 않든, 계획하든 계획하지 않든, 상담자는 매우 강력한 모델로 내담자의 일상생활 속에서 기능하게 된다. 따라서 상담자는 이러한 역할을 알아차리고, 내담자의 변화를 촉진하는 기제로 활용해야 한다. 예를 들면 Krumboltz(1996)는 상담을 통해 어떤 의사결정을 내리는 것도 중요하지만, 진로상담을 통해 합리적 의사결정을 거쳐보면서 그 학습경험을 통해 앞으로의 삶에서 또 만나게 되는 의사결정 상황에 잘 대처할 수 있다는 점이 더 중요한 목표와 성과가 된다고 주장한다. 내담자를 돕는 과정에서 상담자가 하는 탐색적 질문, 피드백, 점검, 평가 등의 활동을 모델링하여, 내담자 스스로 자신의 상담자 역할을 하게 될 수 있을 것이다.

역할모델을 통한 학습을 가능하게 하는
"거울신경계(mirror neuron system)"의 발견

공원을 걷고 있는데 한 남자가 갑자기 날아온 공에 맞는 것을 보면, 자신도 모르게 나에게 공이 날아온 것처럼 움츠러든다. 이런 현상은 우리 뇌에 있는 거울신경(mirror neuron) 때문인데, 거울신경은 Rizzolatti라는 이태리 신경과학자에 의해 원숭이의 운동신경 실험에서 처음 소개되었다. Rizzolatti는 거울신경이란 우리가 어떻게 다른 사람의 마음을 읽을 수 있고 공감할 수 있는지를 설명하는 신경이라고 정의한다. 다른 사람이 행동하는 것을 관찰하는 동안 그 행동을 하는 데 필요한 동일한 영역의 뇌가 활성화되어 그 행동을 관찰하는 것만으로 동일한 정서를 불러올 수 있기 때문이다. 그리고 이러한 거울신경은 처음엔 신체적 활동과 관련된 운동영역에서만 밝혀졌지만 지금은 후각이나 촉각 등 여러 감각에서도 밝혀지고 있다. 예를 들면, 우리가 라면을 먹는 광고를 보는 동안 라면을 먹을 때 사용되는 뇌부위가 활성화되면서 라면의 맛을 느끼게 되고, 이것이 바로 거울신경의 작용 때문이라는 것이다.

이러한 거울신경이 바로 사회심리학의 관찰학습에 대한 생물학적 근거로 보고 있는데, 유기체가 다른 유기체의 행동을 모방하는 것은 생존에 필요한 학습을 효율적으로 하기 위해 진화론적으로 발전했다는 견해가 있다. 그리고 이러한 모방이 보다 정교화되면서 인간은 언어 발달, 음악, 예술, 도구 활용이 가능했고, 나아가 공감능력도 획득하게 되었다는 것이다.

(출처: 이상의 내용은 미국심리학회의 Monitor지 2005년 9월호에 특집기사로 소개된 내용을 토대로 요약·재구성한 것임)

성과의 평가

상담은 개인의 인지, 정서, 행동의 변화를 목표로 하는 활동으로 그 변화를 촉진하는 데 그치는 것이 아니라 얼마나 변화되었는지 확인하면서 개입의 효과를 점검하는 것이 중요하다. 개입이 효과를 보이고 있다면 그 개입전략을 지속하겠지만, 효과적이지 않다면 다른 개입전략을 찾아야 한다. 이렇게 상담을 진행하면서 원하는 수준의 변화에 도달했다면 종결을 준비한다. 이러한 상담의 과정에서 학업상담전문가가 특별히 유의할 사항이 있는데, 변화의 속도가 매우 느리고 진전과 후퇴를 반복할 수 있다는 점이다. 마치 벌을 받고 바위를 산꼭대기에 올렸다가 미끄러지기를 반복하는 시지프스처럼 뭔가 변화를 한 것 같다가도 또다시 그 이전 상태로 돌아가는 것처럼 보인다. 상담의 목표는 그 산을 넘어 반대편 쪽으로 바위를 굴리는 것이라고 할 수 있는데, 그 산을 넘을 때까지 여러 번 미끄러져 내려올 수 있음을 예상해야 한다. 단, 그 미끄러져 내리는 지점이 이전보다 조금은 더 정상에 가까운 곳이라면 효과를 발휘하고 있는 것이라고 판단할 수 있고, 그렇다면 계속 그 방향으로 바위를 밀어올려야 한다. 이러한 상담의 과정은 상담자와 내담자를 실망시키고 자칫 포기하게 할 수 있기 때문에, 상담자는 이런 과정이 자연스러운 과정임을 수용하고 내담자가 용기를 내어 다시 도전할 수 있도록 지지해야 한다.

1. 경험에 대한 타당화

상담에서 무엇을 평가할 것인가는 중요한 주제이다. 무엇보다 상담이 얼마나 효과를 나타내고 있는가를 확인하는 성과평가가 가장 핵심이 되는데, 가장 미시적으로 내담자가 경험하는 일상에서부터 출발한다. 상담에서 내담자는 자신이 일상에서 느꼈던 감정과 생각 그리고 행동들에 대해 이야기하고, 그 원인이 무엇인지 또는 보편적으로 그럴 수 있는 것인지 등에 대해 상담자와 이야기하고 싶어 한다. 때로는 자신이 이해할 수 없는 부분에 대해 호소하기도 하고, 타인이 지적한 사항에 대해 혼란을 드러내기도 한다. 물론 자신만이 아니라 다른 사람(특히, 주요 타자)의 생각, 감정, 행동에 대해서도 마찬가지다. 이런 과정이 학업상담에서는 어떤 모습으로 이루어질까?

학업상담에서는 당연히 공부와 연결된 경험, 즉 공부와 관련된 자신의 고민들이 주제로 다루어지는 경우가 많다. 학업성취도가 높고 낮음에 상관없이 공부와 관련해 고민들이 많다. 매년 실시되는 청소년통계조사에서 청소년들이 가장 고민하는 문제로 학업문제가 꾸준히 1위를 차지해 오고 있다. 그 중에서도 상담실을 찾아 공부문제를 호소하는 학생들의 어려움은 상당히 지속적인 문제였던 경우가 많아 쏟아낼 이야기가 많다. 즉, 그 동안 공부로 인해 겪어왔으며 현재도 겪고 있을 좌절과 실망감, 스트레스가 극심하다. 특히, 성적이 낮은 학생들은 '공부를 하지 않는 게으른 사람'이라는 비난을 많이 받으면서 분노, 좌절, 억울함 등 부정적 정서를 경험해 왔고, 성적이 높은 학생들 역시도 그 위치를 유지하기 위한 치열한 경쟁으로 인해 매우 지쳐 있다. 학업상담에서는 이런 학생들의 정서적 경험에 대한 타당화가 잘 이루어져야 한다. 구체적인 경험을 충분히 이야기할 수 있도록 잘 경청하고, 그와 관련된 생각과 정서를 모두 드러내면서 스스로 타당화를 해 보고 그 과정을 상담자가 조력하는 활동을 여러 번 반복할 필요가 있다. 그리고 학생들이 경험하는 부정적 정서는 모두 잘 하고 싶고 인정받고 싶은 긍정적 동기에서 출발하고 있음도 함께 확인하면서 타당화 과정을 마무리할 수 있다.

2. 평가를 촉진하기 위한 기록

상담과정에서 평가의 중요성은 매번 강조되지만 잘 지켜지지 않는 경우가 많다. 상담을 통한 변화가 매번 상담회기를 거치면서 눈에 보이게 나타나는 것은 아니라서 매 회기 평가를 하고 기록하는 것에 익숙하지 않은 경우가 많다. 뿐만 아니라 하루에 여러 사례를 보아야 하고, 쉴 새 없이 상담을 진행하는 경우 더 어렵다. 학업상담에서도 마찬가지인데, 평가를 위해 기록에 중점을 두는 방법을 제안한다. 앞서 학업상담의 개입이 갖는 특성에서 살펴보았듯이, 학업상담은 공부와 관련된 행동을 변화시키고 이것을 일상생활에서 연습하여 습관처럼 만들기 위해 조력한다. 이를 위해 목표행동에 대해 상담자와 내담자가 함께 기록하고, 학교와 가정에서 연습할 과제를 제공하여 그 결과를 수집하여 그 진전을 기록하는 방식을 채택하면 그 자체가 상담성과에 대한 평가가 된다. 상담자 혼자 평가하기 보다는 내담자와 함께 행동변화에 대해 평가하는 시간을 상담에 포함시키면 평가와 기록에 따로 시간을 할애할 필요도 없을 것이다.

3부

학업상담의 실제

Chapter 6

공부문제에 대한 태도 바꾸기

학습부진에 대한 오해

민이는 중3 때 고등학교 선택에 대해 담임과 면담하면서 ○○고등학교 진학을 원한다고 얘기했다. 그러나 "넌 공부로 안 돼. 그 학교가 얼마나 성적이 좋아야 가는지는 아니?"라는 꾸중만 들었다. 교사의 예언대로 민이는 그 고등학교에 진학은 하지 못했지만, 이후 꾸준히 학업에 주력하여 대학 진학에서는 자신이 원하는 최고의 대학에 당당히 합격했다. 교사로부터 꾸중을 들었을 때 민이는 "내가 정말 공부가 안되는지는 공부를 해봐야 알 것 같아"라고 말했었다. 그렇다면 민이의 중학교 3학년 때 담임은 특별히 학생을 보는 안목이 부족한 분이었을까? 아마 지극히 상식적으로 상황을 보는 평범한 교사였을 것이다. 우리가 학습부진에 빠진 학생들을 보면서 민이의 교사처럼 당연히 그렇다고 생각하는 것들 중에는 오해들이 많다.

1. 학습부진아에 대한 오해 풀기

해도 안 되는 학생들이 있다

여러 능력을 가진 학생들을 동시에 가르치는 교사들은 "아무리 가르쳐도 안되는 학생이 있다"라는 말을 하곤 한다. 학생들은 지적 능력이나 학습준비도에 있어 개인차가 있고, 이러한 개인차는 교사로 하여금 '해도 안되는 아이' 또는 학생 스스로에게도 '나는 해도 안되는 사람'이라는 인상을 남긴다. 그렇다면 이러한 현상을 그대로 받아들여야 할까? '해도 안된다'라는 무력감으로 포기하기 시작하면 교실, 학교, 지역사회에서 학습부진아가 늘어나기만 할 것이다. 실제 지능은 학업성취도와 가장 높은 상관관계를 보이는 요인 중 하나로 학생들의 지적 수준은 학업에서의 수행을 예언한다. 따라서 학습부진을 보이는 학생들 중 이해력, 암기력, 추상적 사고능력 등이 또래들보다 떨어지는 경우가 적지 않다. 그러나 상대적으로 낮은 지적 수준을 가진 학생들이 도저히 학습할 수 없을 정도로 어려운 내용으로만 교육과정이 구성되어 있는 것은 아니다. 다음의 질문에 답해 보면서 학생의 상황부터 이해해야 하고, 그것을 개선하는 것이 선행되어야 할 일이다.

- 현재 수행수준이 정확하게 파악되었는가?
- 배워야 할 내용이 현재 학생에게 적합한 내용인가?
- 다른 방법으로 가르쳤다면 이 학생이 쉽게 배울 수 있었을까?

모두가 공부를 잘할 필요는 없어

학생들 중에는 공부는 잘 못하지만 다른 것에 더 재능이 있는 학생들도 있다. 특히, 열심히 하는 것 같은데 성적이 오르지 않거나, 다른 활동을 할 때는 적극성을 보이지만 학습관련 활동에서는 소극적이거나, 오랫동안 하위권 성적에 머물러 있을 때, "이런 학생들에게 공부는 정말 맞지 않는 것 같다"라고 생각하기 쉽다. 실제 공부에는 소질이 부족한 학생들일 수 있고, 이런 학생들까지 모두 공부를 잘 해야 하는 것은 아니다. 그러나 그런 이유로 학생들이 아무것도 배우지 않아도 된다고 생각하는 것은 곤란하다. 이런 생각이 들 때 다음 사항들을 먼저 고려해 보아야 한다.

- 공부에 소질은 없지만 최소한 갖추어야 할 능력이나 학력은 무엇일까?
- 어떤 영역에 어떤 소질을 가지고 있고, 이것을 계발하기 위한 구체적인 목표와 계획은 세웠는가?
- 그 영역의 전문가가 되는 길에 도움이 되는 공부는 무엇이고, 도움이 안 되는 공부는 무엇인가?

설명할 때는 알겠는데 돌아서면 모른다는 건 말이 안 돼

분명히 설명할 때는 잘 알아들었고 선생님이 물어보면 대답도 잘 하는데 다음날이면 바로 잊어버린다. 도대체 어떻게 된 걸일까 의아하기도 하고 믿기지 않기도 하고 당사자인 학생은 더욱 답답하고 힘이 빠진다. 이럴 경우 "내가 열심히 하면 뭐하나 또 잊어버릴 텐데"라고 생각이 들어 공부에 대한 동기가 사라진다. 마찬가지로 이런 학생을 가르치는 교사도 실망이 쌓이면서 잘 가르쳐보겠다는 열정이 식어 버린다. 왜 이런 일이 일어나는지에 대해 이해한다면 노력에 대한 동기가 다시 생길 것이다.

왜 이런 학생들은 자꾸 잊어버리는가? 인지전략이 부족하기 때문일 가능성을 가장 먼저 생각해 볼 수 있다. 배운 내용을 잘 기억해 두었다가 필요할 때 꺼내 써야 하는데 그런 인지적 기술이 부족할 수 있다. 예를 들면, 컴퓨터에서 문서작성을 잘 했는데 저장을 하지 않고 꺼버린 것 같은 상태라고 할 수 있다. 문서작성 후 저장 버튼을 누르듯이 학습한 내용을 기억 속에 잘 담아두어야 하는데 그 방법을 모르고 있는 것일 수 있다. 또는 저장은 해 두었는데 어디에 저장해 두었는지 몰라 찾지 못하는 경우도 있다. 즉, 기억과정에서의 문제가 아니라 기억한 것을 다시 떠올리는 인출과정에서의 문제다. 이런 학생들은 기억을 할 때부터 어떤 단서에 따라 어떻게 인출할 것인가를 계획하고 기억해야 함을 모르고 있기 때문이다.

이러한 기억과 관련된 인지전략은 학습량이 많아지는 청소년기에 습득해야 할 중요한 기능 중 하나다. 뿐만 아니라 발달과정으로 볼 때 기억력이 감퇴

하는 성인학습자들에게도 "돌아서면 잊어버리는" 현상은 빈번히 일어난다. 즉, 학업을 중단했다가 다시 학업을 시작하는 성인학습자들의 경우 예전에 사용했던 기억과 관련된 인지전략을 다시 떠올려보고 적극적으로 활용해야 한다.

부모가 도와주지 않으니까 안 되는 거야

아동 및 청소년들의 성장과 발달에 가장 큰 영향을 미치는 요인은 부모의 물리적·심리적 지원이다. 그 중 공부는 아동 및 청소년들에게 주어진 가장 핵심적인 발달과업으로 부모의 지원이 어느 정도인가에 따라 그 수행이 크게 달라질 수 있다. 실제 학업이 우수한 학생들은 부모의 지원을 많이 받고 있는 반면 학습부진 상태의 학생들 중 부모의 지원이 잘 되고 있는 경우는 드물다.

그러나 일부러 돕지 않는 부모는 없을 것이다. 시간적인 여유가 없거나 학업에 대한 정보가 부족하거나 스스로 학업에서 어려움이 없었던 부모들일수록 자녀들이 알아서 할 것이라고 기대한다. 이런 기대를 자녀와 나누고, 그것을 자녀가 수용하는 경우 부모가 많은 관여와 조력을 하지 않아도 학업을 잘 수행해 나간다. 즉, 학생이 해야 할 가장 중요한 일에 해당하는 공부에 대해 부모와 자녀가 함께 생각하고 의견을 나누는 것이 더 중요하다. 많은 시간을 돕고, 많은 정보를 제공하고, 공부만 할 수 있도록 모든 것을 대신해 주는 도움은 오히려 방해가 될 수도 있다.

낮은 성적에 대해 학생은 아무 걱정이 없다

학습동기가 높으면서 낮은 성적을 보이는 학생은 거의 없다. 학습동기와 학업성취도 사이의 높은 상관관계가 이를 입증하고 있다. 공부 자체나 성적에 관심이 없기 때문에 공부를 하지 않는 것이고 공부를 하지 않으니 성적은 자꾸 떨어진다. 그러나 어느 누구도 처음부터 "난 못해"라고 물러섰던 것은 아니다. 학교라는 경쟁구도 속에서의 경험이 아이를 그렇게 몰아간 것이다. 누구나 공부를 잘하고 싶지만, 그럴 자신이 없어지면서 언젠가부터 관심도 없어져 버렸다. 친구들에 비해 성적이 안 좋으니 더 공부가 싫고 다른 재미있는 것들에 대부분의 시간을 써버리니 또 성적이 떨어지는 악순환을 반복하고 있는 것이다.

그러나 이런 학생들과 진지하게 얘기를 나눠보면 누구나 공부를 잘하고 싶은 마음이 있다고 말한다. 이 마음이 바로 지금까지의 학습부진을 극복하는 출발점이다.

초등학교 4학년 수준의 수학도 못하는 중학생이라면 수학은 포기하는 것이 낫다

초등학교 4학년 수준의 수학에서 멈춰있는 중학교 2학년 학생이라면 수학을 포기해야 하는가? 수학이 초등학교 4학년 수준이라면 초등학교 5학년 수학부터 학습해야 할 텐데 "중학생에게 이런 게 무슨 소용이 있겠냐"라고 생각하기 쉽다. 수학 실력을 초등학교 4학년에서 초등학교 5학년으로 올리는 것은 중학생에게는 아무 의미가 없을 수 있다. 그러나 이렇게 초등학교 5학년 수준의 수학 실력을 갖추게 되고, 또 다음 기회에 초등학교 6학년 수준의 수학 실력을 갖추게 되는 식으로 조금씩 다음 단계 수준에 도달해 간다면 이야기는 달라지지 않겠는가? 한 학기에 1년만 따라잡는다고 생각하고 나아가면, 4학년 수준의 중학교 2학년은 3학년 2학기에는 자신의 학년에 맞는 수학을 공부하게 될 것이다. 실제 학원에서 선행학습을 할 때는 한 학기에 1년 또는 1년 반에 해당하는 분량의 진도를 나간다는 점을 고려하면 충분히 가능하다.

2. 사례 엿보기

초등학교 3학년 경미는 학교에 가기 싫어해 부모와 함께 상담실을 찾았다. 초기 문제 진단 단계에서 학업을 거의 따라가지 못하고 있음을 확인할 수 있었고, '학습장애'가 의심될 정도로 지적 능력에 비해 낮은 학업성취도를 보이고 있었다. 어머니와의 상담을 통해 유치원 시기와 초등학교 2학년 때까지 부모의 보살핌이 제대로 되지 않았음이 확인되었다. 상담자는 학습장애보다는 이 시기의 학습결손으로 인한 학습부진의 가능성이 높다고 판단하고, 학습부진 극복을 조력하는 개입전략을 구상하였다.

읽기유창성 검사에서 1학년 수준에 머물고 있음을 확인하고, 읽기 학습부진 개선부터 목표로 학습계획을 세웠다. 먼저, 일주일에 한 번씩 진행되는 상담에서는 아동의 읽기 연습 시간과 정서적 위축 및 불안을 낮춰주기 위한 놀이치료 시간을 함께 가졌다. 그리고 다른 상담자는 부모와 상담을 진행했는데, 자녀와의 관계 회복을 위한 개입과 자녀에 대한 학습지도에 대한 코칭이 병행되었다. 어머니에게는 매일 아동이 읽기를 연습할 수 있도록 요청하고, 아버지에게는 매일 아동에게 책을 읽어주도록 요청했다. 이를 통해 부모가 아동을 위해 노력을 다한다는 것을 행동으로 보여줌으로써 서로의 관계 회복에 도움을 줄 수 있고, 아동이 '소리내어 읽기 연습' 및 '독해 연습'을 가정에서 꾸준히 할 수 있기 때문이다.

상담 초기에는 놀이치료와 상담에서의 읽기 연습이 순조롭지 않았을 뿐만 아니라 가정에서의 부모의 학습지도 약속도 어기는 일이 많았다. 상담자들은 아동과 부모가 동기를 잃지 않도록 격려하고 상담과정과 가정에서의 학습과정 자체를 상담의 주요 주제로 다루었다. 아동과 부모의 저항과 실망감을 적절히 다루면서 점차 변화가 시작되었고, 1년 이상의 상담과정을 거쳐 부모-자녀 관계의 회복, 등교거부 해결, 학습부진 극복의 목표가 성취되었다. 상담의 목표로 설정하지 않았지만 아동의 자존감과 또래와의 관계 향상이 또다른 상담의 성과로 확인되었다.

이 사례는 상담자와 부모가 모두 경미의 누적된 학습부진을 인정하고 그 회복을 위해 협조함으로써 학습부진 극복에 성공할 수 있음을 보여주고 있다. 뿐만 아니라 학습부진으로 인해 발생한 개인의 부적응 문제와 가족 간의 갈등을 함께 다루는 상담의 중요성도 보여주었다는 점에서 의의를 갖는다.

1. 비협조적인 부모의 조력을 끌어내려면?

자녀가 공부를 잘 해나갈 수 있도록 관심을 갖고 지지를 보내고 구체적인 조력을 제공하는 것이 부모의 역할이지만, 그 역할을 잘 수행하지 못하는 부모도 적지 않다. 이럴 경우 상담자는 부모에게 보다 적극적인 조력을 촉구하지만, 현실적으로 이러한 요청이 별다른 변화를 가져오지 못하는 경우가 많다. 특히, 학생이 취약집단에 속해 있으면서 학교에서 의뢰된 사례의 경우 부모의 협조가 현실적으로 어려울 수 있다. 대체로 많은 시간과 에너지를 일에 빼앗기고 있어 가정에서 자녀의 학업을 돕기가 어렵다. 오히려 자녀가 바쁜 부모를 도와 동생 돌보기나 집안일을 맡아야 하는 상황일 때도 있다.

이런 내담자에 대한 조력은 어떤 방향으로 이루어져야 할까? '부모의 지원이 부족한 학생들인 경우 다른 사람들의 도움을 더 많이 필요로 하는 상황'임을 상담자가 수용하는 것이 이런 내담자를 조력할 수 있는 첫걸음이다. 또한 이 상황을 내담자가 어떻게 지각하고 있는지와 현실적인 상황이 실제 어떤지도 파악해야 한다. 부모를 탓하기보다는 내담자의 상황에 대한 객관적 이해와 수용이 전제되어야 한다.

다음으로 부모에게 도움을 요청하는 요령이 필요한데, 반드시 만나서 깊이 있는 이야기를 나눠야 도움을 요청할 수 있다는 태도에서 벗어나야 한다. 또한 부모가 양육을 더 중요하게 생각하는 방향으로 변화되지 않으면 내담자에게 도움이 될 수 없다는 상담자의 생각도 바람직하지 않다. 부모가 현실적으로 할 수 있는 간단한 행동 하나만을 요청하면 내담자에게 도움이 된다는 것을 간과해서는 안된다. 예를 들면, "○○가 숙제하고 있는 동안에는 TV나 스마트폰을 끄세요", "매일 한번만 칭찬을 해 주세요", "매일 퇴근하고 오시면 숙제가 무엇이었는지 물어보세요", "일주일에 3번만 가족이 함께 식사 하세요", "매일 학교나 학원에서 배운 것 한가지만 묻고 들어 보세요" 등 구체적인 행동으로 도움을 요청해 보기 바란다.

마지막으로 학생 스스로 자신의 학업을 관리할 수 있는 능력을 키워주어야 한다. 이를 위해서는 학업이란 자신을 위해 꼭 필요하고 가능한 혼자서도 해야할 공부를 할 수 있는 습관형성이 필요하다. 특히, 부모가 학생의 공부에 무관심할 경우 공부가 중요하다는 것을 인식하지 못하는 경우도 있는데, 이런 경우 공부의 필요성에 대한 내담자의 지각과 태도부터 다루어야 한다. 다음으로 주로 어른이 없이 혼자서 시간을 보내는 경우가 많기 때문에 시간관리가 중요하다. 시간관리를 위한 가장 쉽고 기본적인 출발점은 중요한 일의 우선순위를 정하고 중요한 일부터 먼저 하는 습관을 길러주는 것이다. 일주일에 한번씩 만나는 상담에서 한꺼번에 일주일간의 시간관리를 점검하기보다는 문자, 채팅, SNS 등을 이용하여 하루에 한번은 점검해 주는 것이 도움이 된다. 긴 시간의 개입보다 2~3분 정도의 시간 사용 확인과 지지 정도가 적절하다. 시간관리에 대한 보다 자세한 내용은 '시간관리 노하우'의 내용을 참고하기 바란다.

2. 해도 안 된다고 말하는 무력한 학생을 어떻게 돕나요?

학습부진아들 중에는 자신은 '공부를 못하는 형편없는 사람'이라고 생각하고 공부를 아예 포기해 버린 경우가 많다. 오래 전 경험적 연구결과[1]에서도 보면, 성적이 높은 학생들의 학업에 대한 자아개념은 또래들보다 높게 출발하여 학교생활을 하면서 점점 더 높아지는데 비해, 낮은 학생들의 학업에 대한 자아개념은 또래들보다 낮게 출발하여 학교생활을 하면서 점점 더 낮아진다. 즉, 학교에서의 경험은 학업에 대한 학생들의 자아개념의 격차를 더 크게 만들기 때문에, 학습부진아들은 점점 더 자신이 공부를 못하는 사람이라는 자아개념을 굳혀간다.

공부에 전혀 관심이 없는 학생들을 만났을 때 '누구나 열심히 공부하면 잘 할 수 있다'는 확신을 갖게 하는 것이 상담자의 가장 큰 과제다. 바로 "노력에 대한 낙관성"을 심어주는 것이다. 공부가 인생에서 매우 중요하다는 당위만을 설명하고 설득하기 보다는 실제 조금의 노력을 통해 성취감을 맛보게 하

---

1 Kifer, E. (1973). The effects of school achievement on the affective traits of the learner. Unpublished doctoral dissertation. University of Chicago.

는 것이 첫걸음이다. 이를 위해 처음에는 학습과제가 아니라 게임이나 학생이 좋아하는 활동에서 성취감을 경험하게 하는 것이 효과적이다. 개인상담이나 집단상담 시간에 직접 과제를 해결하는 경험을 제공할 수 있을 것이다. 이 때 중요한 것은 조금 어려운 목표를 설정하고 노력을 통해 그것을 이루었을 때의 벅차오름을 느껴볼 기회를 주어야 한다. 그리고 '목표설정-노력-성공'이라는 연결고리에 대한 확신이 생기게 되면, 점차 학교 학습 쪽으로 넘어가 쉽고 작은 목표를 세워 노력하고 성취하는 단계로 옮겨간다.

3. 누적된 학습부진은 어디서 출발해야 하나요?

상담자가 직접 학습지도까지 책임지는 것은 아니지만, 학생이 어떤 학습적 도움을 받고 있는지 확인하고 효과적인 방안에 대해 함께 의논하면서 학업과정을 점검해야 한다. 많은 학습부진아의 경우 이전 학습이 제대로 되지 않은 상태로 학년만 올라가면서 누적된 학습결손을 가지고 있다. 특히, 위계가 뚜렷한 수학이나 영어 등 주지교과에서는 더욱 누적된 학습결손이 심하고, 그로 인해 현재 학년의 공부를 아무리 열심히 한다해도 성취수준을 높일 수 없다. 왜냐하면 우리나라 교육과정은 나선형 교육과정으로 모든 교과의 내용이 이전 학습을 토대로 조금씩 심화되기 때문에 특정 과목에서 특정 시기의 학습을 제대로 수행하지 못하면 그 이후 계속 그 과목에서는 실패할 수 밖에 없다. 이러한 학습부진의 누적을 막기 위해 유급제도를 두고 있지만 누구도 이 제도를 적용하지 않고 있어, 학생들은 학습부진 상태로 계속 상급 학년으로 진급하게 된다.

이로 인해 실제 상담실에서 만나는 내담자는 누적된 학습부진의 정도가 심각한 경우가 많다. 이런 학생들을 돕기 위해서는 학습부진이 시작된 지점을 확인하는 것이 가장 먼저 해야 할 일이다. 그리고 그 지점이 확인되면, 학생의 학년에 상관없이 그 지점에서부터 보충학습을 시작해야 한다. 상담자가 직접 학습지도를 하지는 않겠지만, 학생에게 최선이 되는 도움이 제공될 수 있도록 학생과 학생의 학습을 돕는 조력자들을 설득해야 한다. 현재 학년에 상관없이 현재 학업의 수준에서 출발해야 학습부진을 극복할 수 있다는 확신이 상담자, 내담자, 학습지도자, 부모 모두에게 필요하다.

현재 나의 위치 수용하기

5학년이지만 구구셈을 하지 못한다. 2학 년 때 다치는 바람에 병원에 한 달 이상 입원을 했고, 그 기간 동안 구구셈 진도가 나가면서 시기를 놓쳐 버렸다. 한부모 가 정으로 어머니는 이런 상황을 알아차릴 겨를이 없었고, 병수는 가정 형편을 생각 해 학원을 가거나 과외를 받겠다는 요구  도 하지 못했다. 사실 그때부터 수학이 어려웠고, 지금은 다른 과목에서도 성 적이 많이 떨어져 있는 상태다. 그러나 병수는 어머니가 걱정할까봐 공부를 잘하고 있는 것처럼 항상 거짓말만 해오고 있다. 5학년 담임교사가 병수의 심 각한 학습부진 상태를 알고 도움을 주려고 하는데, 어디에서부터 출발해야 할 지 막막한 상황이다.

1. 누적된 학습부진 극복을 위한 첫걸음

학습부진의 해결이 어려운 이유 중 하나는 병수와 같이 학습부진이 비교적 오랫동안 지속되었다는 점이다. 우리나라 교육과정은 이전에 학습한 내용을 토대로 더 어렵고 심도 깊은 내용으로 확대해 나가는 방식으로 구성되어 있기 때문에 어느 한 시기에서 학습이 제대로 이루어지지 않으면 그 이후 제대로 따라갈 수 없다. 따라서 학습부진이 일어난 그 시점에서부터 재학습이 필요한데, 병수의 경우라면 부진이 일어난 2학년 구구셈에서 출발해야 한다.

학습부진의 출발점 찾기

가장 많은 학생들이 영어를 포기하는 시기가 5학년이라고 하는데, 5학년 때 영어를 포기해도 6학년을 지나 중학교와 고등학교로 진학하는데 아무 문제가 없다. 고1의 영어 학습부진 학생의 경우 이미 5학년 때 영어를 포기했을 수 있다. 또는 고등학교에 올라와 갑자기 영어가 어렵게 느껴져 소홀히 하면서 성적이 떨어졌을 수도 있다. 어떤 경우이든 학습부진을 해결하기 위해서는 학습부진이 시작된 곳에서부터 출발해야 한다. 고1 영어에서 부진이라고 고1 영어에만 초점을 둔다면 고1이 되어 영어에서 학습부진이 생긴 학생에게는 효과가 있겠지만 이미 초등학교 5학년 때부터 영어를 포기하고 공부를 하지 않았던 학생에게는 아무 소용이 없다.

어떻게 학습부진의 출발점을 찾을 수 있을 것인가? 가장 간단한 방법은 지금까지의 성적을 되짚어보면서 언제부터 학습부진이 있었는지 찾는 것이다. 이전의 성적표를 보면서 확인할 수도 있고, 언제부터 공부가 잘 안되고 성적이 떨어지기 시작했는지 기억을 되살려 볼 수도 있다. 그간의 성적을 잘 기억하지 못한다면, 현재 학년에서부터 한 학년씩 내려가면서 성취도 평가를 해 그 시점을 찾을 수 있다. 무척 귀찮고 힘든 과정이지만 출발점을 제대로 찾지 못하면 다음 단계의 학습지원이 효과를 내지 못하기 때문에 반드시 거쳐야 하는 과정이다.

어디서 시작해야 하나?

학습부진의 출발점을 어렵게 찾았지만, 그 지점에서부터 학습을 시작하기에는 당장 배워서 성취해야 할 과제들이 많아 쉽지 않다. "저희 학급의 기초학습부진 아동은 지금 5학년인데 3학년 수학 문제도 못 풉니다. 5학년 문제집을 아무리 풀어도 나아지지 않는데, 그렇다고 3학년 문제부터 풀어도 당장 다음 달에 있을 중간고사에서 조금도 나아지지 않을 거예요. 어떻게 해야 할까요?" 라는 질문을 받고, "결과가 같다면 그 아동에게 도움이 되는 건 어떤 것일까요?"라는 질문으로 답을 대신한 적이 있다. 이 질문을 했던 교사는 3학년 수학부터 가르쳐야겠다고 했다. 그러나 이 경우 지금 당장 배우고 있는 5학년 수학은 어떻게 해야 하는가라는 과제는 여전히 남는다. 가장 바람직한 방안은 3학년 수학을 시작하되, 현재 진도를 나가고 있는 5학년 수학과 연동해 나가는 것이다. 예를 들면, 수학의 경우 기초학력지원사이트(www.basic.re.kr)에서는 초등학교와 중학교 각각 수학의 전체 내용을 주제와 개념별로 나눠 학년별 자료를 제공해 주는데, 이 자료들을 이용하면 쉽게 지도계획을 세울 수 있다.

출발점은 찾았지만……

학습부진이 시작된 시점과 보완을 우선적으로 해 나가야 할 부분을 찾았다면 이제 출발점에 서 있다고 할 수 있다. 그러나 출발점에 섰다고 바로 시작되는 것은 아니다. '초등학교에 입학할 때 한글을 몰랐던 것이 지금의 학습부진의 출발임을 알게 된 초3', '초등학교 4학년 때부터 수학을 놓아버린 중2', '고등학생이 되어서야 중1 영어부터 시작해야 함을 알게 된 고1'이 현재의 자신의 학년과 성취 수준에서의 학년 차이를 수용하고 이것을 회복해 보겠다고 결심하기란 쉬운 일이 아니다.

　마치 달리기에서 한번 넘어져 이미 선두와 멀어지고 나면 끝까지 뛰는 것이 의미 없게 느껴져 포기할 때와 같은 마음이라고 할 수 있다. 선두에 설 수 없어도 끝까지 뛰어 피니쉬 라인까지 달리는 것이 자신에게 중요한 의미가 있다면 달릴 것이다. 학습부진에서도 마찬가지로 이미 뒤처진 경주를 최선을 다해 달릴만한 의미가 필요하다. 그 의미를 찾지 못하면, 학습부진 회복의 길고

험난한 여정을 견뎌내기 어렵다. 따라서 무작정 시작할 것이 아니라, '왜 해야 하는지'에 대한 고민을 하고 그 답을 찾는 일부터 먼저 해야 한다.

지금 배우는 것과 연결된 내용부터 시작하기

학습부진이 시작된 학년으로 돌아가 공부를 해야한다면 무엇을 어디에서부터 해야할까? 무엇보다 중요한 것은 현재 배우고 있는 것을 소홀히 하지 않으면서 학습부진을 보완하는 것이다. 초등학교 5학년에 영어를 포기했으니 초등학교 5학년 교과서 첫페이지부터 시작하는 것은 방학 중에 시도해 볼 전략이다. 학기 중에는 학교에서 진도를 나가고 있는 내용과 밀접히 관련된 내용으로 부진이 일어난 곳을 찾아 그 부분부터 보충학습을 시작해야 한다. 초등학교 5학년 교과서 첫페이지부터가 아니라, 오늘 배운 내용에서 5학년 때 익혔어야 한 내용을 찾아 그 부분을 보충학습해야 한다. 그렇게 하려면 전반적인 교육과정에 대한 이해가 있어야 하고, 이 부분에 대해서는 가능한 교사의 도움을 받는 것이 좋다. 교육과정의 구조와 내용 그리고 위계에 대해 가장 잘 알고 있는 전문가는 바로 해당 교과 교사이기 때문에 혼자 고민하기보다는 도움을 요청하는 것이 바람직하다.

2. 사례 엿보기: 중학교 1학년 교과서부터 다시 공부하기 시작한 고등학생

경아는 고등학교에 올라오면서 정말 새로운 각오로 공부에 몰두했다. 특히, 영어 성적은 노력으로 향상될 수 있다는 얘기를 많이 들었기 때문에 영어 공부를 정말 열심히 했다. 수업시간에 열심히 필기도 하고 학원에도 다니고 학원에서 내주는 숙제도 꼬박꼬박 했지만 도무지 성적도 오르지 않고 점점 더 영어가 어려워지기만 했다. 그렇게 한 학기를 보내고 너무 좌절이 된 경아는 모든 걸 포기하고 싶었다. 집안 형편이 어려움에도 불구하고 학원을 보내주시는 부모님께도 미안해 학원도 그만 두었다. 우연히 친하게 지내던 대학생 언니에게 이런 심정을 털어 놓았는데, 방학 동안 영어 공부를 좀 도와주겠다고 했다.

이웃집 언니에게 과외를 받던 첫날 학원에서 배웠던 내용 중 어떤 부분이 가장 어려웠냐고 물었는데, 무엇을 모르고 있는지 조차 파악이 안되는 상태였다. 고등학교 1학년 교과서 지문을 펴서 읽고, 해석하고, 문장의 구조를 설명해 보라고 했는데, be 동사의 쓰임새, 동사의 시제 변화, 품사의 개념 등 매우 기초적인 것을 모르고 있다는 것이 발견되었다.

그동안 영어 공부와 관련해 어떻게 공부해왔는지 파악해보니 사실 알파벳도 눈치로 익혔을 뿐 한번도 영어를 제대로 배워본 적이 없다고 했다. 초등학교 때 처음 영어를 배울 때도 학급에는 영어를 이미 유치원 때부터 배운 아이들이 많아 잘하는 아이들 중심으로 노래부르기와 게임을 할 때 마치 바보가 된 것 같았다고 한다. 이후에도 영어 시간이 괴로웠고, 고등학교에 와서 열심히 단어도 암기하고 문장도 암기해 봤지만 잊어버리기가 일쑤여서 포기해야 한다고 생각하고 있었다는 것이다.

경아는 언니의 도움으로 여름방학 동안 영어의 발음기호부터 배우기 시작해 중학교 2학년 교과서 지문을 독해할 수 있는 정도까지 실력을 키웠다. 고등학교 1학년이 되어서 초등학생이나 중학생들이 보는 자료로 공부를 한다는 것이 창피하긴 했지만, 마치 새로운 세계가 열리듯 영어가 해볼만한 공부가 되었다. 비록 중학교 2학년 1학기 교과서까지 밖에 못마쳤지만 혼자 영어공부를 할 수 있다는 자신감도 생기고 더 하고 싶은 흥미도 생겼다. 이후 혼자서 학교 수업과 인터넷 자료로만 공부했지만, 영어 성적은 꾸준히 올라 수능에서까지 좋은 성적을 받게 되었다.

상담자 코너

1. 학습부진이 시작된 때를 찾기 위한 효과적인 전략이 있나요?

① 전형적인 성적하락 시기 확인하기

많은 학생들이 성적하락을 경험하는 공통된 시기가 있다. 김창대 등(1994)의 연구결과에 따르면, 초등학교 4학년, 중학교 1학년, 중학교 3학년(실업계 고교생), 고등학교 1학년(인문계 고교생)인 것으로 나타났다. 물론 오래 전 자료이긴 하지만, 현재 상황도 크게 다르지 않다. 정확한 실태조사 자료는 없지만, 대체로 영어와 수학을 포기한 학생들에 대한 논의가 초등학교 5학년 시기와 중학교 2학년 시기에 집중되어 있다는 점을 보아도 알 수 있다. 이 시기들이 교육과정이 어려워지고, 공부할 분량이 많아지고, 새로운 환경에 대한 적응을 해야 하고, 보다 비슷한 능력을 가진 집단에서 경쟁해야 하는 등 상황적 요소들을 내포하고 있기 때문일 것이다. 따라서 이런 성적하락의 공통적 시기에 해당하는 초4, 중1, 중3, 고1 때 공부를 어떻게 했고, 그 당시 또는 그 이후 성적에는 어떤 변화가 있었는지 먼저 확인하는 것이 필요하다.

② 초등학교 입학 시기 확인하기

초등학생 입학 당시 학습에 대한 준비가 얼마나 되었는지에 대한 확인도 필요하다. 즉, 한글과 수에 대한 선행 여부를 확인하는 것인데, 한글과 수에 대한 선행을 하지 못한 채 초등학교에 입학한 경우 대부분 학습부진을 경험하게 되고, 그때의 학습부진을 계속 해결하지 못한 채 고등학교까지 머물 수도 있다. 국가성취도평가에서 초등학교 3학년 수준의 기초학력을 초·중·고에 모두 실시했던 시기가 있었는데, 당시 자료(연합뉴스, 2002. 9. 18)에 따르면 초3 진단평가의 읽기·쓰기 미달인 고등학생이 0.5%, 셈하기 미달인 고등학생이 0.7%에 달했다. 이렇게 공교육 체제에 진입할 당시부터 학습부진이 일어나는 이유는 교육과정에는 한글과 수에 대한 개념을 입학 이후 학습하게 되어 있지만, 너무 많은 학생들이 선행학습을 하기 때문에 교육과정 운영이 정상적으로 이루어지지 않기 때문이다. 특히, 초등학생 학습부진을 다룰 때와 취약집단의 학습부진 문제를 다룰 때 반드시 점검해 보아야 할 부분이다.

③ 학습곡선 그리기

인생곡선 그리기는 이미 대중매체를 통해 알려져 상담자만이 아니라 많은 학생들에게도 익숙한 활동이다. 학습곡선 그리기는 인생곡선 그리기의 인생의 굴곡 대신 학업성취의 변화를 그래프로 표시해 보는 것이다. 성적의 하락 지점도 찾을 수 있고, 그 당시 어떤 일이 있었는지 경험에 대한 이야기도 듣는다. 또한 인생곡선 그리기와 마찬가지로 미래의 변화에 대한 그래프도 작성하게 하면, 앞으로 자신의 성적을 어떻게 기대하는지도 이야기할 수 있다.

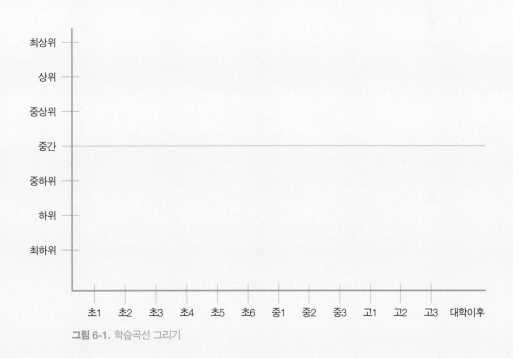

그림 6-1. 학습곡선 그리기

2. 출발점 수용을 어떻게 촉진할 수 있나요?

내담자의 변화를 촉진하기 위한 인지적 접근에서는 문제 상황에 대한 내담자의 인지적 재구조화를 일차적인 목표로 삼는다. 학습부진아 상담에서도 이러한 인지적 재구조화가 필요한 시점이 바로 학습부진이 일어난 시점에서부터 다시 출발해야 하는 상황에 대한 수용 단계다. 아래의 사항들을 염두에 두고 인지적 개입을 한다면 효과적인 상담을 이끌어 갈 수 있을 것이다.

출발점을 확인한 후 학습부진아들이 보이는 첫 번째 반응은 아예 공부를 포기하겠다는 것이다. 너무 어렵고 회복이 불가능한 일이기 때문에 도전할 엄두를 내지 못한다. 사실 이런 마음은 학습을 지도해야 하는 쪽에서도 마찬가지로 가질 수 있다. 그리고 회복을 한다는 것은 매우 어렵고 고단한 일이고 그 과정에서 많은 난관이 있다는 것도 사실이다. 따라서 그만큼 노력을 기울일 가치가 있는 일인가에 대한 생각을 해 보게 하고, 이를 직접 상담에서 얘기해 보아야 할 것이다. '당연한 것이다'라는 말로 강요할 것이 아니라 답을 찾을 수 있도록 도와야 한다.

다음으로 현실을 직시하기 싫어 부인하고 싶다는 마음이다. 5학년이지만 구구셈도 제대로 못 암기하고 있다는 것을 현실로 받아들이기는 쉽지 않다. 더구나 그 사실을 받아들이고 구구셈을 암기하기 시작하면 모두가 날 놀리게 될지도 모른다. 당당히 자신의 위치를 받아들일 용기를 갖는 것이 필요한 시점이다. 그러나 당장의 두려움 때문에 현실을 외면하는 것이 어리석은 일이라는 것을 알면서도 많은 사람들은 어리석게 대응하기 마련이다. 지금의 두려움과 수취심을 딛고 미래를 위해 한 걸음을 내디딜 만큼 용기있는 사람은 많지 않다. 어린 아동이나 청소년들에게는 더욱 어려운 과제다. 이런 어려운 과제에 직면하고 있음을 인정해 주고 용기를 낼 수 있도록 지지해 주는 것이 필요하다.

3. 왜 학습부진 누적이 방치되고 있나요?

현실을 외면하고 있는 것은 학생들만이 아니라, 우리 모두가 거기에 동참하고 있다. 우리나라 교육제도는 교육수요자의 요구에 부응하기 위해 월반과 유급에 대한 기준과 지침을 두고 있다. 월반은 또래들보다 지적 능력이 우수하면 더 높은 학년으로 올라가 수업을 들을 기회를 주는 제도이고, 유급은 현재 학년에서 배워할 것을 제대로 배우지 못한 경우 그 학년을 한번 더 배울 수 있는 기회를 주는 제도다. 전체 학년을 월반하거나 유급할 수도 있고 개별 과목에 대해 월반이나 유급을 할 수도 있다. 그러나 이 제도를 활용하는 경우는 거의 찾아보기 힘든데, 유급의 경우는 더욱 그 사례가 드물다. 이주노동자나 북한이탈주민 자녀들의 경우 나이보다는 학력에 맞는 학년에 배정되는 정도가 유급 사례의 전부라고 해도 과언이 아니다.

학습부진이 발생한 그 학년에서 바로 유급을 해서 해결해 나가면 좋을텐데 왜 그렇게 못하는 것일까? 모르는 척 덮어두면서 문제는 점점 커져가고 있다. 정확하게 확인한 적은 없지만, 학생, 교사, 부모 누구도 그 사실을 확인하고 받아들이고 싶지 않기 때문이다. 친구들은 모두 한 학년을 진급하는데 나만 유급을 받아 한 학년을 더 해야 한다면, 또는 같은 교실에서 수업을 듣다가 나만 과목 유급을 받아 국어 시간이 되면 다른 교실에 가서 수업을 들어야 한다면 무척 어려울 것이다. 많은 학생들이 월반을 하고 유급을 해서 서로 수준에 맞게 수업을 듣는 형태라면 괜찮겠지만, 그렇지 않은 경우 유급을 받아들이기는 힘들고, 이렇게 수용하기 어려운 유급을 교사가 통보하고 관리하기도 쉬운 일이 아니다. 자연스럽게 제도는 있지만 암묵적으로 모르는 척 하는 사이 학습부진의 골이 깊어진 것이다.

4. 부모가 원하지 않는다면 어떻게 하나요?

현재 수준의 수용은 학습부진아 혼자만의 문제가 아닌 경우도 있다. 부진한 부분에 대한 학습지도를 위해서는 부모의 동의와 지원이 필요한데, 5학년인 병수에게 2학년 수학을 가르치겠다는 것에 기꺼이 동의할 부모가 얼마나 있을까? 물론 논리적으로 타당한 요청이지만, 그 요청을 수락해야 하는 입장에서는 직면하고 싶지 않은 현실이다. 특히, 우리나라와 같이 자녀의 성적표가 자신의 성적표와 같이 여겨지는 사회적 압력이 강한 상황에서는 자녀의 학습부진을 사실로 인정하기 더욱 힘들다. 이런 수용하기 힘든 부모의 마음에 충분히 공감하는 것이 출발점이다. 충분히 생각해 볼 시간을 주면서 외면하고 싶은 마음이 잘못된 것이 아니라 이겨내야 할 장벽임을 알려야 한다.

선택에 적응하기: 선택은 끝이 아니라 시작에 불과하다

한나는 대학 입시에서 세 군데 대학에 합격했는데 그 중 대학의 명성이 가장 높은 곳을 선택했다. 학과도 자신과 잘 맞지 않는 것 같고, 그 학과를 졸업한 이후도 취업도 어려울 것 같고, 여러 가지로 잘못한 결정이라는 생각이 많이 들었다. 수업이나 학교생활에도 관심을 갖지 않게 되어 결국 첫 학기 학사경 고까지 받게 되었고, 이를 계기로 상담을 받게 되었다. 상담자는 현재의 적응을 위해 노력을 해 본 다음 진로변경에 대해 생각해 보는 것이 좋겠다고 제안했고, 2학기에는 학점관리에 최선을 다해볼 것에 서로 합의했다. 상담의 도움을 받으면서 중간고사에서부터 성적이 향상되었고, 열심히 하면서 학과공부에도 관심이 많아져 '진로변경을 필요없다'는 결론에 도달하게 되었다. 이후로 한나는 공부나 생활 측면에서 모두 만족한 대학생활을 하게 되었다.

1. 잘못된 선택과 공부문제

한나와 같이 자신이 한 선택이 잘못되었기 때문에 현재 학업적인 적응을 잘하지 못한다고 생각하는 학생들이 있다. 우리나라의 경우 대부분 고등학교를 잘못 정했다거나, 고등학교에서 문·이과 계열을 잘못 선택했다거나, 대학에서 학과를 잘못 선택했다고 생각하는 학생들이 적지 않다. 이런 학생들은 모두 자신이 잘못 선택했기 때문에 공부가 어렵다고 생각한다.

선택을 잘못했다기 보다는 공부가 어려워졌는데 그 어려움의 원인을 잘못된 선택에 돌리고 있을 가능성이 더 크다. 공부가 시작되는 초등학교 시기부터 학년이 올라갈수록 공부는 어려워진다. 초등학교 저학년 때보다 고학년의 공부가 어렵고, 중학교 때보다 고등학교가 어렵고, 고등학교에서도 계열이 정해지면 더 어려워진다. 대학에서의 공부는 공부하는 방법이나 내용의 깊이에서 고등학교 때와는 비교도 안될 정도로 어려워진다. 대학 내에서도 학년이 올라가 전공이 시작되면 더 어려워지고, 대학원 과정에 들어가면 더 어려워지며 그 중에서도 박사과정은 한층 더 어렵다. 따라서 다른 선택을 했더라도 공부는 어려웠을 것이고, 지금 선택을 바꾼다고 해서 더 수월해질 가능성은 별로 없다.

2. 지금 있는 곳에서 최선을 다하는 것이 먼저

시냇가에 놓인 '징검다리'를 건너본 경험이 있는가? 징검다리는 가끔 불안정하게 놓인 돌이 있어 그걸 잘못 밟으면 자칫 균형을 잃기 쉽다. 그럴 때 사람들이 가장 많이 하는 행동은 급하게 다음 돌로 옮겨가는 것인데 이러다 물에 발이 빠지고 마는 경우가 많다. 균형을 잃었을 때는 다른 돌로 옮겨갈 것이 아니라 그 자리에서 조심스럽게 균형을 잘 잡고 서는 것이다. 그래야 다음 돌로 안정적으로 옮겨갈 수 있어 물에 빠지지 않는다.

선택을 잘못해서 공부가 어렵다고 생각하면서 선택을 바꿔보려고 하는 것은 마치 성급히 다음 돌로 옮겨가는 것과 같아서 물에 빠지기 쉽다. 아무런 준비없이 선택을 다시 하는 것은 오히려 좋지 못한 결과를 가져올 수 있다. 최선을 다해보고 지금의 선택이 어떤 선택이었는지 다시 평가해보겠다고 생각하는 것이 바로 비틀거릴 때 균형을 잡기 위해 노력하는 것에 해당한다. 지금 선택한 것에도 장점이 있고, 장점이 단점보다 크기 때문에 선택을 하게 되었을 것이다. 그만큼 지금의 선택에 잘 적응하는 것이 앞으로 더 유리할 수 있다. 그 장점을 다시 생각해 보면서 지금 주어진 공부라는 과제를 열심히 하는 것이 현명한 대처다.

어려워진 공부를 잘 해내는 것이 쉽지는 않지만, 최선을 다해보지도 않은 채 포기한다면 이후에도 실패감으로 남을 가능성이 있다. 물론 최선을 다했고 성과도 좋았지만 여전히 다른 대안이 끌린다면 그때 다시 선택하게 될 수도 있다. '결국 바꿀 걸 왜 지금까지 고생을 한 것일까, 헛고생을 했어'라고 생각하기 쉬운데 그렇지는 않다. 그 새로운 대안으로 진입하려고 할 때 역시 지금의 선택에서 열심히 했던 성과가 도움을 줄 것이다. 첫째, 좋은 이력을 쌓았기 때문에 다음 단계로 나아가는 자신에 대한 좋은 평판이 되고, 둘째, 열심히 노력했던 태도가 몸에 익혀져 다른 일을 할 때에도 발휘될 것이기 때문이다. 즉, 지금의 상황에서 최선을 다하는 것은 어느 측면에서든 손해가 없는 일이 된다.

3. 사례 엿보기

많은 사람들에게 알려진 힐러리 클린턴의 다음 일화는 힐러리 자신이 영부인이 된 것은 클린턴이라는 남성을 선택했기 때문이 아니라 자신이 남편을 대통령으로 만들었기 때문이라는 것을 보여준다. 무엇을 선택하는가보다 자신의 선택을 "좋은" 선택으로 만들기 위한 이후의 노력이 보다 중요함을 우리에게 알려준다.

미국 클린턴 부부가 차를 타고 가다가 기름이 떨어져서 주유소에 들르게 되었다. 그런데 우연하게도 주유소 사장이 힐러리의 옛 남자친구였다. 돌아오는 길에 클린턴이 물었다. "만일 당신이 저 남자와 결혼했으면 주유소 사장 부인이 돼 있겠지?" 힐러리가 바로 되받았다. "아니, 저 남자가 미국 대통령이 되어 있을거야."(출처:『여자라면 힐러리처럼』, 이지성, 2007, p. 5)

이 이야기는 내가 선택한 것을 가장 좋은 결정으로 만드는 것은 무엇을 선택하는가가 아니라 그 선택을 어떻게 만들어가는가에 달려있다는 점을 보여주고 있다. 공부와는 별로 관련이 없는 이야기 같지만, '잘못된 선택을 해서 공부가 안된다'는 생각을 하는 학생들에게 새롭게 자신의 문제를 바라볼 수 있도록 해주는 이야기다.

1. 공부가 안 되는 이유가 잘못 선택한 것 때문이 아닐까요?

많은 학생들이 '나와 맞지 않아서 공부가 안된다'라는 말을 하는데, 물론 자신의 적성과 잘 맞지 않는 선택을 했기 때문일 수 있다. 그러나 그런 경우보다는 어려워진 공부를 잘못된 결정 탓으로 돌리고 있는 경우가 더 많다. 따라서 자신과 잘 맞지 않아 공부가 하기 싫다는 학생들을 만날 때 진로변경을 일차적 목표로 하기보다는 어떤 상황인지 파악하고 현재 당면한 학업을 성공적으로 수행할 방안을 찾아보는 것이 필요하다. 그 이유를 의사결정 과정에 대한 이론에서 찾아볼 수 있다.

진로에서 가장 중요한 과업은 주어진 시기에 의사결정을 잘하는 것이고, 그 결정이란 대부분 여러 대안들 중 최고의 대안을 선택하는 것이다. 따라서 잘 선택하기 위해 최선을 다하는 것이 필요하고, 이를 위해 의사결정 과정에서 여러 가지 측면을 고려하고 많은 정보를 찾아보아야 한다. 그러나 선택 자체가 '좋은 결정'을 판가름한다고 보는 것에서 조금 더 나아가는 것이 필요하다. 어떤 선택을 했든지 그 결정을 한 이후에 그 선택이 좋은 결정이 될 수 있도록 노력해야 하는데, 이런 의미에서 잘 선택하는 것만이 이후 적응을 좌우한다고 볼 수 없다. 그 이유를 다음의 두 가지 이론에서 찾아볼 수 있다.

첫째, 오래 전 제안되었지만 아직도 타당한 모형으로 인정받고 있는 전통적인 진로의사결정 모형(Tiedman & O'Hara, 1963)에 따르면, 어떤 진로의사결정이든 항상 "탐색 → 구체화 → 선택 → 명료화 → 적응 → 개혁 → 통합"의 단계를 거친다. 이 모형에서 선택은 매우 앞 단계라고 할 수 있다. 선택을 하고 난 다음 어떤 선택을 했는지 명료화하고, 그 선택에 적응한 다음, 그 선택에서 개선할 점들을 찾아 변화시켜 자신의 것으로 만드는 것까지 마쳐야 의사결정이 완료된 것으로 본다. 즉, 어떤 것을 선택하는 것만이 결정이 아니라, 그 선택한 것에 적응하려고 노력하는 과정까지 결정의 과정에 포함시키면서 결정의 개념 자체를 확대시키고 있다. 선택과 결정을 동일한 의미로 볼 것이 아니라, 선택은 결정과정의 한 단계에 불과하기 때문에 내담자의 의사결정을 돕는다면 선택과 이후 적응까지 도와야 할 것이다.

둘째, 진로발달이론(Gottfredson, 1981)에서도 선택과 함께 선택 이후의 적응의 중요성을 강조한다. 거의 대부분의 의사결정 과정에서 어떤 것을 포기할 수 밖에 없는 '타협'의 과정이 필수적이기 때문에 어떤 것을 결정한 이후 그 타협에 잘 적응하는 과정이 중요하는 것이다. 자신이 바라던 최고의 선택을 하지 못하고, 현실적으로 가능한 최선의 선택을 하면서 포기할 수 밖에 없었던 것을 받아들이는 과정이 진로선택 이후의 과정을 좌우하게 된다. 특히 타협에 대한 심리적인 적응은 선택한 진로에서의 만족도와 깊이 관련되는데, 보다 적응적인 직업인들은 자신이 선택한 직업의 영역에 맞게 자신의 진로기대를 변화시켜가고 있음이 입증되었다(Gottfredson & Becker, 1981). 따라서 상담자들은 잘못된 결정 때문에 부적응인 내담자를 도울 때 다시 결정하는 것에 초점을 두기 보다는 이전 결정 과정을 재분석하여 타협한 부분에 적응할 수 있도록 도와야 한다.

2. 잘못된 선택을 탓하는 내담자를 어떻게 도울 수 있을까요?

상담자들은 자신이 선택한 것에 불만을 품고 공부를 등한시하는 내담자들을 자주 만난다. '내신 때문에 일반고에 왔지만, 공부하는 분위기가 아니라 혼자서 열심히 하는게 힘들다', '암기를 잘못해서 이과를 왔는데, 내가 좋아하는 쪽은 여전히 어학 쪽이다', '학과는 좀 그래도 대학 이름 하나 보고 왔는데 뭘 할 수 있을지 모르겠다' 등 그 호소내용도 다양하다. 이런 내담자들은 자신이 포기한 것에 연연해하며 자기가 내린 결정이 잘못된 결정이었다고 생각한다. 일반고에 온 학생은 공부를 시켜주는 학교를 포기했고, 이과를 선택한 학생은 자신의 흥미를 포기했고, 명성있는 대학을 선택한 학생은 미래가 보장된 학과를 포기했다.

내담자의 호소문제를 듣다보면 상담자도 자칫 '결정을 잘못했다'는 내담자의 판단에 동의하기 쉽다. 그러나 결정을 잘못한 것이라기 보다는 자신이 포기한 것들에 적응을 못하는 것이라고 바꾸어 생각할 필요가 있다. 어떤 대안도 자신이 원하는 것은 모두 충족시켜주는 '최고의 선택'을 하는 것은 불가능하기 때문에, 어떤 선택에서든 '포기할 수 밖에 없었던 것'이 있다. 포기한 것에 매달려 지금의 선택결과에 불만을 갖는다면 항상 모든 결정에서 이런 상태에 이르게 되기 때문에, 선택이 잘못되었다고 생각하기보다 포기한 것에 잘 적응하지 못하고 있다고 생각하는 것이 바람직하다. 따라서 상담자가 가장 먼저 개입해야 할 것은 '잘못된 선택'에 대한 인지적 오류를 바로 잡아주는 것이다.

다음으로 상담자는 내담자의 이전 결정을 되짚어 보면서, 어떤 것을 왜 포기했는지를 명료화해야 한다. 이전의 결정 상황으로 다시 돌아가, 그 당시 어떤 대안들이 있었고, 각 대안들에는 어떤 장점과 어떤 단점들이 있었으며, 그 대안들 중 하나를 선택한 기준이 무엇이었는지 탐색한다. 조금 늦었지만 선택에 대한 명료화 단계를 거치는 것이다.

자신의 결정을 다시 보면서, 어떤 점에 대해 포기했을 때 스스로 예상했던 어려움이 무엇인지, 그것과 지금 겪고 있는 것은 어떤 점에서 같고 어떤 점에서 다른지 이야기한다. 그리고 실제 겪으니까 어떤지, 지금의 정서, 생각, 행동을 포괄적으로 점검하고 다룬다. 포기할 때는 어떻게 하면 이겨낼 수 있을 것이라고 생각했었는지 그런 자원들을 끄집어낼 수 있도록 도와야 한다.

또한 현재 상태의 장점을 부각시켜 주는 것도 공부를 촉진하는 자원이 된다. 분명히 내담자가 선택한 대안의 장점이 컸기 때문에 선택을 했을 것이고, 이러한 장점을 부각시켜 보다 긍정적인 부분으로 나아가야 한다. 이를 토대로 선택한 것을 수용하고, 좋은 성과를 내기 위해 노력을 기울이는 행동을 시작한다. 마지막으로 학업 소홀로 나타난 부적응은 그 기간 동안의 학습내용에 대한 재학습이 동반되기 때문에 선택을 수용하는 부분에서 상담이 종결되어서는 안되고, 학업적 적응에 도달할 때까지 조력해야 한다.

Chapter 7

공부에 필요한 능력에 대한 생각 바꾸기

공부에 대한 자신감

Seligman과 Maier(1967)가 실시했던 동물실험을 통해 확인한 '학습된 무기력' 현상은 지금의 우리도 그대로 경험하고 있다. 다리는 움직일 수 없고 목만을 약간 움직일 수 있는 우리에 개를 집어넣고 일정한 간격으로 계속 전기충격을 주었고, 어떤 행동을 해도 전기충격을 벗어날 수는 없게 했다. 이런 처치를 받은 개는 다음날 낮은 장벽을 뛰어 넘어 반대편 칸으로 가면 얼마든지 전기충격을 피할 수 있는 우리에서도 웅크린 자세로 전기충격을 고스란히 받으며 실험이 끝나기만을 기다렸다. 그러나 이런 처치를 받지 않은 개들은 전기충격이 가해지고 10초 이내에 장벽을 넘어 반대편 칸으로 갔다. 처치를 받은 개는 전기충격을 피할 수 없었던 경험 때문에 다음날 충분히 피할 수 있었던 전기충격을 그대로 받아들이는 무력감을 학습하게 된 것이다. 자신이 어떻게 할 수 없었던 경험 때문에 할 수 있는 상황에서 조차 아무 행동도 하지 않게 되는데, 우리나라 학생들 중에는 공부라는 과제에 대해 이런 학습된 무기력을 느껴 공부를 하지 않는 경우들이 있다.

그림 7-1. 학습된 무기력

1. '공부를 못하는 사람'이라고 생각하게 된 과정

무엇이든 해 보기 전에는 잘할 수 있을지 아닐지 알 수 없다. 어떤 것에 대해 내가 할 수 있다고 생각하거나 할 수 없다고 생각하고 있다면, 그 이전에 그것을 해 본 경험이 있기 때문일 것이다. 스스로 공부를 못한다고 생각하는 학생은 언젠가는 공부에 열의를 가지고 몰두했을 테지만 그 결과가 좋지 않다보니 자신감을 잃고 말았을 가능성이 크다. 학년이 올라갈수록 이런 학생들의 비율이 높아지는 것을 보면 학교교육은 많은 학생들에게 실패감을 안겨주고 있는 것이 분명하다. 학생들이 학습해야 할 교육과정의 내용을 얼마나 잘 습득했는지 확인하고 부족한 부분을 채워주는 절차와 과정으로 평가를 활용해야 하는데, 자칫 학생들을 성적순으로 줄세우는 교육이 '공부 못하는 사람'이라는 자아상을 양산하고 있는 것이다.

또한 낮은 학업성취도의 원인을 개인의 능력 부족에만 귀인하는 풍토도 학습된 무기력을 가중시키고 있다. 학교 공부에서 실패하는 이유는 다양한데, 지적인 능력이 부족했을 수도 있고, 학습내용에 흥미를 갖지 못했을 수도 있고, 노력을 기울이지 않았기 때문일 수도 있고, 가르치는 방법이 자신의 인지양식과 맞지 않았기 때문일 수도 있다. 그 외에도 여러 이유가 있을 수 있는데, 원인에 대해 탐색해 보지 않은 채 성적이 낮으면 지적 능력이 부족한 것이라고 결론을 내려 버린다. 학생 자신도, 부모도, 교사까지도 다른 개선이 가능한 원인들을 찾아보지 않은 채 학습부진의 원인을 개인의 부족한 능력 탓으로 돌리는 것이 문제다.

2. 욕심내지 말고 조금씩 더 하기

이러한 학습된 무기력을 극복하는 첫걸음은 작지만 무엇이라도 성취해 보려고 노력하는 것이다. 자신이 할 수 있는 것과 원하는 것과의 차이가 너무 클 경우 해도 안된다고 생각하고 포기해 버리게 된다. 오르고 싶은 정상은 있으나 너무 멀게 느껴지고 올라갈 길이 보이지 않기 때문에 바라보고만 있는 것과 같다. 현재 할 수 있는 것은 너무 사소해 보이고, 어차피 저 높은 곳에 도달할 수 없다면 조금 더 가는 것은 의미가 없게 느껴지기 때문에 아무 것도 하고 싶지 않은 상태이다. 여기에서 벗어나기 위해서는 현재 자신이 할 수 있는 것과 자신이 원하는 것 사이에 하위 목표를 만들어야 한다. 공부와 관련된 상황에 대입해 보면 다음과 같다.

누구나 공부를 잘하고 싶고 좋은 성적을 받고 싶다. 100점 받고 1등 하는 것을 싫어하는 사람은 아무도 없지만, 100점이나 1등은 너무 어려워 보이기 때문에 '난 안될 거야'라는 생각을 하게 되고, '그런 거 하고 싶지도 않다'고 말하게 된다. 꼭 100점을 받고 1등을 하지 않더라도 지금 이대로보다는 조금 더 나아지면 좋지 않을까? 지금 국어에서 50점을 받고 있는데 100점을 받기 위해 공부한다면 그 목표에 도달하는 것은 거의 불가능하다. 아무 것도 안 하면 그대로 50점 또는 더 낮은 점수를 받게 될 수도 있다. 만약 '다음 시험에 5점만 올리자'라는 목표를 세운다면 어떻게 될까? 50점이나 55점은 비슷하게 낮은 점수로 5점을 올린다는 건 별다른 의미가 없어 보일 수 있다. 만약, 시험을 볼 때마다 5점씩 올릴 수 있다면 1년 동안 올릴 수 있는 점수는 무려 20점이고, 또 거기에 1년을 더하면 또 20점이 더 높아져 2년만에 90점이 된다. 일반적으로 한 학기에 중간고사 한 번과 기말고사 한 번을 봐서 1년이면 4번의 시험을 본다고 가정하고 해 본 계산이다. 만약 중학교 2학년 첫 시험에서 50점을 받았는데, 시험을 볼 때마다 5점씩 올리는 목표를 세우고 그것을 꾸준히 성취한다면 고등학교 1학년 첫 시험에서 90점을 받게 될 것이다. 중2 1학기 기말고사 55점, 2학기 중간고사 60점, 2학기 기말고사 65점, 중3 1학기 중간고사 70점, 1학기 기말고사 75점, 2학기 중간고사 80점, 2학기 기말고사 85점, 고등학교 1학기 중간고사 90점. 한번 해볼 만한 도전이 아닌가?

우리나라 속담에 보면 이런 노력의 중요성을 강조하는 것들이 많다. '티끌 모아 태산', '천릿길도 한걸음부터', '첫술에 배부르랴' 등. 모두 어떤 일이든 한 번에 원하는 성과를 내기는 쉽지 않지만, 조금씩 성취해 가다보면 원하는 지점에 도달하게 된다는 것을 말해 준다. 이러한 원리가 공부라는 과제에도 동일하게 적용된다. 어차피 난 너무 못하니까 조금 나아져봐야 아무 소용 없다고 생각하지 말고, 조금씩이라도 나아지다보면 내가 원하는 곳에 도달할 것이라고 생각을 바꿔보자. 그리고 그 작은 것이라도 성취하기 위해 노력하는 것이다. 앞서 본 예에서처럼 5점을 올리는 일은 쉬워 보이지만 노력하지 않고는 도달할 수 없다. 너무 많은 노력이 아니라, 1~2문제 정도 더 맞출 수 있는 정도 더 노력해 보기 바란다.

3. 잘하는 것부터 하기

학습된 무기력에서 벗어나 공부에 대한 자신감을 회복하기 위한 두 번째 전략은 잘하는 것에서부터 시작하는 것이다. 부족한 걸 채우면 더 잘하게 될 것이라고 생각하기 쉽지만, 그 방법은 좋은 효과를 거두기 어렵다. 현재 자신이 가장 부족한 부분은 어떤 이유에서든 실패를 했던 역사가 가장 길고 앞으로도 실패할 확률이 가장 높다. 반면, 현재 자신이 가장 잘하는 부분은 실패의 역사도 짧고 실패할 확률도 가장 낮다. 어느 쪽으로 노력을 기울이는 것이 성공할 가능성이 높을지는 쉽게 예상할 수 있다. 잘하는 과목에 집중해서 성공경험을 늘려가고, 그것을 토대로 자신감을 회복하는 것이 필요하다.

'이미 잘하는데 그걸 더 잘해서 뭐가 나아질까'라고 생각하기 쉬운데, 만점을 받고 있을 정도로 잘하지 않는다면 그 과목에서라도 먼저 만점에 도달하라. 그 다음은 두 번째로 잘하는 과목의 만점받기에 도전한다. 이렇게 진행하다보면, 공부에 대한 전반적인 자신감이 생겨 다른 영역의 공부에도 도움이 된다. 잘하는 과목을 공부하던 방법을 그대로 다른 과목에도 활용하게 되고, 공부를 하면서 느끼는 성취감으로 기분 좋게 공부에 임할 수 있다. 잘 안되는 과목의 공부도 참고 해 나갈 힘이 생기고 도전해 볼 용기도 생기게 된다.

4. 사례 엿보기

고등학교 1학년이 된 현아는 부모님의 이혼으로 인한 어려움으로 상담실을 찾았는데, 무엇보다 공부문제에 대한 고민이 많았다. 이제 고등학생이고 공부를 하지 않으면 대학도 못 갈 테고 그럼 창피해서 어떻게 할지 모르겠다고 호소했다. 학교에서는 잠만 자고 집에서는 스마트폰만 붙잡고 있는 상태였다. 부모님의 이혼 전부터 성취 경험이나 인정을 받아본 경험이 너무 적었고, 엄마는 항상 '괜찮아 넌 어차피 잘할 거야' 식의 말만 하고 아무런 도움을 주지 않았다. 이런 경험 때문에 현아는 '공부 잘해서 뭐하게'라고 허세를 부리면서도, '난 아무것도 못하는 아이'라는 무력감을 동시에 가지고 있었다. 현아가 이런 무기력한 상태에서 벗어나게 하려면 조금이라도 '나도 할 수 있구나'라는 경험을 해 보게 하는 것이 중요했다.

먼저, 스마트폰을 2G폰으로 바꾸고 체형교정 교실에 나가 외모관리와 운동을 겸한 프로그램에 참여하기로 했다. 처음엔 스마트폰 금단 현상도 나타나고 체형교정 따위를 하러 나가는 게 정말 귀찮다고 불평이 많았지만, 그래도 참고 상담자와의 약속을 지켜나갔다. 현아가 문자로 불평을 상담자에게 보내면 상담자는 격려의 답을 보내는 식이었는데, 일주일 정도 지나면서 불평이 줄고 오히려 재미있다는 표현이 늘어나기 시작했다. 힘들지만 현아가 상담자와의 약속을 지켜나갈 수 있었던 것은 현아와 상담자 사이의 신뢰관계가 잘 형성되었기 때문이다. 상담자를 믿고 따라가면 좀 더 나은 내가 될 수 있다는 믿음이 토대가 되어 하기 싫어도 귀찮아도 참고 할 수 있었다.

다음으로 공부 측면에서 현아가 유일하게 관심을 갖는 사회 과목 공부에만 집중하는 것에서 출발하기로 했다. 2주 동안 매일 상담실에 나와 적은 양을 정해 놓고 암기할 때까지 계속 공부하고, 공부한 부분에 해당하는 문제지를 풀고 틀린 문제 다시 푸는 것을 계속 반복했다. 상담자는 일정대로 다른 상담을 진행하면서 휴식 시간에 현아가 약속대로 잘하고 있는지 점검하는 정도로 개입했다. 힘들어서 못하겠다고 할 때마다 '체형교정도 첫날 절대 못 간다고 하더니 지금은 제일 재미있는 일이라고 하잖아. 그러니까 이것도 할 수 있어'라고 하면서 격려했다. 그 결과 중간고사에서 사회 96점을 받았고, 할 수 있을 것 같다는 자신감과 한 문제 틀려서 아쉽다는 속상한 마음을 함께 전했다.

공부를 꾸준히 한 결과 사회에서 높은 점수를 받을 수 있었기 때문에 현아는 이제 다른 공부도 해 보고 싶은 마음이 생겼다. 그러나 여러 과목으로 노력을 분산하는 것이 쉽지는 않아서, '전 못해요', '사회는 우연이었어요', '사회는 이 과목이랑 다르잖아요'라는 말을 하면서 다시 좌절 상태로 돌아갔다. 그래서 상담자는 이번에는 현아가 가장 싫어하는 과목인 영어를 동일한 방법으로 상담실에 나와 공부해 보기로 했다. 결과적으로 기말고사에서 영어 성적이 엄청나게 올랐고, 사회를 비롯한 다른 암기과목에서도 높은 점수를 받았다. 우연이었다거나 사회이기 때문에 가능했다는 현아의 주장은 잘못된 것임을 알아차릴 수 있었다.

현아는 공부에 대한 자신감이 없고 늘 쉽게 포기하던 시절이 길었기 때문에 한 번의 성취 경험으로 쉽게 자신감을 갖게 되지는 않았다. 또한 일상생활에서도 절제하고 해야 할 일을 하는 습관이 없었고, 부모님의 이혼과 재혼으로 인한 불안과 고통도 공부를 방해하는 요소였다. 따라서 공부에 대한 도움과 함께 가족상담을 진행해 이런 문제들을 함께 조력하였다.

상담자 코너

1. '어차피 안되는 공부, 해서 뭐하나요?'라는 마음을 바꾸기 위해 어떤 접근이 필요한가요?

공부를 포기해버린 학습된 무기력 상태는 일회적 사건으로 생긴 것이 아니라 오랜 시간 동안의 실패에 기인하고 있어 쉽게 바뀌지 않는다. '공부는 안되는 일'이라고 규정해 버린 채 아무 것도 해볼 마음이 없는 내담자들은 현재의 상황을 자신의 노력으로 바꿀 수 없다고 생각한다. 이런 생각을 바꿀 수 있도록 돕는 것이 상담자가 해야 할 가장 중요한 개입이다. 구체적인 개입 방향에 대해서는 지금까지 학업에서의 성공과 실패에 대한 귀인과 관련된 연구들을 참고해볼 만하다.

① 내적 귀인

학업성취도와 내적 귀인양식과의 상관관계를 검증한 36개의 경험적 연구를 개관한 결과에 따르면, 그 중 31개의 연구는 정적 상관을, 1개의 연구는 부적 상관을, 4개의 연구는 의미있는 상관관계를 나타내지 않고 있음을 밝히고 있다(Bar-Tal & Bar-Zohar, 1980). 뿐만 아니라 내적 귀인은 낮은 불안과 높은 포부와도 정적 상관을 보임을 확인했고, 이러한 내적 귀인과 학업성취, 불안, 포부의 관계는 유럽, 미국, 이스라엘에 비해 아시아와 아프리카에서 더 강하게 나타났다. 즉, 상담자는 학업성취에 대해 내담자가 가진 귀인을 자신에게서 찾을 수 있도록 돕는 것이 효과적일 것이다.

② 노력에 귀인

개인 내적인 요인에 귀인을 하는 것이 과연 학습된 무기력을 극복하는데 도움이 되는가에 질문을 던져보면, 어떤 내적 요인에 귀인하는가에 따라 달라질 수 있다고 보아야 한다. 먼저, Dweck은 내적인 요인 중에서도 노력에 귀인해야 함을 입증하고 있다. 교육에 의해 귀인양식을 변화시킴으로써 학생들의 학업성취도를 높일 수 있다는 것을 최초로 입증한 Dweck(1975)은 학습된 무력감을 가진 아동에게 성공경험만을 주는 집단(실험집단 1)과 성공과 실패 경험을 동시에 제공하면서 실패 경험에 대해 노력 부족의 귀인정보를 주는 집단(실험집단 2)으로 나누어 각 처치가 학업성취도에 미치는 효과를 비교하였다. 그 결과 실험집단 2에 속한 학생들의 학업성취도 향상이 실험집단 1에 속한 학생들의 학업성취도 향상보다 크게 나타나, 노력으로의 귀인양식 변화가 학업성취도에 긍정적인 효과를 미친다는 것을 입증했다.

③ 행동에 귀인

개인 내적인 요인 중 어디에 귀인할 것인가에 대해 Seligman은 구체적 행동을 지적할 것을 제안하고 있다. Seligman 등(1995)은 지금까지의 귀인에 관한 논의를 개인의 성격적 특성으로 조망하면서, 사람들은 누구나 어떤 일이 일어났을 때 그것의 원인을 찾는 성격적 특성인 설명 유형(explanatory style)에서 차이를 보인다고 주장한다. 그리고 그 원인의 지속성, 보편성, 개인성에 따라 낙관적 태도를 가질 수도 있고 비관적 태도도 가질 수 있는데, 지속적이고 보편적이고 개인 내적인 원인으로 실패를 설명할수록 비관적이 된다고 한다. 반면, 낙관적인 사람들은 문제의 원인을 일시적이고 고유하고 환경적인 원인으로 설명한다. 이 논리에 따르면 무기력에 빠진 학생들이 자신의 실패를 일시적이고 고유하고 환경적인 원인으로 설명할 수 있도록 도와야 하는데, Seligman은 환경적인 원인으로 실패를 설명하는 것에서 다른 견해를 제시하고 있다. 실패의 원인을 개인으로 돌리는 것을 외적인 환경으로만 바꾸는 것은 자칫 사실과 다른 거짓된 상황일 수도 있으므로, 개인의 탓으로 돌리되 개인을 전반적으로 탓할 것이 아니라 특정한 행동에서 원인을 찾아 책임감도 주고 수정가능성도 열어두어야 한다. 즉, '어떤 행동을 고치면 되겠구나, 그럼 다음엔 잘 할 수 있겠네'라고 생각하게 하는 것이다.

2. 성공을 해도 자신감이 생기지 않는다면 어떻게 하나요?

자기효능감(self-efficacy)이란 어떤 과제를 성공적으로 수행하는 데 필요한 능력을 자신이 얼마나 가지고 있는가에 대한 스스로의 평가다. 내담자들이 자신감이라고 지각하고 있는 심리적 구인에 해당한다. 일반적으로 자기효능감은 성공경험, 대리경험, 언어적 설득, 정서적 상태에 의해 결정되는데, 그 중에서도 성공경험의 효과가 가장 강력하다(Bandura, 1977). 따라서 성공경험을 통해 자기효능감을 증진시킬 수 있는데, 학습된 무기력 상태의 내담자에게는 이 과정이 순탄하게 진행되지 않는다. 따라서 상담자는 내담자의 학습된 무기력 상태를 잘 이해하면서 성공경험을 늘려주고 그 성공이 자신의 노력에 의해 도달한 것임을 내면화해 주는 과정을 반복하는 것이 필요하다.

① 학습된 무기력 상태에 대해 이해하고 촉진하기

학습된 무기력 상태란 충분히 벗어날 수 있는 고통에 대해 극복해 보려는 노력 없이 참고만 있는 상태이다. 객관적으로는 노력해서 벗어나면 되지만 자신은 도대체 그럴 가능성이 없어 보이기 때문에 아무런 행동도 할 수 없는 것이다. '하면 되는데 왜 안하는지 모르겠어요'라고 말하는 부모나 교사의 답답함의 이유가 바로 여기에 있다. 때로는 상담자도 이런 답답함을 경험하는데, 학습된 무기력 상태에 대한 이해가 부족하기 때문이라고 할 수 있다.

이런 내담자에게 '나도 할 수 있을까?'라는 의심을 갖게 하는 것이 성공경험에 선행되어야 한다. 그런 출발점이 없다면 성공을 이루기도 어렵고, 성공한다고 해도 모두 다른 탓으로 돌리기 때문에 별로 도움이 되지 않는다. 초보상담자들의 경우 자칫 학습된 무기력에 빠진 내담자의 절망감에만 공감하려고 애쓰다가 함께 절망감에 빠지는 경우도 있다. 또는 지나치게 의욕적으로 성공을 이끌기 위해 내담자를 채근하거나 혼내게 되어 조기종결이 되어버리는 경우도 있다. 모두 상담자가 학습된 무기력 상태에 대한 충분한 이해를 하지 못 했기 때문이다.

내담자에게 '나도 할 수 있을까?'라는 의심을 갖게 하기 위해 상담자가 동원해야 할 전략은 자기효능감의 다른 원천인 대리경험, 언어적 설득, 정서적 상태 등이다. 즉, 내담자와 비슷한 문제를 잘 극복한 사례를 안내하거나, 내담자가 현재 처한 상황에 대해 구체적인 자료를 토대로 설명해 주거나, 부정적인 감정 상태를 다루어주는 것이다. 어느 한 방법만 쓰지 말고 모두 적용해 보고, 한번이 아니라 여러 번 반복하기도 해야 한다. 무엇보다 중요한 것은 내담자가 얼마나 수용할만한 내용인지 점검하고, 내담자에게 일어나는 조금의 변화에 민감하게 반응하면서, 차근차근 앞으로 나아가야 한다.

② 성공경험 더 늘리기

자기효능감의 네가지 원천 중 가장 강력한 원천은 성공경험이기 때문에 개입의 초점은 가능한 성공경험을 많이 하게 하는 것이다. 우리나라 청소년들을 매년 추적해 조사한 종단자료 분석결과에 따르면, 직전 학기 성취도가 직전 학기 자기효능감에 버금가게 다음 학기 자기효능감을 예언했고, 자기효능감이 성취도를 예언하는 것보다 성취도가 자기효능감을 더 강하게 예언했다 (Hwang et al., 2016). '높은 성취 → 높은 효능감 → 높은 성취 → 높은 효능감' 또는 '낮은 성취 → 낮은 효능감 → 낮은 성취 → 낮은 효능감'의 순환고리에서 어떤 고리를 끊을 것인가? 이 연구결과에 따르면, 성취를 높이기 위해 자기효능감을 높이려는 방향의 노력보다는 성취를 높여서 자기효능감을 높이는 방향으로의 노력이 더 효율적일 수 있다.

계속 실패만 해왔던 내담자에게 성공경험을 갖게 하는 것은 쉽지 않은데, 무엇보다 목표를 낮추는 것이 필요하다. 쉽게 성취할 수 있는 목표를 세워 조금만 노력해도 목표에 도달할 수 있게 하는 것이다. 처음에는 조금 시시해 보여도 실패를 하는 것보다 시시한 목표가 낫다는 신념을 가지고 낮고 작은 목표를 세워야 한다. 내담자가 욕심을 부리더라도 잘 설득하여 쉬운 목표를 세우는 것이 성공경험을 하는 첫 번째 비결이다.

뿐만 아니라 실패를 한 기간이 긴 만큼 성공의 경험이 반복되어야 한다. 반복을 위해서는 목표를 자주 세우고 자주 성취하는 것이 필요한데, 학교에서 실시하는 정기적인 시험에만 대비해서는 곤란하다. 학교 시험만이 아니라 문제집을 활용해 평가를 자주 하거나 점수만이 아니라 학습량이나 학습시간으로도 목표를 잡아 가능한 여러 번 성공경험을 할 수 있도록 계획한다. 다음은 한 대학생 튜터가 초등학교 3학년 지민을 성공경험 확대를 통해 도운 사례다.

지민의 자신감을 높이기 위해 지민이 풀 수 있는 문제부터 접근하였다. 지민이 풀 수 없는 문제는 어려운 문제라고 먼저 말해준 후에 지민에게 열심히 풀어보라고 권했다. 문제를 못 풀면 당연히 풀기 어려운 문제였다고 안심시켰다. 그리고 문제를 풀었다면 정말로 많이 칭찬해 주었다. 그리고 맞힌 문제는 크게 동그라미를 쳐주었고 틀린 문제는 아무런 표시를 하지 않고 지민에게 다시 풀어보기를 권했다. 맞힐 때까지 기회를 주고 정답일 경우 다른 문제와 같이 크게 동그라미를 쳐 주었다. 지민은 자신이 푼 문제가 모두 동그라미인 것을 보고 굉장히 자랑스러워했고 문제를 다 맞히기 위해 집중하고 공부에 대한 욕심도 부리기 시작했다. 이러한 모습을 보일 때 나는 상을 주었다. 나의 상은 크지 않았다. 단지 숙제를 조금 줄여준 것뿐이다. 이전에 엄마와 수학 공부를 할 때에 지민은 과도한 과제에 스트레스를 받아왔다. 하루에 50문제가 넘는 문제를 풀어야 했다. 하지만 나는 지민이 잘할 경우에는 숙제를 줄여주었다. 지민과 나는 교과서를 공부하다가 다른 재밌는 수학이나 과학 이야기를 하는 등 아주 재밌게 공부를 이어갔다.

(출처: 『교육심리학』, 신종호 외, 2015, p. 536)

③ 성공경험 내면화의 중요성

상담자는 내담자가 성공경험을 할 수 있도록 도와 내담자의 자기 효능감을 높일 수 있을 것으로 기대할 수 있다. 그런데 앞서도 살펴본 Dweck의 연구에서 보았듯이 성공경험이 노력에 대한 귀인보다 효과가 떨어진다. 즉, 자기효능감을 높이기 위해 성공경험을 할 수 있도록 조력하는 것도 중요하지만, 그 성공경험이 자기효능감으로 이어질 수 있도록 해 주는 작업을 상담자가 해야 한다. 즉, 성공을 이루어 낸 것은 바로 자신이고 자신의 노력이 이런 결과를 가지고 왔음을 피드백하여 성공경험을 내면화하는 절차를 거쳐야 한다.

목표를 세우고 노력을 기울여 그 목표를 성취한 것에 대해 내담자가 성공했다고 지각하는지 확인해야 한다. 목표를 세우고 그 목표에 도달했으면 당연히 성공한 것이지만 내담자의 지각은 다를 수 있다. '어쩌다 보니 그렇게 된 것이지요', '목표가 워낙 쉬우니까 그렇게 된 것이에요', '선생님이 도와주셨으니까요', '운이 좋게 시험이 쉬웠어요' 등과 같이 내담자가 생각한다면 성공으로 지각하지 못하고 있는 것이다. 성공경험을 했더라도 성공으로 지각하지 않는다면 성공경험을 했다고 보기 어렵다. 당연히 자기효능감도 높아지지 않을 것이다.

성공이라는 점을 분명하게 명명해야 하고, 그 성공을 이끈 것은 내담자의 노력이라는 점을 피드백해야 한다. 매번 성공을 할 때마다 이런 개입을 통해 성공경험의 내면화를 해야 성공경험을 통한 자기효능감의 증진을 이끌 수 있고, 나아가 학습된 무기력 상태에서 벗어날 수 있다. 사례를 통해 내면화의 중요성을 살펴보면 다음과 같다.

정수는 상담을 받으면서 기말고사에서도 과학 성적이 80점대 초반이 나오고, 그동안 오를 일이 없을 것이라고 생각했던 기술·가정에서도 성적이 오르면서 조금씩 생각이 바뀌고 엄마도 의견이 바뀌기 시작했다. 엄마 역시 정수의 공부태도가 좋아지면서 공부문제로 서로 정수와 다툴 일이 없어지다 보니 조금씩 나아졌다. 그러나 방학이 되면서 위기가 찾아왔는데, 봄방학 무렵 워낙 방학은 길고 시험을 안 보니까 막상 새 학년에 올라가 시험을 보면 다시 성적이 떨어질지도 모른다는 불안감에 울음을 터뜨렸다. 워낙 자신감이 없었던 시절이 길다 보니까 정수의 경우는 수시로 걱정하는 습관이 튀어나올 때가 많아서, 그 부분을 상담에서 다루어 주는 것이 관건이었다. 실제로 정수가 노력해서 좋아진 성적(개인적인 성취 증거)을 반복해 언급하면서 비합리적인 인지과정을 고칠 수 있도록 노력을 기울여 극복할 수 있었다.

지능을 높인다?

안 좋은 버릇이 있는데 고칠 수 있을까요?

성격이 너무 내성적인데 바꿀 수 있을까요?

남들처럼 머리가 좋았으면 좋겠는데, 가능할까요?

이 질문에 대한 여러분들의 답은 어떤가? 모두 "예"라고 대답할 수 있기를 바란다. 왜냐하면 모두 가능하기 때문이다. 변화를 위해 얼마나 노력하는가에 따라 우리의 행동, 성격, 나아가 지적인 능력은 얼마든지 달라질 수 있다. 실제로는 아무런 노력을 하지 않아도 변화하는데, 그 변화의 방향이 우리가 원하지 않는 경우가 더 많다. 그렇기 때문에 적극적으로 변화의 방향을 정하고 그것을 위해 노력하는 것이 필요하다.

그림 7-1. 각 학과별 지능고사공부
(출처: e뮤지엄)

1. 지능은 변화한다는 증거들

인간의 다양한 지적인 능력을 가장 포괄적으로 지칭하는 지능은 태어나면서 부터 죽을 때까지 끊임없이 변화한다는 것은 이미 오래 전에 밝혀진 사실이 다. 그 변화의 방향이 증가인가 감소인가 그리고 그 속도는 얼마나 빨리 진행 되는가 등이 궁금하다. 마치 키처럼 성인이 될 때까지 꾸준히 크고 그 다음에 는 거의 자라지 않는 것일까? 지능은 보다 독특한 발달과정을 거친다는 점이 확인되었다. 예를 들면, 카텔(Raymond B. Cattell)에 따르면 지능은 타고난 문 제해결능력으로 잘 변화하지 않는 유동적 지능(fluid intelligence)과 새로운 것 을 배우면서 점점 확장되고 향상되는 결정적 지능(crystallized intelligence)으 로 구성되고, 두 지능은 서로 다른 발달 궤적을 나타낸다. 특히, 지능 중 후천 적으로 발달하는 능력에 해당하는 결정적 지능은 성장기를 지나 노년기까지 개인의 노력 여하에 따라 계속 증가한다는 것이 밝혀지면서 더욱 지적 능력의 신장에 대한 관심도 높아지게 되었다. 지적 능력 향상을 위해 얼마나 노력하 는가에 따라 개인의 지능은 얼마든지 달라질 수 있고, 그로 인해 연령이 증가 할수록 지능에서의 차이가 점점 커진다는 증거(예: Schalke 외, 2013)도 확인되 고 있다.

그러나 '지능은 타고 나는 것이고, 그것이 모든 것을 결정한다'는 생각을 하는 사람이 많다. 왜 그런 오해가 생긴 것일까? 사람마다 지적 능력이 다르 고, 그 능력의 차이가 성과의 차이를 나타내는 현상이 존재하는데, 그것을 어 느 한 시점에서만 바라보기 때문에 그런 잘못된 신념을 가지게 되었을 가능성 이 있다. 어느 한 시점의 결과의 차이를 나타낸 능력의 차이가 어디에서 왔을 까에 대해 타고난 것이라고 단정해 버리는 오류를 범하고 있는 것이다. 어떤 일을 해내기 위해 동원된 능력 속에는 그 이전까지의 능력 개발을 위한 노력 이 있었고, 또한 그 능력을 발휘하는 과정에서도 노력이 함께 했는데 그 부분 을 간과하고 있다.

2. 내가 나아지는 모습에 주목하기

지능은 고정된 것이라고 생각하고 포기하게 만드는 또 다른 습관은 남들과의 비교다. 남들과 비교하는 것은 인간이 오래 전부터 발달시켜 온 중요한 생존 기술 중 하나다. 그러나 그 기술이 지나치게 발휘되면 삶이 힘들고 고달파진다. 공부 영역에서는 특히 그렇다. 학교는 계속 비교의 맥락으로 학생들을 유도하지만 거기에서 자유로워지도록 노력해야 한다. "난 수학을 잘해요", "난 수학을 못해요"는 어떻게 알게 되는가? 수학을 배우고 나서 얼마나 배운 것을 잘 이해했는지 시험을 봤는데 10문제 중 9문제를 맞혔다면, 아마 수학을 잘한다고 생각할 것이다. 그런데 선생님이 이번엔 시험이 쉬워서 25명 중 16명이 10문제를 모두 맞혔다고 하면, 아마 수학을 잘한다고 생각하기 어려워질 것이다. 똑같은 90점이 비교할 정보가 생기면서 자신에 대해 다른 평가를 가져오게 된다. 아무리 문제가 쉬웠어도 다른 학생들이 많이 맞췄어도 10문제 중 9문제를 맞게 풀었다면 잘한 것이라고 판단할 수 있어야 한다. 물론 쉽지 않은 상황이지만, 상황을 어떻게 받아들일 것인가는 자신의 몫이다.

비교를 한다면, 이전의 자신과 현재의 자신을 비교해야 한다. 지난 학기보다 얼마나 더 나아졌나, 지난 (사회)시간보다 얼마나 더 나아지고 있나, 어제보다 얼마나 더 나아지고 있나에 주의를 기울여 본다. 조금이라도 나아지고 있다면, 다른 친구들보다 조금 뒤떨어져 있더라도 불안해하지 않아도 된다. 단, 나아지고 있지 않다면, 다른 친구들보다 더 나은 성과를 내고 있어도 안심할 수는 없다. 지금의 경주에서 조금 더 앞서가고 뒤처진다는 것은 긴 공부라는 여정에서 크게 중요하지 않다. 작년보다 더 나은, 지난 학기보다 더 나은, 지난 달보다 더 나은, 지난주보다 더 나은, 어제보다 더 나은 나의 모습이 무엇인지 찾으면서 그 향상을 위해 노력하는 것이 필요하다.

3. 사례 엿보기: 나와 경쟁하면서 꾸준히 성적을 올린 사례

두나는 성적이 떨어졌을 때 부모님이 해 주신 조언에 힘입어 어려움을 극복하고 성적을 꾸준히 올려 나갈 수 있었다. 중학교에 들어가면서 갑자기 성적이 떨어져 처음 받아본 낮은 점수를 받았지만, 부모님은 앞으로 나아지면 된다고 격려해 주었고, 잘하다가 못하게 되는 것보다 못하다가 잘하는 게 더 낫다고 까지 말씀해 주셨다고 한다. 부모님이 말씀하신대로 고등학교 때까지 꾸준히 성적을 올려 대학 진학 당시에는 최고의 대학에 갈 수 있는 성적까지 향상되었다. 당시를 회상하면서 들려준 두나의 이야기는 다음과 같다.

> "근데 저희 부모님은 일단은 현재가 중요한 건 아니라고 누누이 말씀하셨어요. 지금 못해도 꾸준히 나아지기만 하면 된다. 이렇게 말씀하셨거든요 처음에 못했다가 점차 나아지는 게 낫지 처음에 잘하다가 점점 떨어지는 건 잘하지 못한 것보다 못하다, 뭐 이렇게 말씀하셨어요. 그게 저한테 중요한 영향을 끼친 것 같아요. 힘도 되고. 이렇게 생각하면 누구보다 잘하는 게 중요한 게 아니라 나 스스로 지난번보다 나아지기만 하면 되는 거니까."

	상담자 코너

1. 지능에 대한 변화 신념이 중요한가요?

동기이론에서 지능에 대한 변화 신념의 효과에 대해 논의해 온 것은 꽤 오래 되었다. 최근에는 마인드셋(mindset) 이론으로 일반인들에게도 알려지게 되어 더 관심을 받고 있다. Dweck(2011)의 마인드셋 이론은 공부와 관련된 상황에서만이 아니라 모든 일상생활에서 자신의 능력에 대한 고정된 신념을 가지고 있으면 부적응을 초래한다고 본다. 대신 지적인 능력은 얼마든지 변화할 수 있고 노력하면 높일 수 있다고 믿으면 적응적이고 성공적인 삶을 살아갈 수 있다. 표 7-1은 실패에 대한 고정 신념과 변화 신념의 서로 다른 대처가 어떻게 다른지 Dweck(2011, pp. 8-9)이 설명한 내용을 요약해 본 것이다.

이런 마인드셋은 어느 한 사건의 순간에만 영향을 미치는 것이 아니라, 누적된 결과를 초래한다. 이러한 장기적인 효과까지 고려한다면 상담자는 내담자들이 변화 신념을 가지고 대처할 수 있도록 조력해야 한다. 공부와 관련된

표 7-1. 고정 신념과 변화 신념

사건	• 좋아하기도 하고 중요하기도 한 수업에 들어갔던 어느 날의 이야기 • 중간고사 결과를 나눠주는 날이었는데, C$^+$를 받아 무척 속이 상함 • 오후에 차로 갔더니 주차위반 스티커까지 차에 붙어 있음 • 너무 속이 상해 가장 친한 친구한테 전화를 했는데 차갑게 말해 오히려 기분만 더 상함	
사실	• C$^+$: F가 아님(중간고사에서 받은 성적으로 더 열심히 하라는 독려) • 주차위반 스티커: 사고가 난 것에 비하면 아무 것도 아닌 일 • 차갑게 말한 친구: 앞으로 만나지 않겠다고 한 것은 아님	
Mindset	고정 신념(Fixed Mindset)	변화 신념(Growth Mindset)
첫 반응	완전 실패야 난 바보야 모두 나보다 똑똑하고 나만 멍청이야 거절당한 느낌이야	좀 더 열심히 해야하는구나 주차할 때 좀 더 주의했어야 하는데 친구도 오늘 안좋은 일이 있었던 모양이야
대처	잘 할려고 시간을 투자하거나 노력하지 않을 거야 아무것도 하기 싫어, 그냥 잘거야 마시자, 먹자, 소리 지르자 초콜렛으로 기분 전환 이불쓰고 음악듣기 다른 사람에게 시비걸기, 부수기	다음 시험에서는 더 공부를 해야지 다음엔 시험공부를 다르게 해봐야지 교수님 찾아가서 여쭤봐야겠다 이번에 벌금 내고, 다음부터는 주의해서 주차해야지 다음에 전화해서 무슨일이 있었는지 물어봐야겠다

영역만이 아니라 다른 일상생활에서도 능력에 대한 변화 신념을 가질 수 있도록 하는 것이 필요하다.

2. 지능에 대한 변화 신념을 촉진할 수 있는 방법은 무엇인가요?

지능에 대한 신념은 인지적 측면으로 그 신념을 바꾸기 위해 인지적 상담접근을 적용할 것을 Dweck 교수는 제안하고 있다. 지능에 대한 고정 신념을 변화 신념으로 변화시킬 수 있는 방법으로 알려진 대표적 인지적 접근으로 다음의 네 가지를 들 수 있다.

① 과정에 대한 피드백

마인드셋은 자신이 처한 학습의 맥락과 자신이 성취한 학업적 결과에 의해 형성된다. 학습과정에서 환경으로부터 받은 피드백과 학업적 성취에 대한 피드백을 어떻게 받는가에 따라 지적인 능력은 고정되어 변화하지 않는 것으로 생각할 수도 있고 노력에 의해 변화되는 것으로 생각할 수도 있다. 따라서 어떻게 피드백 하는가가 중요한데, 능력에 대한 변화신념을 촉진하기 위해서는 결과보다는 과정에 대해 언급하고 칭찬해야 한다.

우리가 흔히 사용하는 "참 잘했어요"는 대표적인 결과에 대한 칭찬인데, 이런 결과에 대한 칭찬은 지능에 대한 고정 신념을 강화한다고 밝혀졌다. "역시 똑똑하네", "머리가 좋아", "영리하네" 등 능력을 칭찬하는 말 속에는 이미 지능에 대한 고정 신념이 내포되어 있다. '칭찬의 역효과'라는 실험을 통해 미국과 한국에서 모두 이런 칭찬이 학생들의 지능에 대한 고정 신념을 강화해 학습을 저해함을 확인했다.

지능에 대한 변화 신념을 갖게 하기 위해서는 과정에 대한 피드백을 사용하는 것이 좋다. 능력보다는 노력에 대한 칭찬을 하는 것이 더 효과적이긴 하나, 노력에만 치중할 경우 '능력이 부족함'을 암시할 수 있으므로 주의해야 한다. "그림을 잘 그렸구나"가 결과에 대한 피드백이라면 "나무를 그렸구나"는 과정에 대한 피드백이다. 결과물에 대해 좋고 나쁘고를 평가하는 것이 아니라, 수행하는 과정을 그대로 기술해 주거나 결과물에서 추론할 수 있는 과정을 언급해 주는 것이다.

상담자는 이 방법을 어떻게 적용할 수 있을까? 대부분 내담자가 공부와 관련된 활동을 할 때 상담자가 직접 관찰하지 못한다. 부모나 교사가 관찰하는 경우가 많고, 이들은 결과와 능력에 대한 칭찬을 할 가능성이 높다. 따라서 가능하다면 부모나 교사에게 과정에 대한 피드백에 대한 중요성을 알리고 협조를 구하는 것이 첫 번째 해야 할 일이다. 이를 촉진할 수 있는 한 가지 방법은 향상되는 과정을 관찰할 수 있는 그래프를 그려보는 것이다. 마치 아이들이 자랄 때 한 곳에 꾸준히 키를 재면서 표시를 하듯, 나아지고 있음을 확인할 수 있도록 시각화하는 것이다(Siegle, 2013). 이를 위해서는 어떤 것을 목표로 하고 그 결과를 그래프로 나타낼 것인가를 정해야 하는데, 이 부분을 상담에서 도와준다면 교사와 부모의 협조를 더 쉽게 이끌어낼 수 있다.

다음으로 내담자가 스스로 자신의 수행에 대해 그 과정을 기술할 기회를 주는 것이 가능하다. 무엇을 했는지, 어떤 점에 중점을 두었는지, 어떤 노력을 기울였는지, 얼마나 시간이 걸렸는지, 지난번에 비해 무엇이 달라졌는지, 얼마나 나아졌는지, 그 원인은 무엇이라고 생각하는지 등 과정과 관련된 다양한 탐색적 질문을 활용한다. 이를 통해 내담자는 과정에 초점을 두어 자신의 학습활동을 재경험하게 되고, 과정에 대한 피드백을 스스로 할 수 있게 되며, 나아가 지능에 대한 변화 신념을 갖게 된다.

② 뇌발달에 대한 학습

지적인 능력이 변화할 수 있다는 증거를 보여주는 것이 지능에 대한 변화 신념을 갖게 하는 좋은 방법인데 그 방법 중 하나가 뇌의 발달에 대해 알려주는 것이다. 실제 뇌발달이 20대까지 꾸준히 지속되고 있고 노력을 통해 뇌의 기능이 달라지는 원리에 해당하는 뇌생리학적 지식을 직접 가르치는 것이다. 미국에서는 지금까지 뇌과학에서 밝히고 있는 내용들을 알기 쉽게 설명하는 'Brainology'라는 프로그램이 개발되어 보급되고 있다.

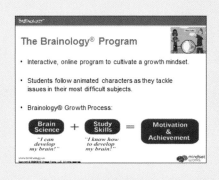
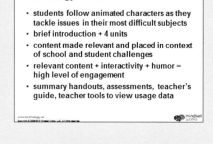
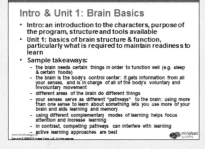
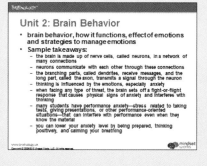
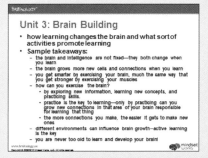
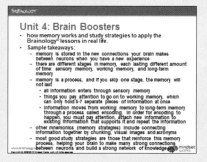

그림 7-2. Brainology Program

(출처: Making the case for Brainology (powerpoint format), https://www.mindsetworks.com/program/making-the-case-for-brainology.aspx)

③ 역할모델의 활용

어느 분야에서든 성공한 사람들은 자신의 재능보다는 노력의 중요성을 믿고 결실을 이루었다. 따라서 이들은 모두 지능에 대한 변화 신념을 가진 사람들이라고 할 수 있고, 그 사람들의 이야기를 통해 그들의 생각을 모델링하도록 돕는다. 어떤 사람을 역할모델로 삼아도 상관없고, 그들이 자신의 능력과 노력에 대해 어떤 관점을 가지고 있었는지에 대해 함께 탐구하는 시간을 갖는 것이 중요하다.

④ 자기교수 적용

Dweck이 제안한 네 단계 마인드셋 변화 촉진 방법은 다음과 같다. 스스로에 게 할 수 있는 방법으로 제안하고 있는데, 내담자가 이런 훈련을 할 수 있도록 연습시키고 일상생활에서 적용해 보도록 촉진할 수 있다. 가능한 실생활에서 의 경험에 적용해 보도록 이끈다면 더욱 효과적일 것이다.

첫째, 자신도 모르게 사용하고 있는 고정 신념에 대해 알아차리는 것부터 시작해야 한다. "난 그런 걸 할 능력이 없어요", "해서 안되면 능력 없다는 소 리만 들을 테니 안 하는 게 낫지", "능력이 없으니까 안되는 거지", "내 잘못이 아니라, ○○가 잘못 돼서 그래", "정말 실망인데, 네가 할 수 있을 줄 알았는데 능력이 안 되는구나" 등의 말을 한다면 고정 신념을 가지고 있다는 증거다.

둘째, 어떤 신념을 가질 것인지는 개인의 선택이라는 점을 깨달아야 한다. 힘든 일, 실패, 다른 사람의 비난을 어떻게 해석하고 받아들일 것인가는 개인 의 선택이다. 아무 것도 결정되어 있거나 절대적인 사실도 존재하지 않는다. 그것을 능력 부족으로 본다면 고정 신념을 적용한 것이고, 더 노력하거나 새 로운 전략을 구사해 봐야겠다고 생각한다면 변화 신념을 적용한 것이다.

셋째, 변화 신념의 목소리로 고정 신념에 대응하는 연습을 한다. "할 수 있 겠어?"라고 하면, "할 수 있을지 잘 모르지만, 시간과 노력을 투자해서 배울 거 야"라고 말한다. "실패하면 어쩌려고"라고 하면, "성공한 사람들도 모두 실패 의 과정을 거쳤어"라고 말한다. "내 잘못이 아니지"라고 하면, "내가 책임감을 느끼지 않으면 그걸 바로 잡을 수도 없어. 뭐든 할 수 있는 걸 해볼 거야"라고 말한다.

넷째, 변화 신념에 따른 행동을 실천한다. 어려운 일이라도 기꺼이 도전해 보고, 실패를 했다면 그것을 통해 새롭게 배우고 다시 시도해 본다. 다른 사람 의 비난을 받는다면, 그 점을 고려해 새로운 시도를 해 본다. 갑작스럽게 다른 나라로 이민을 오게 되면서 학업에서 어려움을 많이 겪었던 한주는 다음과 같 이 실패를 두려워하지 않고 꾸준히 노력해 학습부진을 극복했다고 전한다.

"부정적인 생각을 해봐야 도움이 되지 않아요. 불안하기만 하죠. 실패한 다는 것에 대해서는 생각하지 않고 오로지 제 목표에만 집중했어요."

✍ 마인드셋 관련 사이트 및 자료

- 마인드셋에 관한 전반적인 사항 http://mindsetonline.com/index.html
- 마인드셋 프로그램 효과에 대한 요약

  https://www.ru.ac.za/media/rhodesuniversity/content/sanc/docu-ments/brainology_intro_pres.pdf
- 브레이놀로지 교육에 관한 사항

  https://www.mindsetworks.com/webnav/program.aspx
- 브레이놀로지 교육 소개 유투브 영상

  https://www.youtube.com/watch?v=pF5yB31IT5Y
- EBS 교육대기획 10부작 학교란 무엇인가 – 6부 칭찬의 역효과

  http://www.ebs.co.kr/tv/show?prodId=7503&lectId=3062242 (무료 다시보기)
- 마인드셋 프로그램 적용 연구 사례: 마인드셋 변화 프로그램이 초등학생 의 마인드셋, 학업적 자기효능감 및 목표지향성에 미치는 효과, 김보미, 안동대학교 석사학위논문, 2016년

노력 낙관성

'노력하면 가능해!'

그러나 모든 일이 노력만으로 가능하지는 않다. 그래서 사람들은 어떤 일을 할 때 그것이 자신의 노력에 의해 어느 정도 성취가 가능한지에 대해 예상하게 된다. 누구나 어떤 일에든 노력이 필요함을 알고 있으면서도 실제 자신의 성취를 위해 열심히 노력하지 않는 경우는 대부분 노력만으로 성취할 수 없다고 생각하기 때문이다. 특히, 공부와 관련해서는 더욱 그런데, 노력하면 어떤 어려움도 극복하고 목표를 이루어낼 수 있다는 노력 낙관성의 부족은 다른 평계를 대면서 공부를 소홀히 하는 원인일 수 있다. 이런 노력 낙관성은 어디에서 오는 것일까, 높은 노력 낙관성을 갖기 위해 어떻게 해야 할까?

1. 노력 낙관성이란?

노력 낙관성은 "올바른 방향으로 열심히 일하는 것은 언제 어떤 상황에서나 개인과 사회에 보답한다는 믿음"으로 정의된다. 노력 낙관성에 대한 논의는 미국에서 소수민족들이 경험하는 차별에 대한 인식을 다루면서 시작되었다. 학교에서의 노력이 사회적 성공을 얼마나 예언해 주는가에 대한 기대를 노력 낙관성(effort optimism)으로 정의하기도 한다. 노력 낙관성이 높은 학생은 성공에 필요한 것은 내가 열심히 노력하는 것이라고 믿지만, 노력 낙관성이 낮은 학생은 성공할 사람은 따로 있어 내가 열심히 노력해도 소용이 없다고 생각한다. 백인들에 비해 소수민족들은 노력에 대한 낙관성이 낮은 경우가 많아, 학교 공부에 동기화되지 못하고 성취수준이 낮아 결국 사회적 성공이 어려워지는 악순환을 겪는다는 점이 지적되었다. 이런 악순환이 지속되는 과정에는 낮은 노력 낙관성은 자성예언효과(self-prophecy effect; 스스로 그렇게 된다고 생각해서 그런 결과를 초래하는 현상)까지 더해져 그 영향력이 더 커진다.

이러한 현상은 학력과 사회 진출이라는 관계에서만 아니라 모든 영역에 해당하는 것이고, 한 개인이 갖는 노력 낙관성 역시 다양한 영역에 걸쳐 동일한 태도로 나타난다. 최근에는 교사들이 교육과 학생들의 노력에 대해 갖는 낙관성인 교사 학업 낙관성(teacher academic optimism)이 학생들의 행동과 성취에 긍정적인 영향을 미친다는 것이 밝혀지기도 했다. 교육을 통해 학생들이 얼마든지 성장할 수 있고 교육을 통해 어려운 여건을 극복할 수 있다고 믿는 교사가 학생들의 성취를 높인다는 것이 밝혀진 것이다. 오래 전에도 동일한 능력의 2개 집단의 학생들을 각각 우수한 능력 집단과 우수하지 못한 능력 집단이라고 교사에게 알려주면서 교수 행동, 학생들에 대한 기대, 학생들이 성취에서 차이가 나타나게 되었다는 연구가 있었다. 즉, 자기 자신을 넘어 타인을 바라볼 때도 노력 낙관성을 가질 때 훨씬 나은 효과를 이뤄낼 수 있다는 점을 시사한다.

2. 노력 낙관성을 방해하는 생각의 극복

노력이라는 원인에 집중하기

무슨 일이든 한 가지의 요인만이 그 원인인 경우는 없다. 성적, 진학, 취업, 성과, 승진 등의 여러 가지 성취(또는 성공) 역시 한 가지 원인에 의해 좌우되지 않는다. 타고난 재능, 개인의 노력, 개인의 특성과 과제의 조화, 가정 배경, 주변의 지원, 환경적 여건, 사회·경제적 사건, 운 등 다양한 요인들이 성취 과정의 곳곳에서 우리를 돕기도 하고 방해하기도 한다. 즉, 이렇게 많은 요인들이 영향을 미치기 때문에 노력만으로 원하는 성취를 이루어내는 것이 힘들 수 있다. 그러나 여러 원인에 대한 고려는 합리적이고 객관적이지만, 노력의 중요성을 간과한다면 오히려 오류일 수 있다.

그 이유는 첫째, 노력은 다른 어떤 요인보다 실력을 키우고 성취도를 높이는 데 큰 영향을 미치는 요인으로 밝혀지고 있고, 특히 장기적인 효과는 더욱 커서 학업성취도에 가장 크게 영향을 미치는 요인이기 때문이다. 노력만으로 안 된다는 이유로 가장 큰 요인인 노력을 무시한다면 큰 착각에 빠지는 것이다. 둘째, 성취에 영향을 미치는 여러 요인들 중에는 잘 변화하지 않거나 개인이 바꿀 수 없는 것들이 있는데, 노력은 자신이 얼마든지 통제할 수 있다는 점에서 주목해야 할 중요한 요인이다. 성공이나 실패의 원인을 내가 변화시킬 수 없는 것으로 돌리게 되면, 과제를 소홀히 하게 되면서 결국 실패가 누적될 가능성이 높아진다. 따라서 내가 통제할 수 있고 변화시킬 수 있는 노력이라는 원인에 집중해야 한다.

노력하는 건 능력이 부족하기 때문이라는 생각 버리기

"시험공부 많이 했어?"

"아니, 나 못 하고 잠들어 버렸어."

"나도 못 했는데 어쩌지?"

시험 보는 날 아침에 교실에서 이런 말들이 오가는 경우를 보았을 것이다. 정말 시험공부를 하지 않은 것일까, 안 한 것처럼 보이고 싶은 것일까? 후자인 경우가 많다. 그 이유는 "똑똑한 사람은 노력을 하지 않아도 성적이 좋다"는 잘못된 상식 때문이다. 이런 생각을 하면, 공부를 하지 않았는데도 시험을 잘 보면 자신이 똑똑하고 능력 있는 사람처럼 보일 수 있다. 시험을 못 보더라도 공부를 안 해서 못 본 것이기 때문에 자신의 능력 부족 때문이라는 말을 듣지 않을 수 있다. 반면 공부를 많이 했다고 하고 시험을 못 보게 되면 자신이 능력 없는 사람으로 보일 수 있다. "똑똑하다", "능력 있다"는 말 속에 타고난 특성이라는 의미를 담고 있는데, 그 자체가 오해다.

우리가 가진 지적 능력 중에는 타고난 것 또는 인생 초기에 결정된 것의 부분은 상대적으로 적고, 그 이후 얼마나 노력을 통해 그 능력과 기능을 신장시켜 나가는가가 더 큰 부분을 차지하고 있다. 그 이유는 지적 능력을 담당하는 뇌가 20대 중반까지 계속 성장하고 있기 때문이고, 뇌의 성장기가 지난 이후에도 얼마나 인지적 기능 향상을 위해 노력하는가에 따라 뇌기능의 개인차는 더 커진다. 어떤 사람은 노년에도 인지적 기능이 더 높아지는 반면 어떤 사람은 성장기 이후부터 감소하기 시작하기도 한다. 뿐만 아니라 지적 능력 중 작은 부분을 차지하는 타고난 것만 믿고 그것을 과시하거나 비관하면서 아무 노력을 기울이지 않는 사람은 20대까지 진행되는 성장기에도 제대로 뇌기능을 성장시키지 못한다. 따라서 타고난 것에 기대지 말고 노력을 통해 능력을 신장시켜 나가는 것이 자신의 잠재력을 발휘하는 방법이다.

노력의 고단함에 익숙해지기

노력은 육체적으로나 정신적으로 힘든 과정을 요구한다. "노력하면 된다"라는 노력 낙관성을 갖게 되면 이런 고단한 일상을 살아가야 하기 때문에 "노력해도 소용없어"라는 노력 비관론을 채택하면서 편안하려고 하는 경향성이 우리 속에 있다. 예전에 사용하던 "일확천금"이라는 용어나 요즘 사용하는 "대박" 또는 "로또"라는 말들은 모두 힘들게 노력하지 않고 운 좋게 성과를 내고 싶은 마음을 표현하고 있다.

정말 노력을 하지 않으면 편안할까? 사람들은 스스로 무엇인가를 성취했다고 느낄 때 가장 큰 행복감을 경험한다고 한다. 노력 없이 주어진 어떤 것은 잠시의 만족이나 기쁨을 줄 수 있을지 모르지만 행복감을 오래 유지시켜 주지는 못한다고 한다. 그래서 공부나 일이 아닌 취미생활이나 놀이에서도 사람들은 많은 노력을 기울여 어떤 것을 이루어내려는 경향성을 가지고 있다. 나아가 새로운 것에 도전하고 더 높은 성취를 이루어 내려고 한다. 일상에서도 마찬가지인데, 아무 것도 안하고 빈둥거릴 때보다 청소라도 깔끔하게 하고 나면 상쾌해지고 기분이 좋아진다. TV에서 본 것을 그대로 따라 음식 만들기에 성공했을 때는 자신도 모르게 감탄하게 된다. 여러 인터넷 쇼핑몰을 다니며 손품을 팔아 싸게 물건을 구매했을 때 대단한 성공을 이룬 기분이 든다. 어렵게 친구에게 사과를 했는데, 오히려 고맙다는 답이 올 때 자신이 대견하고 훌륭하게 느껴진다. 여기에는 모두 고단한 노력이 들어갔다는 공통점이 있다. 그러나 그 고단함을 마다하지 않고 다시 하게 될 것이다. 노력하는 것이 힘들고 지치고 피곤한 일이라고 생각하는 대신, 내가 살아있음을 입증하는 것이고 즐거움을 이끄는 동력이며 자신감의 근원이라 생각하자.

공부는 다른 활동에 비해 그 결과물을 바로 확인할 수 없는 경우가 많아 일상생활에서처럼 즐거움을 자주 경험하지 못할 수 있다. 그래서 노력의 고단함이 더 크게 느껴지고, "힘든 공부에서 벗어나고 싶다"는 마음만 커질 수 있다. 이런 마음을 극복하기 위해 두 가지 생각을 해 보면 어떨까? 첫째, 공부하는 과정 속에 깃든 즐거움과 보람을 적극적으로 찾아보는 것이다. 하기 싫은 숙제를 하느라 끙끙거리고 있기보다는, 집중해서 끝냈을 때의 성취감에 집중한다. 열심히 공부하고 읽은 책의 손때 묻은 부분을 보면서 뿌듯해 할 수도 있고, 누군가에게 공부한 것을 가르쳐 주면서도 우쭐해 할 수도 있고, 점점 높아지는 성적 향상 그래프를 보면서 기뻐할 수도 있다. 잘 안되고 잘 못하는 것에 집중하지 말고, 잘 한 것과 지금까지 한 것이 무엇인가에 초점을 두면 노력의 무게가 적게 느껴질 수 있다.

둘째, 노력을 기울이는 것이 객관적으로 얼마나 힘든지 파악해 보는 것이다. 정말 힘들어서가 아니라 힘들다고 생각하기 때문에 더 힘들다고 느낄 수 있다. 대부분의 사람들은 내 앞에 놓인 밥을 먹는 일을 별로 노력이 필요하지 않다고 생각한다. 그러나 어떤 사람에게는 밥을 먹는 것 자체도 많은 노력이 필요한 힘든 일이다. 밥을 먹는 데 필요한 육체적인 부담감은 동일하지만 그것에 부여하는 의미와 얼마나 힘든 일인가에 대한 생각이 그 차이를 만들어 내는 것이다. 공부도 마찬가지다. 공부를 하면서 기울여야 하는 여러 가지 노력들이 습관처럼 되면 그렇게 피로감을 많이 느끼지 않는다. 혹시 스스로 공부는 힘든 것이고 싫은 것이고 스트레스라는 생각으로 가득 차 공부의 과정을 힘들게 하고 있는 것은 아닌지 점검해 보자. 그 생각이 바로 이겨내야 할 나의 적이다.

3. 사례 엿보기: 노력 낙관성의 힘으로 달려온 학생들

학습부진을 극복하고 원하는 목표를 이루어낸 학생들은 거의 빠짐없이 노력 낙관성을 가지고 있었고, 그 신념으로 누구보다 공부에 많은 노력을 기울였다. 다음은 그들이 자신들처럼 성적을 올리고 싶어 하는 후배들에게 해주고 싶은 이야기들이다.

> "결국에는 노력밖에 없는 것 같아요. 그냥 자신이 하고 싶고 자신이 하려고 하는 것의 목표가 뚜렷하다면, 그것이 뚜렷하다면, 그냥 달려드는 수밖에 없는 것 같아요. 그 대신에 그 목표를 이루기 위해서 감수해야 될 힘든 것을 감수할 만큼의 각오를 가지고. 그 각오가 없으면 아예 시작해봤자 아마 중도에 포기하거나 그것을 이룰 수 없는 것 같아요."

> "누구든지 제 고등학교 친구들도 기억해 보면 항상 잘했던 친구들은 없었어요. 못했다가 진짜 열심히 해서 잘했던 친구들도 있고, 평상시 이렇게 잘했던 애들이 떨어진 거랑 자기보다 훨씬 못했는데 개보다 훨씬 좋아지는 걸 보면 분명히 그거는 사람의 능력 차이는 아닌 거잖아요. 자기 노력이라고 해야 되나. 한번 떨어졌다고 해서 자기 능력이 없는 거는 아니니까 그런 경우가 있을 것 같은데. 하다가 한번 너무 크게 떨어져서 이제 대학교 갈 점수에 너무 크게 영향을 받겠다라고 생각하는 경우가 있을 것 같은데. 그렇다고 해서 냅다 내버리는 거는 아닌 것 같아요. 저는 그냥 열심히 했으면 좋겠어요."

"그런 애들한테 가장 많이 했던 말이 그거였던 것 같아요. 니가 지금 인생을 살면서, 나도 뭐 오래 살지는 않았지만, 가장 공평하게 얻을 수 있는 능력이 공부하는 거다. 다른 거는 사실 타고난 게 중요하잖아요. 뭐 외모라든지 집안이라든가 이런 거는 내가 노력한다고 해서 바꿀 수 있는 게 아닌데. 그래도 가장 공평하고 좋은 방법으로 너의 가치를 높일 수 있는 거는 니 나이 때 공부를 열심히 하는 거다. 그런 식으로 말을 했던 것 같아요."

상담자 코너

1. 낙관성과 노력 낙관성은 서로 다른가요?

낙관성은 심리학적 용어로 사용되기 이전에 일반인들이 사용하고 있던 말로 낙관성을 설명하기 위해 가장 빈번하게 인용되는 비유 중 하나는 "물이 반이 찬 컵"이다. 낙관적인 사람은 "물이 벌써 반이나 찼다"고 보는 반면 비관적인 사람은 "물이 아직 반밖에 차지 않았다"라고 본다. 즉, 낙관성이란 '앞으로 올 미래에 대해 얼마나 긍정적 기대를 가지고 있는가'다. 낙관성은 행복감, 건강, 성공 등 삶의 거의 모든 영역에 긍정적 영향을 미치지만, 아무런 근거 없이 잘 될 거라고 생각하는 비현실적 낙관성(unrealistic optimism)은 때로 현재 처한 어려움과 장벽을 고려하는 현실적 비관성(realistic pessimism)보다 방해가 되기도 한다(Forgearda & Seligman, 2012). 이런 근거 없는 낙관성의 위험을 경계하며 제시된 개념이 노력 낙관성으로 자신에게 주어진 불리한 여건을 자신의 노력으로 극복하고 목표를 이루어낼 수 있는 태도, 정서, 동기를 의미한다.

많은 사람들이 낙관성에 관심을 갖는 이유는 개인의 관점으로 인해 동일한 상황에서도 서로 다른 행동을 하게 되고 그로 인해 다른 결과를 낳게 되기 때문이다. 낙관성은 심리, 교육, 의료, 경영 등 다양한 분야에서 관심을 갖는 개인의 특성으로 20세기 말 등장한 정서지능에 대한 열풍도 낙관성이 지능보다 성공(직원의 생산성과 근무 연한)을 더 크게 예측한다는 근거에서 출발했다. 교육이나 심리 영역에서의 낙관성에 대한 관심은 긍정심리학(positive psychology)적 관점의 확대와 밀접히 관련된다. 낙관성은 개인의 타고난 기질 또는 성격으로서의 낙관성인 성향적 낙관성(dispositional optimism)과 과제의 성공과 실패를 무엇으로 보는가와 관련되는 귀인적 낙관성(=설명양식, explanatory style)으로 대별된다. 우리나라에서는 긍정심리학의 주창자인 Seligman이 제안한 귀인적 낙관성을 연구 주제로 삼는 경우가 더 많다.

상담자라면 낙관성이 과연 변화가능한 개인의 특성인가에 가장 많은 관심을 둘 것이다. 성향적 낙관성과 관련해서는 타고난 부분이 얼마나 되는지를 밝힌 연구들이 많았고, 귀인적 낙관성과 관련해서는 낙관성 훈련 프로그램 개발이 활발하다. 성향적 낙관성의 유전성을 밝히기 위한 쌍생아 연구의 결과들(예, Bates, 2015; Mosing et al., 2009)을 보면, 부모로부터 물려받은 유전적 특성인 부분과 함께 가정환경의 영향을 받는 것으로 밝혀져 타고난 기질처럼 여겨지는 이유를 설명한다. 귀인적 낙관성은 과제 중심의 실패와 성공의 원인을 무엇으로 설명하는가가 앞으로의 역경을 이겨낼 수 있다고 생각하는지를 결정한다고 보는데, 이러한 귀인양식(설명양식)의 변화를 인지적 접근으로 도모한다. ABCDE의 전형적인 인지상담의 절차를 통한 개인상담 및 집단상담을 통해 낙관성을 증진시킬 수 있음을 입증하고 있다. 또한 학교에 적용하는 아동 및 청소년을 대상으로 개발된 프로그램(예, 「Penn Resiliency Program」)은 삽화와 역할놀이 등 활동을 통해 인지적 재구조화를 촉진한다.

2. 지적 능력이 학업성취를 더 많이 결정하지 않나요?

지능지수와 학업성취도는 대략 .4~.6 정도의 상관관계를 갖는다. 즉, 학업성취도 변화의 16~36% 정도가 지능지수에 의해 설명되고, 그 나머지는 다른 요인들에 의해 좌우된다. 지능지수가 전생애에 걸쳐 변화하지만 다른 개인적 특성에 비해 비교적 변화하기 어려운 것으로 알려져 있다. 그래서 교육심리학자들은 지능이 설명하지 못하는 부분에 영향을 미치는 요인을 밝히기 위해 노력을 기울여왔다. 지능이 단일 요인으로 학업성취도를 가장 크게 예언하는 요인이라는 주장도 있지만, 동기가 오히려 더 큰 설명력을 갖는다는 주장도 있고, 부모의 사회경제적지위(SES) 역시 대단히 큰 설명력을 갖는다고 입증되었다. 최근에는 자기통제감(self-control)이 내신 성적(report card grades)을 지능보다 더 크게 예언한다고 밝혀져(Duckworth, Quinn, & Tsukayama, 2012), 학업에서 중요하게 다루어야 할 요소로 포함되었다. 또한 지금까지 지능이라는 것을 지나치게 타고난 특성으로만 바라보고 변화하지 않는 측면만 강조했는데, 지능에는 후천적 학습에 의해 증가 또는 감소하는 부분이 더 많아 노력의 중요성이 부각되고 있다. 즉, 점차 능력보다는 노력이 성취를 좌우한다는 쪽으로 논의의 추가 기울고 있다.

　최근 펜실베이니아 대학에서는 오랫동안 논쟁이 되어 온 타고난 능력과 후천적 노력이 성취에 미치는 영향력을 예언하는 함수식을 도출하는 시도를 했다(Duckworth, Eichstaedt, & Ungar, 2015). 이들은 지금까지 '능력 대 노력'의 논의가 '유전 대 환경'의 논의와 다르다는 전제에서 출발한다. 능력을 타고난 재능과 후천적으로 습득한 기능으로, 노력을 타고난 기질과 지금까지 누적된 노력으로 개념적으로 구분하고 있다. 즉, 능력도 노력도 모두 후천적으로 변화 가능하다는 입장이다. 또한 인지적 요인(cognitive factors)과 비인지적 요인(non-cognitive factors)의 구분도 기능 습득의 속도에 영향을 미치는 특성과 노력 투여에 영향을 미치는 특성으로 구분하여 제시하고 있다. 기능 습득의 속도에 영향을 미치는 재능적 특성으로 창의성, 정서지능, 유동지능, 일반적 인지능력, 장기기억, 처리속도, 합리성, 공간지능, 언어지능, 작업기억 등이 있고, 노력 투여에 영향을 미치는 노력적 특성으로 성실성(성격 5요인 중), 자기평가, 호기심, 참을성, 목표헌신, 끈기, 지능에 대한 변화신념, 흥미, 내적 귀인, 정신력, 성취욕, 낙관성, 근면성, 체력, 자기통제, 자기효능감, 지적 관여, 열정 등이 포함된다(Duckworth, Eichstaedt, & Ungar, 2015, p. 361). 이렇게 많은 개인 특성을 목록화하면서도 더 많은 요인이 존재할 수 있을 가능성을 열어 두었는데, 적어도 아래의 개인 특성들이 학생들의 성취와 어떤 관련이 있는지 점검하는 과정이 상담에서 필요하다.

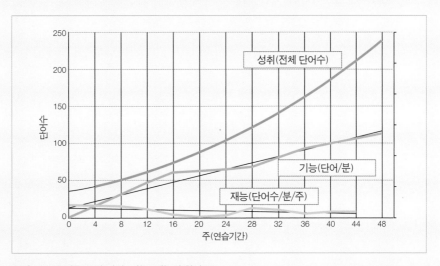

그림 7-3. 훈련을 통한 성취, 기능, 재능의 향상
(출처: Duckworth, Eichstaedt, & Ungar, 2015, p. 362)

성취에는 습득한 기능과 누적된 노력이 모두 영향을 미치는데, 시간이 갈수록 노력의 기여도가 높아진다. Duckworth 등이 제안한 성취의 함수식은 '성취 = 1/2×재능×노력^2(achievement = 1/2×talent×effort^2, p. 361)이다. 이 함수식은 1세기도 훨씬 전에 수행된 실험연구의 결과(Harter, 1899)에도 부합되고 있다. 기능(skill)은 재능(talent)과 노력(drill=effort)의 결과로 점차 향상되고, 성취(achievement)는 기능과 노력의 결과로 점차 향상된다. 결국 성취에 더 큰 영향을 미치는 것은 노력이고, 능력도 정체되어 있는 것이 아니라 훈련과 노력에 의해 증가되는 것을 밝혀 노력 낙관성을 증명한 연구라고 하겠다.

3. 능력이 많으면 노력을 적게 해도 된다는 상식에 어떻게 대처해야 할까요?

현상에 대한 지각 능력이 연령이 증가함에 따라 질적으로 달라지듯이, 능력(ability)과 노력(effort)의 개념을 구분하고 능력과 노력 성취의 인과관계를 이해하는 사고의 수준도 나이가 들면서 다음과 같이 점차 발달한다(Nicholls, 1978, p. 812). 즉 같은 결과를 내기 위해 능력이 많으면 노력을 적게 해도 되고, 능력이 부족하면 노력을 많이 해야 된다는 노력과 능력의 상보적 개념은 인지 발달 과정을 통해 발달시켜 온 것이다. 그리고 이것은 현상에 대한 올바른 지각 내용이기도 하다. 따라서 이것을 부인하고 첫 단계 또는 두 번째 단계로 돌아가는 것은 바람직하지 않다.

① 노력과 성취를 원인과 결과로 구분하지 못하는 수준:
  능력, 노력, 결과를 모두 서로 같은 것으로 알고, 관찰되는 노력에 주목하면서 "노력하는 사람이 똑똑한 사람"이라고 지각
② 노력과 성취를 구분하고 노력은 원인으로 성취는 결과로 아는 수준:
  노력이 주된 원인으로 지각하고, 능력은 노력의 효과성을 높이거나 줄일 수 있다고 지각
③ 노력만이 아니라 능력도 성취의 원인이 될 수 있음을 조금씩 알아가는 수준:

노력과 능력이 서로 상보적이라는 개념을 획득해, 같은 성취를 하는
데 필요한 노력이 다르다면 적게 노력한 사람이 더 빠르고 똑똑하고
더 잘 이해하고 더 잘하는 사람이라고 지각

④ 능력에 대한 개념이 정립되어 행동과 성취의 관계를 예측하는 수준:
노력과 성취의 관계 속에서 능력을 정확하게 추론해 내고, 성취를 능
력과 노력의 산물로 지각

이런 발달과정에 대한 지식을 토대로 상담자는 노력과 능력의 상보적인
관계에 대한 지각이 자칫 노력을 많이 기울이는 것이 능력이 부족함으로 드
러날 것이 두려워 노력을 아예 하지 않는 내담자를 이해할 수 있어야 한다. 무
엇보다 이렇게 생각하는 것이 잘못되었다고 비난하지 않도록 해야 한다. 대신
자신의 성장이나 앞으로의 성취에 별로 도움이 되지 않는 생각이니 바꿔볼 수
있다는 가능성을 안내하는 것에서 개입을 시작한다.

다음으로 능력과 노력이 모두 성취에 중요한 영향을 미치는 것은 맞지만,
노력이 더 큰 영향력을 가지고 있다는 점을 알려주어야 한다. 앞서 살펴본 경
험적 연구의 결과를 인용할 수도 있고, 내담자의 개인적 경험을 탐색해 볼 수
도 있다. 노력이 더 큰 영향력을 발휘한 사례나 역할모델을 찾아보면서 그 사
례를 자신에게 적용해 보는 방향이 도움이 될 것이다.

✍ 낙관성 훈련 프로그램에 관한 정보
https://ppc.sas.upenn.edu/services/penn-resilience-training
「낙관성 향상 프로그램이 초등학교 고학년 아동의 학업소진 및 학업적 자기
효능감에 미치는 영향」, 김준, 한국교원대학교 석사학위논문, 2014년

공부하고 싶은 마음
높이기

공부와 보상

민우는 새 학기를 맞아 공부를 열심히 해 보려고 마음을 먹었다. 특히, 영어 성적을 올려야 한다는 다짐을 하고 예습을 열심히 하면서 잘 모르는 단어가 나오면 전자사전에서 뜻을 찾아 적고 소리 내어 읽어보기도 하였다. 드디어 기다리던 영어시간, 오늘 배울 내용을 읽어 보고 싶다고 손을 들었는데 한 번도 지명받지 못 했다. 그리고 한 친구가 책을 읽는 동안 교실을 돌고 있던 영어선생님은 민우의 영어 책을 보고, "이민우, 네가 공부에는 통 관심이 없는 말썽꾸러기라는 건 알지만, 이렇게 책에 낙서까지 하는 건 너무 심한 거 아니야"라고 나무랐다. 낙서가 아니라 단어 뜻을 찾아서 적은 것이라고 말하고 싶었지만 아무 말 없이 영어책을 덮어버렸다.

(출처:『학업상담』, 황매향, 2008, p. 53-54)

민우의 사례는 학습동기를 행동주의 측면에서 설명하고 있다. 민우처럼 공부를 해보려고 시도했지만 강화를 받기보다는 꾸중이나 벌을 받게 된다면 공부할 마음이 사라지게 될 것이다. 너무 많은 학생들이 이런 경험을 하면서 공부를 떠나 좀 더 보상을 받을 수 있는 활동을 찾는다. 노래방에서 노래를 열심히 부르면 즐겁기도 하고, 친구들의 환호도 받고, 거기에 "100점"이라는 점수까지, 여러 가지 보상을 동시에 받기 때문에 그곳을 교실보다 더 가고 싶어 하는 건 당연하다.

1. 공부에도 보상이 필요해요!

'공부는 알아서 해야 한다'라는 말을 흔히 하는데, 과연 그럴까? 학생들에게 는 공부가 어른들에게는 일과도 같다. 아무런 보상 없이 '알아서 일하는' 사람 을 찾아보기는 힘들다. 보상이 좀 적더라도 일이 즐겁거나 일에 의미를 부여 하면서 일에 몰두하는 사람들은 많지만, 보상 자체를 포기하는 경우는 드물다. 어른들은 주어진 과제인 일을 하면 시급에서부터 월급까지 임금으로 보상을 받기 때문에 '일을 왜 하는가?'에 대해 별로 질문하지 않는다. 그러나 학생들 은 주어진 과제인 공부를 통해 뚜렷한 보상을 받지 못 한다고 느끼기 때문에 자꾸 하기가 싫어지고 미루게 된다. 어른들로부터 '공부해서 남 주지 않는다', '지금 공부 안하면 나중에 후회한다', '공부밖에 남는 게 없다' 등의 말을 듣지 만 모두 당장 확인할 수 없는 것들이어서 도무지 와 닿지 않는 것이 사실이다.

사람들이 하는 많은 활동은 보상을 받고 있기 때문에 유지된다. 보상의 종 류는 무엇이든 살 수 있는 돈에서부터 기분이 좋아지는 칭찬까지 다양하지만, 보상 없이 지속되는 행동은 거의 없다. 공부라는 활동도 마찬가지로 공부를 열심히 하는 학생은 공부를 통해 어떤 보상을 받고 있다고 느끼지만, 공부를 하지 않는 학생은 공부를 통해 보상을 받지 못하고 있다고 볼 수 있다. 그렇다 면 공부에 숨어있는 보상체제를 찾는 노력이 필요하다.

먼저, 공부를 열심히 하는 학생들이 받고 있는 보상이 무엇인지 관찰하는 것에서 출발한다. 혹시 그 중 괜찮아 보이는 것이 있다면 나도 그 보상을 받을 수는 없는지, 어떻게 하면 그 보상을 받을 수 있을지 노력을 해 보는 것이다. 아마 얼마 지나지 않아 유사한 보상을 획득하게 될 텐데, 어떤 보상을 왜 받게 되었는지 그리고 그것이 어떤 점에서 나에게 보상이 되는지를 명료화하는 노 력까지 한다면 더욱 공부하는 것에 신이날 것이다.

관찰만으로 잘 알 수 없다면 직접 물어보는 방법도 있다. 도대체 공부를 하면 무엇이 좋은지, 정말 재미있는지, 지겨운 공부를 참고 하는 이유가 무엇 인지 등을 직접 질문하고 답을 들어보자. 한번쯤 생각해 본 답이 나올 수도 있 고, 새로운 답이 나올 수도 있다. "칭찬을 받는 것이 좋다"는 답부터 "난 과학 자가 꿈이니까 수학은 잘해야 하니까"라는 답까지 보상이 주어지는 시점이나 방식도 다양할 것이다. 다음은 늦게 대학에 들어와 공부를 마치고 막 졸업을 앞둔 한 지현 씨가 한 얘기다.

> "사실 전 친구들이랑 나가서 노는 것만 좋아했었어요. 저한테 누구라도 공부를 하면 더 나은 삶을 살 수 있다거나 공부를 해야 네 꿈을 이룰 수 있다는 말을 해주는 사람이 있었다면 그렇지 않았을 것 같아요. 최저임금을 받는 일밖에 할 수 없었기 때문에 돈이 없어 겨울에 가스가 끊겨져 난방을 못했던 적이 있고 고생은 말도 못했죠. 그때 생각했어요. 뭔가 다른 길을 찾아서 좀 더 나은 삶을 살아야겠다. 그때서야 교육을 더 받아야 더 나은 삶을 살 수 있다는 걸 알게 되었어요. 마트의 세일 품목에서 싼 신발을 고를 것이 아니라 백화점에서 근사한 신발을 살 수 있다는 것에 대해 생각하기 시작했어요. 백화점의 신발을 보면서 난 그 신발을 사 신을 수 있는 삶을 살고 싶다. 그러려면 더 좋은 일자리를 찾아야 하고, 그렇게 할 수 있는 유일한 방법은 교육을 더 받는 수밖에 없다는 걸 알게 된 거예요."

2. 그러나 보상에 도사리고 있는 함정에 조심

용규는 "중간고사에서 1등 하면 스마트폰으로 바꿔줄게"라는 아빠의 약속에 매달려 정말 열심히 공부해서 중간고사에서 1등은 아니지만 그 어느 때보다 좋은 성적을 거뒀다. 비록 1등은 못 했어도 열심히 시험공부를 한 것을 기특하게 생각한 용규 아빠는 새로 나온 스마트폰으로 전화기를 바꿔줬다. 이제 용규가 공부에 마음을 붙이게 되었고 앞으로 더 욕심을 내어 공부할 것이라는 기대도 했다. 과연 그랬을까?

성적과 관련해 제공되는 보상은 학교의 학력우수상에서부터 용규의 경우처럼 고가의 스마트폰까지 다양하다. 누구나 한번쯤은 경험해 보았을 정도로 가정이나 학교에서 흔히 사용되고 있다. 그리고 이런 보상은 누군가에게는 어느 정도의 시기 동안 극적인 효과를 발휘하기도 한다. 단, 그 효과가 오래가지 못하고 또다시 더 큰 보상을 요구하게 되는 경우가 많다는 문제가 있다. 용규는 기말고사를 잘 보면 무엇을 해 줄 것이냐고 요구하게 될 것이고, 보상이 마음에 들지 않으면 공부할 마음도 없어질 것이다. 용규는 스마트폰을 새로 사기 위해 공부를 한 것이기 때문에, 더 얻을 것이 없다면 공부할 이유가 없기 때문이다. 이것이 바로 보상이 갖는 부작용 또는 함정이다. 다음은 그 현상을 극적으로 보여주는 짧은 예화다.

보상의 위험성을 보여주는 우화

옛날 어느 마을에 혼자 사는 노인이 있었다. 노인의 조용한 집 창밑으로 언제부턴가 동네 꼬마들이 모여 들어서 시끄럽게 떠들며 놀기 시작했다. 참을 수가 없게 된 노인은 꼬마들을 집으로 불러 들여 이야기를 했다.

"귀가 잘 안 들려서 그러니 앞으로 날마다 집 앞에서 더 큰소리를 내준다면 한 사람 앞에 25센트씩 돈을 주겠다"고 약속했다.

다음날, 아이들은 신이 나서 몰려왔고 약속대로 25센트를 받은 후 큰소리로 떠들며 놀았다. 노인은 돈을 주며 "다음날에도 또 와서 놀아달라"고 말했다. 다음날도 그 다음날도 노인은 아이들에게 돈을 주었다. 하지만 금액은 20센트에서 15센트로, 10센트에서 다시 5센트로 점점 줄어들었다. 돈이 없어 더 이상 줄 수가 없다는 것이었다.

그러자 아이들은 화를 내며 말했다. "이렇게 적은 돈을 받고는 더 이상 떠들며 놀아줄 수가 없다"는 것이었다. 그 후 노인의 집은 다시 평화를 되찾게 되었다는 얘기다.

(출처: EBS 특집다큐멘터리 〈동기〉 제2편 '동기없는 아이는 없다'에 소개된 보상의 숨겨진 비밀, https://www.youtube.com/watch?v=gwMq9lHJQpU, 6분55초~8분30초)

공부만이 아니라 어떤 활동이든 그 활동 자체가 좋고 그 활동 자체에 의미를 부여할 수 있어야 그 활동을 꾸준히 할 수 있다. 그 활동이 어떤 것을 얻기 위한 수단이 되면, 무엇인가를 얻을 일이 없어지면 그 활동을 하지 않게 된다. 음식 만들기를 좋아하는 사람은 어떤 상황에서나 먼저 나서 음식을 만들겠지만, 돈을 벌기 위해 음식을 만드는 요리사는 자신에게 임금을 지불하는 직장이 아닌 곳에서는 음식을 만드려고 하지 않는다. 이와 같이 공부도 보상을 받는 수단으로 여겨지게 되면, 보상이 없는 상태에서는 공부를 하지 않게 된다. 그래서 공부가 주는 보상체제를 찾는 것도 중요한 반면, 더 나아가 공부 그 자체가 주는 즐거움과 보람을 찾기 위한 노력을 기울여야 한다. 그래서 공부를 하는 이유를 물질적 보상이라는 하나에만 두지 말고 여러 가지로 늘려나가는 것이 필요하다.

상담자 코너

1. 보상을 어떻게 적용해야 하나요?

외적 동기의 부작용으로 볼 때 결국 보상을 통해 공부를 하기보다는 내적 동기로 공부를 유지하는 것이 바람직해 보인다. 부모나 교사는 '공부는 알아서 해야 한다'라는 말을 자주 하는데, 이 말 속에 포함된 의미도 보상이나 벌과 상관없이 공부라는 활동 자체에 몰두하라는 것이다. 그렇다면 과연 상담자는 내담자에게 주어진 외적 보상을 모두 철회하는 것을 목표로 삼아야 하고, 상담 과정에서도 외적 보상을 사용해서는 안 되는 것일까?

인간의 행동은 강화(또는 보상체제)에 의해 촉발되고 유지되는 경향성이 높기 때문에 모든 보상을 철회하는 것은 현실적으로 불가능하다. 동기가 전혀 없는 상태에서는 외적이고 즉각적인 보상이라도 찾아 동기화하는 것이 필요하다. "숙제를 끝내면 원하는 컴퓨터게임 1시간", "숙제 마치기 전에는 TV 시청 금지", "그날 해야 할 공부량 마친 날만 데이트" 등과 같은 것으로 이미 일상생활에서 적용되고 있는 것들에서 출발한다. 숙제를 항상 미루고 그날 해야 할 공부량을 제대로 채우는 적이 없는 경우라면, 즉시 강화를 받을 수 있는 규칙을 정하고 실천해 나가는 것이 좋다. 단, 어느 정도 익숙해지면 여기에만 얽매이지 않도록 조금은 더 호흡이 긴 장기적인 목표와 내면적 의미 부여가 될 수 있도록 점차 동기를 변화시키는 것이 필요하다.

2. 보상에서 더 나아갈 구체적 방안은 무엇일까요?

보상의 부작용이 발생하지 않도록 보상체제를 발전시키기 위해 두 가지 방향으로 나아갈 수 있다. 먼저, 단계적으로 바람직한 동기의 상태로 나아가야 하고, 다음으로는 여러 동기가 공존하도록 하는 것이다.

① 더 나은 외적 동기 찾기

자기결정성이론(Ryan & Deci, 2002)에 따르면, 동기는 외적 동기와 내적 동기로 확연히 구분되는 것이 아니라 다음과 같이 자율성의 정도에 따라 연속선상에 존재한다. 동기가 전혀 없는 상태인 무동기(amotivation/non-regulation)에서 출발해 외적 조절(external regualtion), 내사된 조절(introjected regulation), 확인된 조절(identified regulation), 통합된 조절(integrated regulation)에 해당하는 외적 동기와 마지막으로 공부 자체에서 흥미와 즐거움을 느끼는 내적 동기(intrinsic motivation/intrinsic regulation)까지 이어진다.

우리나라에서도 자기결정성이론이 잘 알려져 있고, 그와 관련된 연구도 활발하게 진행되었다. 이런 연구들을 종합하여 김성수와 윤미선(2012)은 메타분석을 실시했는데, 내적 동기, 확인된 조절, 내사된 조절이 높을수록 학업성취가 높고, 외적 조절과 무동기가 높을수록 학업성취는 낮게 나타났다. 상관계수의 효과크기로 볼 때 무동기(-.245), 외적 조절동기(-.161), 내사된 조절동기(.011), 확인된 조절동기(.263)까지는 위계적인 증가를 보이고 있지만 통합된 동기(.044)와 내재 동기(.214)는 이전의 확인된 조절동기보다 감소하고 있다. 이는 우리나라 학생들의 경우 동기와 학업성취와의 관계에서 자기결정성

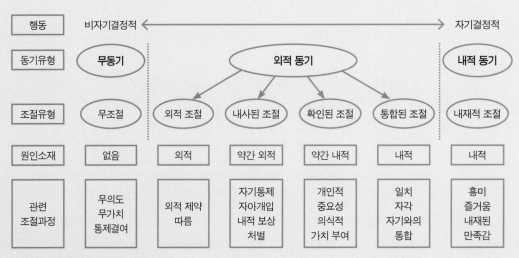

그림 8-1. 자기결정성의 연속선
(출처: 김아영, 2010b, p. 588)

을 내면화는 정도에 따라 반드시 동기의 효과가 높지 않을 수 있음을 보여주고 있다. 이에 대해 연구자들은 우리나라 학생들의 성취를 결정하는 동기에는 내적 동기 못지않게 외적 동기가 크게 작용하고 있다고 결론 내리고 있다.

이 연구의 결과에 따르면 학업성취와 부적인 관계를 갖는 무동기와 외적 동기는 가급적 피해야 할 동기 수준이다. 즉, 공부를 조금이라도 하게 하기 위해 실시했던 즉시적 강화나 벌을 받는 체제는 다음 단계 동기로 옮겨갈 때까지 조력하지 않으면 학업성취에는 별로 도움이 되지 않음을 알 수 있다. 아예 동기를 갖지 못하거나(무동기) 지나치게 외적 조건에 좌우되어 공부를 하는 것에서 벗어나, 다양한 동기화 요소를 찾아야 한다. 내적 동기만을 고집할 것이 아니라 스스로 의미를 부여하고 공부의 중요성과 필요성을 아는 외적 동기(내사된, 확인된, 통합된)를 찾는 작업도 함께 이루어져야 한다. 외적인 보상을 지향하더라도 그것을 획득하고 싶은 이유가 자신의 필요에 있다고 자각하는 즉 조금 더 개인의 자율성이 발휘되는 외적 보상체제로 이동하는 것이다. 이를 위해서는 보상과 벌의 체제를 통해서라도 공부를 하라고 하는 이유가 무엇일지에 대해 생각해 볼 기회를 주고 함께 얘기하는 시간을 가져야 한다. 뿐만 아니라 과제를 하면서 경험하는 여러 정서와 과제를 마쳤을 때 갖는 정서 등에 대해서도 이야기를 나눠 그 경험들을 내면화하도록 촉진한다.

자기결정성이론을 개발한 Ryan과 Deci(2002)는 통합된 조절의 중요성을 강조하면서 그 증진을 위한 방법을 제안하고 있다. 인간에게는 외부의 경험을 내면화하려는 경향성을 가지고 있고, 이러한 경향성에 따라 외부로부터 통제받던 것들에 스스로 그 가치를 부여하면 자기조절(self-regulation)로 바뀌어 자율성을 갖게 된다(organismic integration theory, OIT). 또한 인간에게는 자율성, 유능감, 관계성이라는 기본적인 심리적 욕구가 있어 그 욕구의 충족 여부는 인간의 행복을 좌우할 수 있다(basic needs theory). 외적 조절 상태를 통합된 조절로 가져가기 위해서는, 자신의 행동을 스스로가 결정권을 가진다고 느끼고 싶어 하는 자율성, 주어진 과제를 해낼 능력을 가지고 있다고 느끼고 싶어 하는 유능감, 다른 사람과의 유대감을 느끼고 싶어 하는 관계성과 연결시켜주는 노력이 필요하다. 상담자는 내담자의 경험들이 어떻게 내담자 자신의 자율성, 유능감, 관계성의 욕구를 채워주는지를 명료화하고 재경험할 수 있도록 돕는 역할을 할 수 있을 것이다. 다음은 은주가 성적이 향상되는 과정에서 자신의 변화를 얘기한 내용인데, 성적 향상을 통해 자율성, 유능감, 관계성이 모두 충족됨을 스스로 인지하고 있다.

> 성적이 올랐으니까 확실히 더 당당해지잖아요. 어디 가서 말할 때도 그렇고. 그런데 중학교 1, 2학년 때는 무시 좀 당하고 그랬으니까. 고등학교 돼서 성적이 올랐을 때는 막 선생님들이 대하는 것도 엄청 막 와서 잘했다 얘기하니까 엄청 공부에 대한 자신감도 생기고 친구들 사이에서도 자신감이 생기고, 내 의견을 말할 때 자신감 있고 그런 거.

② 외적 동기와 내적 동기 모두 활용하기

내적 동기로만 공부를 이끌어야 한다는 생각은 외적 동기와 내적 동기는 서로 상반되어 공존할 수 없다는 이분법적 사고에서 출발한다. 학생들이나 직장인이나 누구라도 아무런 보상 없이 '알아서' 또는 '즐겁게' 주어진 과제에 몰두하기 쉽지 않다. 공부나 일이 즐겁다는 것도 일종의 보상인데, 그런 흥미는 내적 보상으로 외적 보상과는 구분된다. 내적 보상만으로 공부나 일을 해야 한다고 주장하기보다는 여기에 외적 보상까지 더해진다면 더 큰 동기가 부여될 것이라고 생각하자. 임금이 하는 역할에 대해 생각해 보면 쉽게 이해할 수 있을 것이다. 돈을 버는 것만이 목적이 되어 일을 해야 하면 매우 힘들어지지만, 그렇다고 돈을 받지 않고 일을 하는 것은 곤란하지 않은가?

상담자는 내담자와 함께 공부라는 활동으로 어떤 보상을 획득하고 있는지 적극적으로 찾고 그것을 인식할 수 있도록 노력을 기울여야 한다. 이때 내적 보상과 외적 보상을 모두 확인해야 하는데, 내적 보상과 외적 보상을 서로 양립할 수 없는 것으로 보는 이분법적 사고에서 벗어나야 한다. 내적 보상을 추구하면 외적 보상에 무관심해지고 외적 보상을 추구하면 내적 보상을 상실하게 된다는 입장은 80년대에 들면서 변화하게 되는데, 내적 보상의 축과 외적 보상의 축이 따로 존재한다고 보는 입장과 내적 보상과 외적 보상은 하나의 연속선상에 존재한다는 입장으로 발전한다(김은주, 2005). 연속선상에 있는 외적 보상과 내적 보상에 대한 관점은 앞서 살펴 본 자기결정성 이론이 대표적이다. 또 하나는 내적 보상의 축과 외적 보상의 축이 따로 존재한다는 관점으로 다음 그림과 같다. 즉, 외적 보상과 내적 보상은 서로 독립적으로 존재하기 때문에 외적 보상과 내적 보상이 모두 높을 수도 있고, 모두 낮을 수도 있다. 대부분 공부문제를 경험하는 학생들은 외적 보상과 내적 보상이 모두 낮은 경우로 외적 보상과 내적 보상을 동시에 높이는 개입이 필요하다.

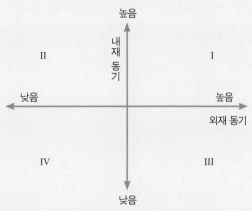

그림 8-2. 사극성과 두 개의 단극차원
(출처: 하대현, 최형주, 송선희, 2003, p. 6)

학습동기 높이기

턱 고이고 앉아 무얼 생각하고 있니

빨간 옷에 청바지 입고 산에 갈 생각하니

눈 깜빡이고 앉아 무얼 생각하고 있니

하얀 신발 챙모자 쓰고 바다 갈 생각하니

안 돼 안 돼 그러면 안 돼 안 돼 그러면

낼 모레면 시험기간이야 그러면 안 돼

선생님의 화난 얼굴이 무섭지도 않니

네 눈앞에 노트가 있잖니 열심히 공부하세

이것은 "공부합시다"라는 곡의 노랫말을 그대로 옮겨 놓은 것이다. 〈응답하라 1988〉이라는 드라마가 인기를 얻으면서 그 당시 유행했던 많은 노래들이 다시 소개되었는데 이 곡도 그렇게 소개된 것 중 하나다. 정말 "무서운 선생님의 화난 얼굴"을 떠올리면 잡념이 사라지고 공부할 마음이 생길까? 체벌이 있었던 그 시대에는 가능한 얘기였을지 모르겠지만, 지금은 통하지 않을 것이다. 성적이 떨어졌다고 무섭게 다그칠 부모나 교사도 별로 없고, 그것이 두려워 공부에 매달릴 학생은 더욱 없다. 그럼 어떻게 학생들에게 공부할 마음이 생기게 해야 할까?

어떤 학생을 만나 봐도 공부를 잘하고 싶은 마음이 없는 학생은 없다. "잘 하면 좋죠. 그런데……"로 이야기가 시작되는 아이들은 공부하고 싶은 마음이 아직 생기지 않은 아이들이다. 이런 학생들은 "힘든 공부를 왜 해야 하죠?"라는 질문을 던지는데, 누구도 명쾌하게 답하지 못할 것이다. 학생 스스로도, 부모도, 교사도 명확한 답을 제시하지 못한다. 교육학을 공부하는 사람이라면 누구나 "어떻게 학생들에게 공부하고 싶은 마음을 불러일으킬 수 있을까?"라는 질문을 가지고 있고, 예나 지금이나 한결같이 그 질문에 대한 답을 찾기 위해 노력하고 있다. 공부하고 싶은 마음은 원래 우리가 가지고 있었던 것이고, 그 마음을 가리고 있던 것들을 걷어내고 나면 그 마음을 발견하게 되지 않을까로 질문을 바꿔 그 답을 찾아보고자 한다.

1. "무엇일까?" 궁금해 하는 호기심, "왜 그럴까?" 생각하는 탐구심

누가 시키지 않아도 궁금하고 그 궁금증이 해결되면 기쁘다. 그러나 곧바로 또 다른 궁금증이 생기고 그 궁금증을 해결하기 위해 정보를 찾아보고 사람들에게 묻는다. 육아를 해 본 경험이 있는 사람들은 누구라도 아이들의 "왜?"라는 질문 때문에 힘들었던 경험을 떠올린다. 뿐만 아니라 전철이나 버스를 타고 가면서 사람들을 관찰해보면 누구나 스마트폰으로 열심히 새로운 정보를 찾고 있다. 궁금해 하고 궁금증을 풀기 위해 노력하는 행동이 우리 모두의 일상 속에서 수없이 반복되고 끊임없이 계속된다. 그 이유는 인간에게 타고난 호기심이 있기 때문인데, 한 진화학자의 설명을 들어보면 다음과 같다.

> 인간이 다른 동물, 특히 다른 영장류와 구별되는 것 중 하나는 미숙한 채로 뱃속에서 나와 부모로부터 오랫동안 양육을 받는다는 점이다. 우리 종이 왜 이런 생존전략을 진화시켰는지에 대해서는 여러 이론들이 있다. 그중에서 가장 그럴듯한 설명은 인류의 직립보행과 관련되어 있다. 어느 날 나무에서 내려온 우리 조상은 직립보행을 하게 되었고, 그로 인해 출산과 관련된 여성의 해부학적 구조가 달라졌다. 또 그 변화로 인해 산도가 좁아져 더 이상 태아를 자궁 속에서 오랫동안 키울 수 없게 된다. 안전한 엄

마의 자궁 속보다는 위험하긴 하지만 훨씬 더 흥미로운 자극들로 가득 찬 바깥 세계를 더 빨리 만나기로 한 것이다. 그래서 흥미진진하고 변화무쌍한 자극들을 잘 처리할 수 있는 기본 장치들을 갖추고 나오게 되는데, 추론 능력, 언어 능력, 감정 등이 그런 것들이고 그런 능력들을 발휘하게 만드는 것이 바로 호기심이다. 호기심은 세상의 수많은 자극에 대한 궁금증을 불러일으키는 심리적 장치이다. 인간의 끝없는 궁금증은 우리를 매우 특별한 종으로 만들었다(장대익, 2016, 『인간에 대하여 과학이 말해준 것들』, pp. 48-50에서 발췌).

공부는 호기심을 채워주는 가장 좋은 방법으로 공부를 하면 많은 궁금증을 해소할 수 있다. 새로운 것을 알아가는 활동이 가장 집약되어 있는 것은 바로 공부다. 호기심이 많은 우리들 안에는 공부를 좋아하는 마음이 자리 잡고 있다. 마음 깊숙이 숨어있는 호기심과 탐구심을 찾아본다면 공부는 훨씬 수월하고 즐거운 일이 될 것이다.

2. 공부하고 싶은 마음 찾기

중·고교를 지나는 어느 시기엔가 '배우고 때때로 그것을 익히면 또한 기쁘지 않은가?(學而時習之면 不亦說乎아)'라는 문장을 배운다. 이런 얘기를 하는 사람은 원래 공부를 좋아하는 사람이고 나와는 상관없다고 생각할 수 있다. 그러나 '혹시 나도 그렇게 느낄 때가 있나?'라는 의심을 한번 해보기 바란다. 구구셈을 암기할 때는 참 싫었지만, 그래도 그때 암기해 두어서 참 편리하다고 생각해 본 적이 없는지. 물론 스마트폰에 있는 계산기를 쓰면 구구단 같은 거 몰라도 그만이지만, 정말 잃어버리기라도 하면 매우 불편할 것이다. 여행지에서 역사 시간에 배워서 알고 있는 유물을 발견하면 왠지 반갑고 더 유심히 보게된다. 하물며 인터넷 게임이나 모바일 게임을 하면서도 끊임없이 새로 배우고 적용하고 또 새로 배우기를 반복한다. 우리의 일상을 잘 들여다보면 공자와 공통점을 많이 가지고 있다.

아마 학교 공부는 쓸모없는 것이 너무 많다는 점을 들어 반문할 것이라 예상된다. 예를 들어 "루트를 배워서 어디에 쓰나요?"라고 묻는다면 대답은 궁색해 진다. 그러나 우리가 배우는 모든 것의 "쓸모"를 찾는 것만이 공부하고 싶은 마음을 불러일으키는 유일한 방법은 아니다. 쓸모를 찾아본다는 것은 하나의 출발점으로 생각해 보자. 그렇게 하면서 무엇이든 새로 배우는 것의 가치와 즐거움에 초점을 두다보면 학교 공부에도 흥미를 갖게 될 것이다. 항상 새로 배우고, 아는 것을 적용해 문제를 해결하고, 때로는 실패하면서 또 새롭게 알게 되는 과정을 끊임없이 반복하지만, 그 과정을 알아차리지 못하면 공부의 가치에 대해 잘 알 수 없다. 대신 그 과정을 관찰하고 그 경험을 의미화하면 스스로 공부의 가치를 발견하게 된다. 자신이 발전하고 있다는 것도 발견하고, 무엇을 잘하고 무엇을 못하는지도 구분하게 되고, 어떻게 할 때 더 잘된다는 것도 알게 되면서 점점 공부하고 싶은 마음이 커질 수 있다.

가장 간단하게는 '궁금해 하기'부터 연습해 보자. 일상생활에서 조금만 더 궁금증을 만들어보는 것이다. 저절로 생기는 궁금증이 있다면 여기에 주목하고, 없다면 당연하게 여겼던 것에 질문을 던져본다. 예를 들면, "우유를 먹으면 키가 크는 게 맞을까?", "축구공의 조각이 다르면 경기에 영향을 미치지 않을까?", "발표할 때 떨리지 않으려면 어떻게 해야 할까?", "올해의 색깔이 뭐지? 누가 그런 걸 정하나?", "연필의 B, H는 뭘 의미하는 걸까?" 등 질문의 분야나 크기는 상관없다. 하루에 한 가지 또는 토요일마다 한 가지 정도에서 출발하는 것으로 충분하다. 궁금증을 적고, 답을 찾기 위한 탐색활동을 한다. 인터넷 검색을 할 수도 있고, 도서관에서 책을 찾아볼 수도 있고, 알 만한 사람에게 물어볼 수도 있다. 가능한 하나의 답보다는 여러 개의 답을 찾고 어떤 답이 가장 믿을 만한지 비교한다. 답을 찾을 때마다 그 내용을 기록해 두는 것이 비교하기에 좋을 것이다. 그 다음은 그 내용을 다른 사람에게 설명해 줄 수 있도록 정리하고, 실제 주변의 친구나 가족에게 설명해 본다. 아마 이런 습관을 갖게 된다면 어느새 공부가 재미있어지고, 공부하고 싶은 마음이 생길 것이다.

3. 사례 엿보기: 스스로 동기화하기

공부를 왜 하는가에 대한 답은 저마다 다를 수 있는데, 공부를 꾸준히 하는 학생들에게서 찾을 수 있는 공통점은 자신이 왜 공부하는지에 대한 답을 가지고 있다는 점이다. 그리고 스스로 동기화하기 위해 자신의 경험을 동기 증진의 방향으로 내면화한다. 다음은 스스로 동기화하면서 공부한 학생들이 말한 내용을 그대로 옮겨 놓은 것이다. 모두 자신이 공부를 어떻게 하는지를 관찰하면서, 성취가 좋은 쪽을 선택하거나 잘하는 것을 발견하면서 그것을 공부의 동기로 활용하고 있다.

"중학교 때는 수업시간에 정말 이해가 안 되면 '수업시간이 아깝고 이러면 시간을 되게 낭비하는 거 같다'라는 생각이 들어서 수업을 막 열심히 들었고. 막 그렇게 열심히 한 것 같지는 않았는데 성적이 오르기는 올랐으니까 수업에 열심히 했던 만큼 오른 거 같다 그런 생각이 들었던 것 같아요. 수능 모의고사를 처음 봤는데 그게 전교에서 막 십 몇 등 해가지고 또 재미가 붙어가지고 '아~ 이런 게 하면 다 되는구나. 어렸을 때 했던 게 남았나보다.' 이러면서 조금씩 자신감이 생겼죠. 처음에 고등학교 들어와서 보니까 1학년 때는 수학이 생각만큼 잘 안되고, 대신에 과학은 모의고사 풀어보니까 다 맞았거든요. 그러니까 과학이 확 좋아져서 더 열심히 했던 거 같아요."

"수업은 제가 수강신청을 하면서 생각했던 것과 많이 달랐어요. 강의 위주로 진행될 거라고 예상했는데, 주로 토론으로 진행되더라구요. 전체 이야기를 보면서 어떤 학생들은 보수적인 입장에 어떤 학생들은 좀 더 진보적인 입장에 서죠. 수업 시간마다 책만이 아니라 토론할 사례와 자료를 받고 계속 토론에 참여하게 되는 게 그런 방식이 저랑 잘 맞았어요. 그러니까 공부가 훨씬 잘 되었구요"

"저는 제가 문과보다는 이과에 더 맞는다는 확신을 갖게 되었어요. 왜냐하면 과학책이 훨씬 쉽게 읽히니까요. 그래서 늦었지만 전공을 이과 쪽으로 바꾸길 잘했다고 생각했고, 더 열심히 하게 되었어요"

상담자 코너

1. 학습동기 증진을 위한 효과적 개입전략은 무엇일까요?

학습동기에 대한 논의는 너무나 방대해서 그 내용에 압도되어 개입전략을 구상하기 쉽지 않다. 대부분의 학습동기 관련 연구는 어떻게 하면 학습동기를 높일 수 있는가에 대한 실제적 지침까지 제안하지 못하는 경우가 많아 상담자들의 어려움은 더 크다. 최근 학습동기 이론은 인지적 접근에 초점을 두고 있는데, 그 내용 중 하나를 알아보면 다음과 같다.

학습부진 영재 분야에서 제안된 성취지향모형(Achievement Orientation Model, Karnes, Siegle, & McCoach, 2005)은 여러 이론을 동시에 고려하면서도 간명하게 제시되어 상담 개입전략 수립에 적용해볼만하다. 성취지향모형은 Bandura의 자기효능감 이론, Weiner의 귀인 이론, Eccles의 기대-가치 이론, Levin의 개인-환경 조화 이론을 아우르고 있다(Siegle, 2012, p. 73). 이 모형에서 보면, 동기는 자신의 능력, 목표의 가치, 주어진 환경에 대한 개인의 지각에서 출발하고, 자기조절 기제를 통해 학업에 몰두하는 행동과 성취도에 영향을 미친다.

즉, 학습동기는 자신이 주어진 과제를 할 능력을 가지고 있다고 생각하고, 그것을 성취했을 때 좋은 결과가 있고, 성공할 가능성도 있어 보일 때 생긴다는 것이다. 진로에 관한 사회인지이론(Lent, Brown, & Hackett, 1994)에서도 유사한 선행요인을 제안하고 있는데 이 이론에 따르면, 개인이 어떤 영역에서 흥미를 갖기 위해서는 그 영역에서 잘할 수 있다는 자신감(자기효능감)과 그 영역의 일에서 기대되는 좋은 보상(결과기대)이 필요하고 거기에 얼마나 환경적 제약을 지각하는가(진로장벽)도 작용한다. 또한 학습부진 수학영재들을 대상으로 모형의 설명력을 검증한 실증 연구에서도 자기효능감, 의미부여, 환경지각의 세 요인이 학업을 유의하게 예언함을 확인했다(Ritchotte, Matthews, & Flowers, 2014). 성취지향모형에서 제안한 학습동기의 세 요인을 학습동기 증진을 위한 개입의 출발점으로 삼을 근거가 확보되었다고 할 수 있다.

① 자기효능감의 증진

자기효능감은 학업성취도를 설명하는 여러 변인들 가운데 상대적으로 큰 설명력을 갖는 변인이다. 자기효능감과 학업성취도에 대한 메타분석을 실시한 연구결과에 의하면, 학생들의 자기효능감은 자신의 학업수행 변량의 약 14%를 설명하고, 자신의 학업지속 변량의 약 12%를 설명한다(Multon, Brown & Lent, 1991). 1995년부터 2013년 상반기까지 우리나라에서 수행된 경험적 연구에 대한 메타분석 결과는 학업성취에 대한 자기효능감의 효과크기가 .277, 학업적 효능감의 효과크기가 .338인 것으로 나타나 중간 이상의 효과크기를 갖는다는 것을 확인했다(임선아, 정윤정, 2013). 따라서 자기효능감 그 중에서도 학업적 자기효능감의 증진을 상담의 목표로 삼아야 한다.

　내담자의 자기효능감을 향상시키기 위해 상담자는 자기효능감의 네 가지 근원을 활용해야 한다. Bandura(1977)에 따르면 자기효능감은 성공경험, 대리적 경험, 언어적 설득, 생리적·정서적 상태의 네 가지 주요한 근원(sources)으로부터 형성된다. 성공경험이란 어떤 과제를 성공적으로 수행함으로써 자신이 능력이 있다고 지각하는 것을 의미하고, 대리적 경험은 다른 사람의 성취와 비교해 봄으로써 유능감이 생기는 것을 의미한다. 언어적 설득이란 그 뜻 그대로 다른 사람이 어떻게 얘기해 주는가에 따른 사회적 영향을 의미하고, 생리적·정서적 상태는 자신의 능력이나 기능에서의 취약성을 부분적으로 판단할 때 나타나는 생리적이고 정서적인 상태를 의미한다. 또한 이 가운데 가장 강력한 영향력을 발휘하는 성공경험은 어떻게 해석되는가에 따라 자기효능감을 향상시키기도 하고 저하시키기도 하기 때문에 잘 다루어야 한다. 또한 실패 경험이 오더라도 쉽게 약화되지 않는 자기효능감(resilient self-efficacy)을 형성하도록 지속적인 노력을 통해 장벽을 극복하게 하는 경험을 주어야 한다(Badura, 1994). 더 자세한 내용에 대해서는 「공부에 대한 자신감」에서 다룬 내용들을 참고하기 바란다.

② 공부에 대한 가치 부여

공부를 통해 자신이 얻게 되는 것이 무엇인가를 명료화하는 작업이 상담을 통해 이루어져야 한다. 공부가 필요한 이유는 당장 부모로부터 용돈을 올려 받을 수 있다는 것이나, 학교는 졸업해야 하니까 어쩔 수 없이 학교를 다니고 있을 뿐이라는 것과 같이 외부에 의해 주어지는 것에서부터 스스로 부여한 의미까지 다양하다. 즉, 공부를 통해 학생들은 외적인 보상을 얻을 수도 있고, 외적인 위협을 피할 수도 있고, 내적인 만족을 얻을 수도 있다. 단, 이 가운데 외적인 위협을 피한다거나 당장의 욕구를 채우는 외적 보상은 장기적으로 학습동기나 실제적 학업수행에 방해가 될 수 있다. 특히, 외적 보상은 가정이나 학교에서 자주 사용하게 되지만, 자칫 과잉정당화 효과가 나타날 수 있기 때문이다. 외적인 보상이라 하더라도 꿈을 이루기 위한 준비가 된다는 것과 같이 장기적인 목표와 연결되어 있어야 학업수행에 긍정적인 효과를 보일 수 있다.

상담자가 먼저 해야 할 일은 공부가 주는 유인가가 무엇이라고 내담자가 지각하고 있는지부터 탐색하는 것이다. 많은 내담자들이 "공부를 왜 해야 하는지 모르겠어요" 또는 "공부가 한 번도 재미있었던 적이 없어요"라는 말을 한다. 그러나 "그래도 조금이라도 도움이 된다고 느꼈던 적을 한번 떠올려 봅시다", "공부를 왜 해야 한다는 것에 대해 가장 많이 들었던 답은 무엇인가요?", "만약 ○○에게 물어보면 무엇이라고 답할 것 같나요?" 등의 탐색적 질문을 통해 내담자의 지각 내용을 파악할 수 있다. 이 탐색과정에서 내담자가 앞으로 더 추구할 만한 유인가를 찾게 된다면 그 내용을 강화하고, 어떻게 여기에 더 큰 의미를 부여하면서 나아갈 수 있을 것인지에 대해 이야기하면 된다.

다음으로 내담자가 찾은 공부에 대한 가치를 공고히 할 수 있도록 도우면서 공부를 통해 얻을 수 있는 새로운 유인가를 찾아 공부의 가치와 기대를 확장해 나간다. 또한 내담자가 지나치게 외적이고 즉각적인 유인가밖에 떠올리지 못한다면, 그 부분을 수정할 수 있도록 대안을 안내해야 한다. 어느 경우이든 새로운 기대를 갖게 해야 하는데, 가능한 공부 자체에서 느낄 수 있는 즐거움과 장기적 목표와 연결하는 방향으로 이끈다. 이때 지나치게 학교 공부만을 강조하기보다는 새로운 것을 아는 것의 즐거움과 가치를 발견할 수 있도록 다양한 경험에 대해 이야기를 나누면서 재해석한다. 마찬가지로 궁금한 것을 해결해 나가는 과정에 대한 가치 부여를 통해 탐구하는 자세에 대해 강화한다.

다음은 아버지가 강조한 삶의 가치를 내면화한 한주가 한 이야기다.

> "아버지께서 누누이 공부는 다른 사람들을 위해서 하는 것이라고 말씀하
> 셨어요. 그래서 포기할 수 없고 계속 노력해야 하는 부분인거예요. 왜냐
> 면 다른 사람에게 주려면 계속 가지고 있어야 하잖아요. 모자라지 않게.
> 나를 위한 것이었으면 그렇게 할 필요가 없죠. 다른 재미있는 것을 먼저
> 찾았을 테니까. 그게 공부에 중요한 영향을 미쳤죠."

장기적 목표와의 연결은 대부분 진로탐색 또는 진로설계와 연결될 수 있
다. 그렇다면 자연스럽게 학업상담과 진로상담을 연결하는 개입이 필요하다.
뿐만 아니라 자신이 어떤 사람이 되고 싶은지 또는 어떤 삶을 살고 싶은지에
대한 실존적 질문을 다루면서 공부의 가치를 발견할 수도 있다. 다음과 같이
말하는 진주 씨는 분명 공부를 통해 자신이 원하는 삶을 살아가게 될 것이라
는 확신이 생기면서 공부에 매진하게 된 경우다. 진주 씨는 학습장애로 초등
학교 때부터 계속 어려움을 겪으면서 공부해 왔고, 인터뷰 당시에는 특수교육
을 전공하면서 특수교사와 대학원 과정을 병행하고 있었다.

> "무엇보다도 제 삶의 이야기가 다른 사람을 도울 수 있다면 분명 가치로
> 울 거예요. 어떤 면에서 저 같은 사람을 위해 희생한다고 느끼고, 그게 저
> 한테는 중요해요. 내가 어려움을 겪으면 그 경험이 다른 사람을 돕는 데
> 도움이 될 거라고 생각하면서 이겨내려고 해요."

공부에 대한 가치를 다루면서 상담자가 특히 유념해야 할 사항은 공부가
필요하고 잘하고 싶은 마음도 있지만, 가치 없는 것으로 치부해 버리는 경우
도 있다는 점이다. 자기 자신이 괜찮은 사람인 것으로 보이기 위해 자신이 잘
못하는 공부를 아무 데도 쓸모없다는 식으로 평가절하하고 노력을 기울이지
않는 것이다. '자기손상화(self-handicapping)' 전략을 사용하고 있는 내담자
일 수 있다, 이 경우엔 '공부는 소용 없어요'라는 말 내면에 자리 잡고 있는 마
음을 마주할 수 있도록 탐색하고 지지하고 촉진해야 한다.

③ 장벽의 극복

내담자를 동기화하는 또 다른 방법은 환경에 대한 내담자의 지각에 개입하는 것이다. 환경을 얼마나 변화시킬 수 있다고 지각하고 있는지에 대한 점검이 필요하다. 공부와 관련해 다루어야 할 중요한 환경에 대한 지각은 사회적 지지와 교수-학습 환경으로 크게 나뉜다. 사회적 지지란 부모, 교사, 또래로부터 얼마나 기대를 받고 있고 얼마나 지지를 받고 있는지를 나타낸다. 교수-학습 환경이란 수업의 내용과 방식, 사교육, 학교풍토 등이 자신의 공부에 얼마나 도움이 되는지 또는 방해가 되는지를 나타낸다.

상담에서는 공부를 촉진하는 환경보다는 공부를 방해하는 환경을 다루는 일이 주로 이루어질 것이다. 환경에 대한 내담자의 지각 내용을 파악한 다음, 그 지각이 객관적으로 얼마나 정확한가를 점검해 보는 것에서 출발한다. 많은 경우 장벽을 크게 지각하고 있는 경우가 많기 때문에 그 단계를 꼭 거쳐야 한다. 다음으로 장벽을 어떻게 극복해 나갈 것인지 그 방안을 함께 찾아본다. 문제해결과정의 단계를 거쳐 해결책을 찾고 적용해 나가는 과정까지 상담에서 다루면서 환경적 장벽을 극복해 나가도록 돕는다.

2. 즐겁게 공부하는 것을 방해하는 것은 무엇일까요?

많은 사람들이 인간의 본성인 호기심을 발휘하여 공부를 하게 하지 않고 지나치게 경쟁을 강조하고 상과 벌을 통해 공부를 시키기 때문에 학생들이 공부를 싫어하게 된 것이라고 설명한다. 이런 설명을 지지해 주는 이론적 입장이 과잉정당화설인데 그 내용을 살펴보면 다음과 같다.

대학생들을 대상으로 70년대 이루어진 한 실험연구는 동기에 나타나는 중요한 현상을 발견한 것으로 인정받고 있다. 이 실험에서 연구자는 대학생들에게 퍼즐게임을 하게 했다. 그리고 실험집단의 대학생들에게는 해결한 퍼즐의 수에 따라 보상을 주고, 통제집단에 속한 대학생들에게는 퍼즐을 맞추어도 아무런 보상도 주어지지 않는 것으로 실험조건을 설정했다. 그 결과 보상을 받은 대학생들의 경우 실험 이후 퍼즐풀기에 보낸 평균 시간은 198초로 보상을 받지 않은 집단의 242초보다 적었고, 실험 종료 후 측정한 흥미도도 낮게 나타났다(Deci, 1971). 즉, 퍼즐게임을 통해 보상을 받은 집단이 오히려 퍼즐풀기를 더 좋아하지 않는 것으로 나타났는데, 보상을 주면 오히려 그 활동을 좋아하게 될 것이라는 예상과는 다른 결과였다. 이 연구는 외적 보상은 내적 동기를 손상하게 된다는 논쟁의 출발점이 되었고, 이런 현상을 과잉정당화 효과(overjustification effect)라고 명명했다. 어떤 일에서의 동기를 자신의 내부에서 찾지 못하고 외부에서 어떤 보상이 주어지기 때문에 하는 것이라고 정당화한다는 것이 지나친 환원주의라는 의미에서 이런 명명을 하게 되었다고 한다. 과잉정당화 효과는 퍼즐게임만이 아니라 인간의 다양한 행동에 적용되고, 학습동기에도 적용된다. 이 논의를 창의성 영역으로 확장시킨 주장에 따르면, 특정 활동에 대해 보상을 제공하면 사람으로 하여금 목표와 관련된 자극에만 주의를 집중하게 함으로써, 환경의 다양한 자극들에는 주의를 두지 못하게 하는 '주의의 협소화'가 일어나고, 이로 인해 창의적 수행에 필수적인 자발성과 유연성이 감소되어 창의성을 발휘하기 어려워진다(Amabile, 1979).

이 이론에 따르면, 과도한 입시경쟁 상황에 놓인 우리나라 학생들은 모두 공부에 흥미를 갖기는 어려울 것이다. 기분 좋은 보상을 받아도 보상을 주지 않으면 그 활동을 하기 싫어진다는 점은 공부를 잘하는 학생들조차도 공부에 대한 내적 동기를 갖기 어려울 것임을 예상하게 해준다. 나아가 공부와 관련된 실패가 비난받는 경험을 하게 된다면 더욱 공부라는 활동을 하기는 싫어질 것이다. 자주 인용되듯이 우리나라 학생들은 다른 나라 학생들과 비교할 때 수학에서 높은 성취도를 보이는 반면 흥미는 상대적으로 낮다. 최승현, 박상욱, 황혜정(2014, p. 23~24)이 그간의 연구를 정리한 내용에 따르면, PISA 2003의 결과 우리나라 고1의 경우 40개국 중 수학 성적은 3위를 기록했지만 수학 흥미도는 31위를 기록했고, TIMSS 2011의 결과 중2의 경우 42개국 중 수학 성적은 1위를 기록했지만 수학에 대한 흥미는 41위로 나타났다. 그러나 수학 흥미도는 수학 성적과 낮긴 하나 정적 상관을 보인다.

즉, 상담자는 내담자가 외적 압박보다는 공부하는 내용과 과정 자체에 흥미를 가질 수 있도록 개입하는 것이 필요하다. 그리고 흥미가 없어지게 된 이유가 공부에서의 성취를 어떤 것을 얻기 위한 도구라고 생각하거나 실패했을 때의 비난에 대한 두려움이 작용했기 때문일 가능성도 열어두어야 한다. 공부라는 과제를 통해 어떤 보상 또는 벌을 받게 된다고 생각하고 있는지 알아보는 것에서 출발해 볼 수 있다.

꿈 찾기

입시에 성공한 선배들을 초청해 이제 막 고3이 된 학생들에게 어떻게 입시준비를 할 것인가에 대해 조언을 해 주는 프로그램을 운영하는 고등학교들이 많다. 은수는 이때 ○○대에 입학한 한 선배가 '난 오로지 ○○대만을 바라보고 공부했고, 원서도 ○○대 한 군데만 썼다'라는 말을 들으며 자신도 그런 멋진 선배가 되어 내년에 그 자리에 서고 싶다고 꿈꾸게 되었다. 그리고 고3 1년 동안 성적을 엄청나게 향상시켜 꿈을 이루었다. 한편 같은 시기 다른 고등학교에 다녔던 선재는 ○○대에 입학한 선배의 이야기를 들으면서, '저 사람들이랑 나랑 다른데, 나한테 필요한 거는 내가 제일 잘 안다'고 생각하고 자기 방식대로 성공하는 걸 보여주겠다는 다짐을 하고 목표를 이루어냈다. 은수와 선재는 '선배와의 만남'이라는 유사한 사건을 서로 다른 방식으로 경험했지만, 자신의 꿈을 찾는 기회가 되었고 그것이 성적 향상의 계기가 되었다는 점에서는 동일하다. 은수처럼이든, 선재처럼이든, 그 꿈과 목표의 내용이 무엇이든, 꿈을 갖게 되면 그 이전과는 다르게 삶을 살아가게 된다.

1. 꿈을 이루기 위한 여정으로서의 공부

공부하고 싶은 마음인 '학습동기'가 없이 공부에 몰두하기는 무척 어려운 일이다. 그러나 학습동기는 여러 요인과 관련되기 때문에 '어떻게 학습동기를 높일 것인가'에 대한 답도 다양하다. 그 중 자신의 꿈을 찾는 것은 목표설정을 통한 학습동기 증진의 한 가지 방안이 될 수 있다. 사람들은 누구나 자신의 인생에서 성공하기를 원한다. 성취감은 모든 인간이 가진 기본적인 욕구 중 하나이기 때문에 실패는 불행감을, 성공은 행복감을 가져온다. 따라서 많은 사람들이 '성공하는 사람들은 어떤 점이 달라서 성공할 수 있을까'에 대해 관심을 갖는다. 성공한 사람들의 특성에 관한 연구결과에 따르면, 성공하는 사람들에겐 명확한 꿈이 있다고 한다. 꿈은 그 사람의 삶을 성공으로 이끌어주는 지도와도 같은 역할을 한다. 앞서 살펴본 은수와 선재도 마찬가지로 꿈이 생기면서 공부에 몰두할 수 있었고, 일상적으로 이룰 수 없는 큰 성적 향상을 이루었다.

'하기 싫은 공부를 왜 해야 하지?'라고 불평하고 짜증내기보다, '난 뭘 하고 싶지?'라는 질문을 던져보는 것이 좋다. 반드시 미래에 가질 직업으로 나의 꿈을 정하지 않아도 된다. 간절히 이루고 싶은 것이라면 아무리 작아도 괜찮고 아주 가까운 미래의 일이어도 상관없다. 앞서 살펴본 은수와 선재는 '대학의 이름'을 꿈으로 설정했고, 그것을 이루기 위해 공부에 매진했다. 물론 은수와 선재를 만났을 당시에는 대학생이었는데, 또 다른 꿈을 정해 나아가고 있었다. 너무 크고 먼 미래의 꿈이 아니라 소박한 꿈이라도 꼭 이루고 싶은 어떤 것을 생각해 보고, 그것을 이루기 위해 노력하는 생활을 하는 것이 그 누구보다 자신을 즐겁고 행복하게 하는 일이 된다.

2. 꿈은 있지만……

꿈을 가졌다고 말하지만 그 꿈을 이루기 위해 노력을 기울이지 않는 경우들이 있다. '한국 음식을 세계에 알리는 멋진 요리사가 될 거야'라고 말하는데, 실제 그 준비를 위한 행동을 아무 것도 하지 않는다면 진정한 꿈이라 말하기 어렵다. 진정한 꿈은 너무나 간절한 소망이어서 그것을 이루기 위해 한 순간도 노력을 기울이지 않을 수 없게 한다. 즉, 꿈이 무엇이라고 말하고 있지만 그 꿈을 이루기 위해 아무 것도 하지 않고 있다면 그 꿈을 점검할 필요가 있다.

미국 지질학자 Preston Cloud는 꿈을 돋보기로 종이를 태우는 것에 비유했다고 한다. '돋보기의 초점을 맞추고 햇볕을 한 곳에 모은 다음 종이가 탈 때까지 돋보기를 손에 꼭 쥐는 것처럼 우리의 꿈도 마찬가지다. 꿈을 이루려면 굳은 신념을 끝까지 손에 쥐고 포기하면 안 된다.' 이처럼 꿈에 의미를 부여하기 위해서는 우선 자신의 꿈에 대해 면밀히 살펴봐야 한다. 내가 가진 꿈에 대해 다음 질문에 스스로 답해 보면서 실천 행동으로 이끌 수 있는 꿈을 명료화할 수 있다.

- 나에게 여전히 중요하고 가슴 설레는 꿈인가, 아니면 그저 남아있는 미미한 흥미에 지나지 않는가? 이렇게 꿈에 대한 열정이 식어버린 이유가 무엇일까?
- 나 자신을 위한 꿈인가, 아니면 부모님이나 다른 가족들이 강요한 꿈인가?
- 얼마나 현실적이며, 실현 가능한 꿈인가? 만일 실현가능한 꿈이라면 그 꿈에 다가가기 위해 지금 할 수 있는 것은 무엇인가?
- 꿈을 실현시키는 데 장애물은 무엇인가?

3. 꿈은 어디에서 오는가?

'어느 날 갑자기 나에게도 꿈이 생겼다'라는 말을 들어본 적이 있을 것이다. 그렇다면 정말 꿈은 가만히 있으면 어느 날 생기는 것이니 기다리기만 하면 되는 걸까? 우연히 자신의 꿈을 찾게 되는 일은 여러 사람에게서 일어나는 일로 Krumboltz라는 학자는 이런 현상을 이론으로 제안하고 있다. 크럼볼츠에 따르면, 사람들은 여러 가지 우연한 사건을 접하게 되는데, 어떤 사람들은 그것을 기회로 삼아 자신의 꿈을 찾고 이룬다. 그리고 이러한 현상을 계획된 우연(planned happenstance)이라고 하는데, 이런 우연한 기회는 모든 사람에게 여러 번 찾아오지만 그것을 기회로 삼는 사람은 많지 않다. 자신에게 찾아온 우연을 기회로 삼는 사람에게는 남다른 특성이 있는데, 바로 호기심이 많고, 유연하고, 낙관적이고, 기꺼이 위험을 감수하고, 인내심이 있는 사람이다. 즉, 꿈을 찾기 위해서는 일상생활의 당연한 것들을 새롭게 보려고 노력하면서 호기심을 가지고, 다양한 방면으로 생각해 보면서 변화를 받아들이려고 노력해야 한다. 긍정적인 기대를 가지고 새로운 것을 과감하게 시도해 볼 필요도 있고, 또한 당장 좋은 결과가 나오지 않더라도 그 시도를 꾸준히 이어갈 끈기도 발휘해야 한다. 이렇게 지금까지의 일상생활을 변화시켜 가면 꿈을 찾게 될 것이다.

4. 사례 엿보기: 로켓공학자의 꿈을 이룬 이야기

호머 히컴(Homer Hadley Hickam, Jr., 1943~)이라는 전 NASA 엔지니어의 청소년기를 그린 영화 〈옥토버 스카이(October Sky)〉는 실화다. 탄광촌에서 태어나 아버지의 대를 이어 탄광에서 일해야 하는 미래가 정해진 호머라는 이름의 한 고등학생이 로켓공학자를 꿈꾸며 그 꿈을 이루는 과정을 그리고 있다. 호머 히컴이 직접 쓴 자서전인 『*The Rocket Boys*』(우리나라에서는 『옥토버 스카

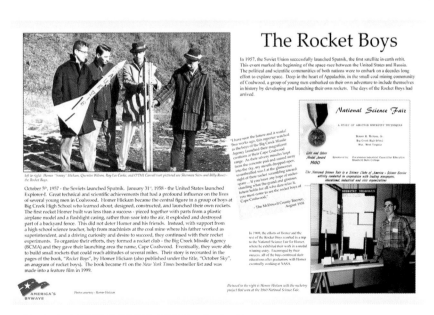

그림 8-3. 호머 히컴의 홈페이지에 소개된 The Rocket Boys

(출처: http://198.46.81.182/~homerh5/wphickam/wp-content/uploads/2015/07/rocket-boys-20x30-a.jpg)

이』로 번역됨)를 토대로 한 이 영화의 주인공인 호머는 어느 날 소련의 인공위성 스푸트니크(Sputnik)의 발사 소식을 듣고 로켓을 만들어 하늘로 쏘아 올려 보겠다는 꿈을 갖게 된다. 탄광이라는 지하에서 평생 일해야 하는 정해진 진로와는 반대로 자신이 만든 로켓을 하늘로 보내고 싶다는 꿈을 갖게 되는 것이다. 이 꿈을 지지해 주는 교사의 도움을 받아, 수학에서 출발해 로켓과 관련된 공부에 몰두하게 된다. 많은 학습과 시행착오 끝에 친구들과 함께 로켓 만들기에 성공하고, 과학경시대회 입상을 통해 대학에 진학하는 것으로 영화는 끝난다. 이후 호머는 로켓 엔지니어가 되어 미군을 비롯한 여러 연구소를 거쳐 미항공우주국(NASA)에서 활동하다 지금은 작가로 살아가고 있다. 호머가 그 당시 로켓공학자라는 꿈을 갖지 않았다면, 꿈을 이루기 위해 공부에 몰두하지 않았을 것이고, 그런 노력이 없었다면 성공도 이루지 못했을 것이다.

1. 현실적으로 꿈을 갖는 것이 가능한가요?

어릴 때는 누구를 만나도 '넌 커서 뭐가 되고 싶니?'라는 질문을 받는다. 그러나 어느 나이가 지나면 더 이상 이런 질문을 받지 않게 되고, 어느 정도 큰 아이들에게는 이런 질문을 하지도 않는다. 이때가 바로 꿈의 상실이 시작되는 시기다. 우리나라 대학생들을 대상으로 자신이 어릴 때부터 지금까지 어떤 꿈을 가지고 있었고, 그것이 어떻게 변화하고 있는지를 적어보게 하여 그 내용을 분석해 보면 그 사실이 확연하게 드러난다. 많은 학생들이 어릴 때는 의사, 대통령, 외교관, 과학자, 피아니스트 등 사회적 명성과 지위가 높은 직업을 꿈으로 말하다가 초등학교 5, 6학년 정도가 되면 이런 꿈을 실현하기 어렵다는 것을 알게 되고, 대부분 중학생이 되면 그 꿈을 완전히 포기한다. 노벨상을 탄 과학자는 아직 우리나라에 아무도 없으며, 피아니스트가 되어 세계무대에 오르는 것은 대단히 어렵다는 현실을 깨닫는 시기다. 이후부터는 새로운 것을 꿈꾸기보다는 대학을 가야 한다는 목표를 향해 매진하게 되는데, 이 또한 구체적인 목표도 없이 '대학을 가야 해'라는 부담감으로 입시를 치른다. 대학에 와서도 역시 앞으로 무엇을 해야 하나 막막하기만 할 뿐 꿈의 상실 상태는 지속된다. 대학에서는 취업이라는 또 다른 현실적 과제를 해결하기 위해 나의 꿈이 무엇인가를 돌아볼 겨를이 없다. 그렇게 직장생활을 시작하고, 또다시 생활에 쫓기면서 꿈의 추구라는 것 자체가 사치처럼 느껴지기도 한다.

아마 이런 모습은 우리나라의 현실을 그대로 반영하고 있는 것으로 꿈을 가지고 꿈을 이루기 위해 노력한다는 것 자체가 이상일 뿐이라고 할 수도 있다. 그러나 그 가운데에서도 꿈을 가진 사람은 그 시기나 상황에 상관없이 남들과는 다른 삶을 살아간다. 그 꿈은 반드시 일류 대학에 들어가고, 금메달을 따고, 대기업에 취업하는 등 1등을 하는 것이 아니어도 된다. 오히려 이런 경쟁에서 이기는 것을 목표로 하는 꿈보다는 소박하지만 자신이 진정으로 원하는 것일 때 의미가 있다. 우연히 동물에 대한 사랑이 남다르다는 것을 알게 된 지하는 고등학교에 들어오면서 동물과 함께 하는 일을 하겠다는 꿈을 향해 공부하기 시작했다. 가정 형편이 어려워 국립대에 진학해야 한다는 목표를 세웠고, 당장은 어머니의 반대로 동물을 집에서 키우지 못하지만, 생명을 다루는 마음을 단련하고 그 열정을 쏟기 위해 화초 키우기를 시작했다. 공부를 잘하지 못했고 사교육을 받을 형편이 되지 않아 성적이 항상 기대에 못 미쳤지만 포기하지 않고 꾸준히 노력했다. 결국 한 국립대 동물 관련 학과 진학에 성공했고, 앞으로 동물을 다루는 일을 평생하며 살아갈 것에 대한 꿈에 부풀어 있다. 어려움이 있어도, 더 놀고 싶고 게으름을 피우고 싶을 때에도, 자신의 꿈을 생각하며 이겨낼 수 있다고 한다. 그래서인지 지하는 항상 즐겁고 다른 사람들에게도 많은 즐거움을 준다.

2. 꿈 찾기를 어떻게 도울 수 있을까요?

학습부진을 호소하는 내담자가 꿈을 상실한 상태라면 이제 좀 다르게 생각해 볼 수 있도록 이끌어야 할 것이다: '어떤 일자리'를 구할 것인가보다 '어떤 삶'을 살 것인가를 먼저 정해야 한다. 지금까지 해 왔던 것처럼 직업의 이름으로 꿈을 명명하기 보다는 어떤 삶을 살고 싶은지의 내용으로 꿈을 정의해 보는 것이다. 그러나 대부분의 사람들은 '어떻게 살기를 원하나요?'라는 질문에 바로 답하지 못한다. 이런 실존적인 질문에 대해서는 당혹스럽기도 하고, 혼란스럽기도 하고, 막막하기도 하다. 쉽게 답을 구할 수 없을 것 같아 도망가고 싶은 질문이다. 그래서 내담자들은 계속 도망치고 있는 것인지도 모르겠다. 다음의 방법으로 그 답을 찾아보도록 도울 수 있다.

첫째, '나의 역할모델 찾기'를 돕는다. 내담자의 과거와 현재 속에서 '저 사람처럼 살면 행복할거야', '나도 저렇게 살 수 있을까?', '나도 저런 사람이 되어야지'라고 생각되었던 누군가가 있을 것이다. 우선 그 사람들의 목록부터 함께 만들어 본다. 그리고 그 사람들의 어떤 점들을 닮고 싶은지 구체적으로 적어보는 것이다. 지금까지 그런 사람이 별로 없었다고 한다면, 너무 걱정하지 말고 오늘부터 찾아보면 된다고 격려한다. 역할모델을 찾기 위해서는 주변사람들에 대한 보다 면밀한 관찰이 필요하다. 그리고 보다 많은 모델을 보기 위해 삶의 영역을 넓히고, 경험의 폭을 확대해 나가는 것도 하나의 방법이다. 그 방법의 하나로 다양한 동아리 활동이나 봉사 활동에 참여해 보거나 독서, 여행, 공연이나 전시회 관람 등을 하는 것도 좋은 활동이다. 가능한 다양한 곳에서 다양한 사람들의 삶을 바라보면서 자신의 역할모델을 찾아볼 수 있도록 돕는다.

둘째, '나는 누구인가?'라는 제목으로 일기를 쓰는 것을 제안할 수 있다. 내담자 자신의 내면세계로의 여행을 시작하게 하는 것이다. 매일 매일 내가 누구인가에 대한 답을 찾는 글을 쓰는데, 처음부터 길게 쓸 필요는 없다. 지금의 자신에 대해 쓰기를 어려워하는 내담자가 있다면 이전의 모습부터 시작하는 것도 방법이다. 자신의 자서전을 쓰듯이 내가 어떤 사람으로 자라왔는지를 써 보게 한다. 간단하게 자신이 좋아하는 것의 목록 또는 싫어하는 것의 목록을 적어보는 것도 출발점으로 나쁘지 않다. 그리고 그것들을 왜 좋아하는지, 왜 싫어하는지 하나하나 적어보라고 한다. 상담자가 일기내용을 점검할 필요는 없겠지만, 어떤 내용을 썼는지 그에 대해 어떤 생각을 하게 되었는지를 탐색함으로써 일기쓰기 활동을 촉진하고 내면세계 탐색을 도울 수 있다.

셋째, 자신에게 중요한 사람들의 기대를 들어보게 한다. 가족, 친구, 이성 친구(또는 배우자), 동료들은 내담자에 대해 가장 잘 알고 있는 사람들이다. 그들이 내담자가 앞으로 어떤 삶을 살 것이라고 기대하는지는 때로 내담자에게 짐이 되기도 하지만, 삶의 방향을 안내하기도 한다. 먼저 주변 사람들의 기대가 어떤 것이라고 지각하고 있는지 들어보고, 그들의 기대에 대해 어떤 생각을 가지고 있는지 탐색한다. 다음으로 가족이나 친구에게 어떤 삶을 살게 되기를 바라는지, 또는 어떻게 살아갈 것이라고 예상하는지에 대한 이야기를 나눠보고 오라는 과제를 부여한다. 평소에 이런 이야기를 잘 나누지 않게 되기 때문에 얘기를 꺼내기도 어렵고, 질문을 받는 상대방도 조금은 어색해 할 수도 있다. 많이 어려워한다면 역할연기를 통해 어떻게 질문하고 어떻게 반응할 것인지를 연습할 수도 있다. 기대에 대한 조사를 마치면, 그 기대의 내용과 그것에 대한 생각을 정리하는 시간을 가지면서 꿈을 찾는 길에 조금씩 더 다가갈 수 있을 것이다.

넷째, 미래를 상상해 볼 수 있도록 돕는다. '5년 후의 나의 모습', '10년 후의 나의 모습', '20년 후의 나의 모습' 또는 '30세를 맞는 나의 모습', '40세를 맞는 나의 모습', '죽음을 맞는 나의 모습' 등 미래의 모습을 상상해 보라고 한다. '가정에서의 나의 모습', '직장에서의 나의 모습', '여행지에서의 나의 모습' 등 여러 장면에서의 자신에 대해서도 상상해 보게 한다. 여러 연령과 여러 장면에서 각각 어떤 활동을 하고 있고, 어떤 사람들과 함께 있고, 어떤 생각을 하고 있고, 어떤 느낌일까를 상상해 보고, 상상한 내용에 대해 이야기를 나눈다. 물론 이 많은 것을 한꺼번에 할 수는 없을 것이다. 조금씩 상상해 보고 이야기를 나누고, 때로는 적어오는 과제를 하면서 미래에 대한 자신의 바람이 구체화될 수 있도록 조력한다.

Chapter 9

공부와 관련된
감정 바꾸기

공부할 때의 감정

영화 〈인사이드아웃〉에서는 기쁨이(Joy), 슬픔이(Sadness), 소심이(Fear), 까칠이(Disgust), 버럭이(Anger) 등 다섯 명의 감정들이 우리 마음속에서 어떻게 살아가고 있는지를 보여준다. 공부를 할 때에도 이런 감정들이 각자의 역할을 할 텐데 그것들을 잘 활용하면 공부에 도움이 되지만, 그렇지 못할 경우 공부에 방해를 받는 경우도 적지 않다.

☞ 다섯 감정 업무 분담 영상

"네이버 매거진–알고 보면 더욱 재미있는 〈인사이드아웃〉 속 심리이야기" 중(http://navercast.naver.com/magazine_contents. nhn?rid=2810&contents_id=95126)

1. 감정에 주목하기

인간의 모든 활동에 감정이 관련되듯이 공부를 할 때에도 마찬가지로 정서적 반응이 동반된다. 우리나라 학생들이 가장 많이 하는 "공부하기 싫어"라는 말은 대표적인 공부에 대한 정서를 드러내는 말이다. "뭐가 싫어?" 또는 "왜 싫어?"라고 물어보면 그 대답은 "그냥 다요", "몰라요", "귀찮아요", "힘드니까" 등이 대부분이다. 실제 공부를 하고 있는 동안 어떤 감정을 느끼는지 구체적으로 적어달라는 질문에서도 "즐거움"보다는 "지루함"이 더 높은 빈도로 나타났다.

다들 겪는 것이니 그냥 그렇게 재미없는 공부를 참으면서 하는 것이 답일까? 정서가 어떤 활동에 항상 동반될 뿐만 아니라 그 활동의 수행에 영향을 미치기 때문에 참기만 한다면 손해가 많다. 상식적으로도 예상할 수 있겠지만, 화, 불안, 슬픔, 짜증, 지루함과 같은 부정적 정서는 수행을 방해하고, 기쁨, 즐거움, 흥미, 희망, 만족과 같은 긍정적 정서는 수행을 돕는다. 예를 들면, 기분이 좋을 때는 숙제를 하는데 30분밖에 걸리지 않지만, 기분이 나쁘면 1시간이 걸려도 숙제를 마치지 못한다. 기분이 좋을 때는 시험을 잘 볼 수 있지만, 기분이 나쁘면 시험을 망친다. 기분이 좋을 때는 수업에 집중이 잘되지만 기분이 나쁘면 수업에 집중이 안 된다. 누구나 경험하고 있기 때문에 연구를 통해 밝혀진 근거 자료들을 보지 않아도 수긍이 갈 것이다.

자신이 다른 사람에 비해 부정적인 감정을 많이 경험하고, 그 감정에서 헤어나지 못하는 시간이 길다면 공부에서도 불리하다. 감정에 휩쓸려 손해를 보지 않기 위해서는 어떤 것이 필요할까? 먼저 자신의 감정을 알아차리는 것이 필요하다. 모든 문제의 해결을 문제의 인식과 진단에서 출발하듯이 공부를 방해하는 감정의 문제를 이겨내기 위해서는 내가 어떤 감정을 느끼고 있는지부터 알아차려야 한다. 다음은 공부에 포함된 여러 과정에서 느낄 수 있는 감정들을 시간의 순서에 따라 나열한 것이다. 각 단계에서 자신은 어떤 감정을 느끼고 있는지, 그 감정이 나의 공부에 어떤 순기능 또는 역기능을 하는지 알아차리는 연습을 하자.

공부문제만이 아니라 삶에서 생기는 여러 가지 고민이나 상처로 인한 정

그림 9-1. 공부 과정에서의 감정

서적 고통이 있다면, 이 부분을 적극적으로 다루어야 한다. 친구와 다툰 작은 일부터 누군가를 갑자기 잃게 되는 상실까지 많은 일에는 심리적 고통이 수반된다. 참으면 된다는 식의 해결은 바람직하지 않고, 이후 더 큰 고통과 상처가 되어 괴로움만 가중될 뿐이다. 누구나 살아가면서 힘든 일을 겪게 되는데, 그때마다 경험하게 되는 부정적 정서를 부인하거나 억압하기보다는 적극적으로 해결하려는 노력이 필요하다. 감정을 다루기 위해 공부하는 시간을 빼앗길 수도 있지만, 해결하지 않고 참는다고 해서 공부가 잘되는 것은 아니다. 열이 나면 그걸 참고 공부하기보다는 해열제를 먹고 쉬면서 열을 가라앉힌 후 공부하는 것이 현명하듯이, 공부할 시간을 할애해서라도 중요한 감정의 문제를 먼저 다루는 지혜가 필요하다.

2. IQ보다 성공을 더 크게 예언하는 EQ

지난 1990년대 말 미국의 한 기자가 『정서지능(Emotional Intelligence)』(Goleman, 1995)이라는 책을 내 놓으면서 세상은 온통 정서지능에 대한 관심으로 들끓었다. 이 책에서는 오랜 기간 실시된 연구에서 능력이 높았던 사람보다 낙관성이 높았던 사람이 더 성공했다는 것을 인용하면서 결국 성공은 IQ가 결정하는 것이 아니라 EQ가 결정하는 것이라는 주장을 하고 있다. 비교적 변화시키기 어려운 IQ 보다 EQ를 증진시키는 교육과 훈련이 중요하다는 처방까지 내놓고 있다.

정서지능이라는 개념은 이미 학문적으로 논의되고 있었지만 Goleman

의 책을 통해 일반인들에게 알려지는 계기가 되었다. 정서지능은 자신과 타인의 감정을 이해하고, 구분하고, 이것을 활용해 생각하고 행동할 수 있는 능력(Salovey & Mayer, 1990, p. 189)으로 정의된다. 정서지능 이론의 핵심은 정서를 조절할 수 있다는 점이고, 이 능력을 키워야 한다는 것이다. 정서조절의 중요성에 대해서는 이미 기원전 1세기 로마인 Publilius Syrus가 강조하고 있는데, "감정을 다스려라, 그렇지 않으면 감정이 너를 다스릴 것이다"라고 말했다고 한다(Salovey & Mayer, 1990, p. 185).

정서지능은 주로 대인관계에 적용되고 있지만, 이 이론을 공부의 과정에 적용해 볼 수 있다. 공부라는 활동을 할 때에도 나의 감정을 알아차리고, 그것을 적절하게 표현하고 조절한다면 공부에 도움을 줄 수 있다. 앞서 강조한 감정 알아차리기에서 그 감정들을 표현하고 조절하는 단계로 넘어가는 것이다. 부정적인 감정들을 가능한 빨리 해소하고, 긍정적인 감정을 더 많이 불러일으키는 방향으로 나아가는 것이 감정 표현과 감정 조절의 방향이다. EQ가 높은 사람은 어떤 일을 할 때 부정적인 감정을 빨리 알아차려 처리하고, 긍정적인 감정을 더 많이 느끼면서 일한다. 자신의 감정을 알아차리고 표현하고 조절하는 능력이 높기 때문에 일에 방해되는 감정을 물리치고 일에 도움이 되는 감정을 확대해 나가는 것이다.

3. 공부하기 싫은 마음 극복하기

공부와 관련해 가장 먼저 극복해야 할 부정적인 감정은 "공부가 싫어요"일 것이다. 공부 자체에 대해 가지고 있는 감정으로 공부과정 전체에 영향을 미칠 수 있어 극복하지 않으면 공부의 효율도 떨어지고 마음도 많이 힘들어진다. 싫어하는 공부를 극복하는 것과 싫어하는 사람을 극복하는 것은 서로 유사하다. 일상생활에서 항상 만나야 하는 사람 중 싫어하는 사람이 있다면 어떻게 대처하는가 그리고 어떻게 대처하는 것이 바람직한가를 생각해 보자.

효과 없는 대처 방법 버리기

싫어하는 사람과 함께 지내면서 잘 대처하지 못하는 전형적인 예는 그 사람을 비난하면서 지지자를 찾거나, 그 사람 때문에 자신의 생활영역을 떠나거나(가출, 전학, 이사, 퇴사 등), 무조건 참는 것이다. 그러나 어떤 방법도 문제를 해결하지 못하고 오히려 자신을 더 괴롭히거나 해치게 된다. 사람과의 관계가 아니라 공부에서도 그런 대처를 하게 되는데, 공부가 싫다는 것을 호소하면서 그것을 지지해 주는 사람을 찾거나, 공부를 포기해 버리거나, 하기 싫지만 참는다. 지지자를 찾아봐도 싫은 마음만 증폭될 뿐이고, 대안도 없이 공부를 포기해 버리면 미래가 또 다른 걱정으로 다가온다. 하기 싫어도 참고 하지만 능률이 오르지 않아 고통만 커진다. 그렇다면 이런 방법은 더 이상 사용하지 않는 것이 현명하다.

좋아하기 위한 노력

어떻게 대처하는 것이 바람직한 것일까? 싫은 걸 바꾸는 게 가능할까? 싫은 사람과 함께 살아가는 가장 좋은 방법은 그 사람을 좋아하는 것이다. 그 첫 단계는 좋아하려고 마음먹는 것이다. 싫어하기만 하면 내가 손해라는 걸 깨닫게 되면 좋아하는 것이 가장 좋아하는 방법이라는 것을 채택할 수 있다. 좋아하려고 마음먹기부터 시작하자. 나도 오늘부터 공부를 좋아하는 사람이 되는 것이다.

두 번째, 누군가를 좋아하려면 두 가지 방향으로의 노력이 필요하다. 내가 달라져서 그 사람이 좋아지는 것과 그 사람을 내가 좋아하는 사람으로 변화시키는 것. 내가 변화할 것인가 상대방을 변화시킬 것인가의 기로에 서게 되는데, 두 가지 노력을 모두 병행하는 것이 가장 효과적이다. 나의 어떤 점이 달라지면 그 사람을 좋아할 수 있을까? 그 사람의 좋은 점을 찾아보려고 노력하고 그 사람과의 좋은 경험을 떠올리고 만들어 가면 그 사람에 대한 사랑이 생겨날 수 있다. 공부의 좋은 점을 찾아보고, 공부를 하면서 즐거움이 무엇인지 찾으려고 노력하면 공부를 좋아할 수 있게 된다.

더 어려운 단계는 그 사람을 내가 좋아할 수 있는 사람으로 바꾸는 것이다. 구체적으로 어떤 것을 바꿔달라고 요청해야 가능할 텐데, 그렇게 하려면 무엇을 내가 싫어하는지부터 확인할 필요가 있다. 그 사람이 날 무시하는 것 같아 싫다면 어떤 행동과 어떤 말을 할 때 날 무시한다고 느껴지는지부터 찾아야 한다. 구체적으로 찾아보니 무시한다고 받아들이는 나한테 문제가 있다면 나의 해석을 바꿔야 하고, 그 행동과 말에 문제가 있다면 그것을 어떻게 바꿔달라고 요청한다. 서로 좋은 관계를 유지하기 위해 그렇게 구체적으로 요청한다면 분명 효과가 있을 것이다.

공부와의 관계에서도 마찬가지다. 공부의 어떤 점이 싫은지부터 찾고, 그것을 개선할 방법을 찾아본다. 분명한 이유도 없이 그냥 싫어하고 있다면 적절하지 않은 정서를 경험하고 있으니 그럴 필요가 없다는 것을 알아차리게 되고 그 감정을 극복하게 된다. 그렇지 않다면 공부할 내용이 너무 어렵게 전달되어 이해가 안 되거나, 자꾸 실패만 하게 되니까 하기 싫어지거나, 배우는 어떤 내용도 너무 재미가 없거나 등의 이유를 찾을 수 있을 것이다. 다음으로 그 원인을 해결하는 문제해결 단계로 나아갈 수 있다.

4. 사례 엿보기: 우울에서 벗어나면서 공부에 몰입할 수 있었던 사례

중학교 1학년인 연서는 집중력이 떨어져서 공부를 할 수 없다고 호소하면서 아버지와 함께 상담실을 찾았다. 아버지는 3년 전 아내와는 이혼을 하고 혼자 연서를 키우고 있고 가끔 연서의 친할머니가 오셔서 집안일을 돌보고 있어 별다른 어려움은 없지만, 연서의 공부문제가 걱정이 많이 된다고 했다. 어릴 때는 꽤 총명한 아이였는데, 크게 문제를 일으키지는 않지만 교사나 학원강사 심지어 과외교사로부터도 과제를 하지 않아 힘들다는 말을 계속 듣고 있다고도 전했다. 연서는 접수면접에서 공부를 하려고 해도 집중이 안 되어 숙제를 못한다는 얘기 말고는 거의 자신에 대해 말하지 않아 심리검사부터 먼저 실시했다.

지능검사, 행동평가척도, 문장완성검사를 실시했고, 검사결과를 통해 어느 정도 연서가 겪고 있는 문제를 파악할 수 있었다. 연서가 호소하는 주의집중의 문제는 우울감 때문일 가능성이 높아 보였고, 그 원인은 어머니에 대한 그리움일 것으로 보였다. 다음 회기에 연서를 만나 검사결과에 대해 이야기를 나누면서 그 가설이 확인되었다. 연서는 부모님이 이혼하고 아버지랑 지낸 지

3년이나 되었지만, 상담실을 찾았을 당시까지 헤어진 어머니에 대한 상실감이 그대로 남아있었다.

부모님이 이혼을 할 때까지 연서는 아버지보다는 어머니와 더 깊은 애착 관계에 있었다. 부모님의 관계가 그렇게 나쁘지 않았기 때문에 두 분이 이혼 할 것이라는 것은 예상도 못했고, 갑작스러운 이혼 통보에 충격도 많이 받았다. 그러나 이혼 직후 엄마는 아무 말도 없이 떠났고 그 이후 한 번도 연락을 주고받은 적도 없다. 할머니는 하루라도 빨리 엄마를 잊는 것이 좋다고 하면서 할머니집 가까이 이사를 오게 하고 엄마의 물건뿐만 아니라 사진까지 모두 없애버렸다. 엄마가 너무 보고 싶고 연락을 하고 싶었지만 무조건 참아야 했고, 그 마음을 아무에게도 터놓을 수 없었다. 가족들 앞에서는 엄마에 대해 언급할 수도 없었고, 갑자기 이사를 해 전학까지 오면서 친구도 없어진 상태였기 때문이다.

시간이 가면서 연서의 문제는 더 심각해져 상담실을 찾았을 당시에는 상당한 우울감을 겪고 있었다. 이런 마음으로 공부에 집중할 수 있다는 것은 불가능한 상태였다. 상담자는 공부 자체의 문제보다는 연서가 해결하지 못하고 있는 엄마에 대한 상실감과 이후 관계 설정에 대한 개입이 우선되어야 한다고 판단했다. 상실감에 초점을 둔 개입을 하고, 아버지와 함께 가족상담도 이루어졌다. 이를 통해 연수는 아버지로부터 이혼의 이유와 어머니와의 연락두절 상황에 대해 들을 수 있었고, 자신이 얼마나 힘든지에 대해서도 아버지에게 알릴 수 있었다. 그리고 해외에 거주하고 있는 어머니와도 연락을 주고받을 수 있게 되었다. 상담이 진행되면서 서서히 우울감에서 벗어날 수 있었고, 공부와 관련된 문제도 순차적으로 다루게 되었다. 그간에 누적된 학습부진이 있었지만, 차근차근 보충해 나가기로 하면서 상담은 종결되었다.

상담자 코너

1. 학업상담에서 중요하게 다루어야 할 정서는 무엇일까요?

긍정적인 정서는 학업에 도움이 되고 부정적인 정서는 학업에 방해가 된다는 학업과 정서의 관련성은 상식과 다를 바 없다. 이와 관련된 보다 구체적이고 세밀한 학문적 논의는 몇 가지 전통을 가지고 있다. 첫째, 공부 관련 정서는 시험불안에서 가장 빈번히 이루어졌고, 그 논의가 방대해 이 책에서도 시험불안은 따로 다루고 있다. 둘째, 상황적 우울의 기제를 설명하는 학습된 무기력에 관한 논의들이 학업상황에서 많이 언급되고 있다. 이 부분 역시 자신감과 관련해 이 책에서 따로 다루고 있다. 셋째, 귀인 이론(Weiner, 1985)에서는 학업에서의 성공과 실패에 대한 귀인이 원인이 되는 정서를 중요하게 다루고 있다. 마지막으로 비교적 최근에 와서는 학업이라는 과정과 밀접하게 관련되는 정서를 세분화하고 분류하고 그 과정을 살피고 있다. 성취정서(achievement emotion) 또는 학업정서(academic emotion)라는 용어도 등장하면서 그 논의는 더욱 활발해지고 있다.

그 가운데 독일의 페크룬(Reinhard Pekrun) 교수가 제안한 성취정서에 대한 연구와 논의가 가장 활발한데, 각 과목에 따른 서로 다른 성취정서를 다루는 연구까지 확장되고 있다. Pekrun(1992)은 학업성취를 해 나가는 과정에서 가장 빈번하게 경험하는 정서를 각 단계와 과정에 따라 다음과 같이 분류했

표 9-1. 학업 성취 과정과 정서(참고: Pekrun, 1992)

	학업 영역			대인관계 영역
	정보처리과정	결과기대	후속평가	
긍정적 정서	즐거움	희망 기대되는 기쁨	안도감 결과에 대한 기쁨 자부심	감사 공감 존경 동정/애정
부정적 정서	지루함	불안 절망감 (체념/좌절)	슬픔 실망 수치심/죄책감	분노 질투 경멸 반감/미움

다. 이 정서들은 상담을 진행하면서, 내담자가 공부와 관련해 언제 어떤 상황에서 어떤 감정을 경험하는지 파악하는데 출발점 역할을 해준다.

단, 공부를 해 나가는 과정이나 학업성취와 관련된 사회적 관계(특히, 가족관계나 또래관계)의 측면에서 독특한 양상을 보이는 우리나라 상황에서 학생들이 경험하는 공부관련 정서는 다소 차이가 있을 수 있다. Pekrun의 성취정서 목록과 우리나라 학생들이 경험하는 성취정서를 비교한 연구결과는 다음 그림과 같이 서로 차이를 보였다. 또한 Pekrun은 제시하고 있지 않지만 우리나라

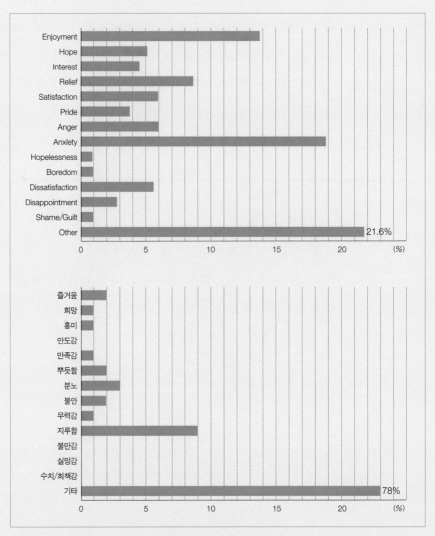

그림 9-2. Pekrun의 연구와 본 연구에서 나타난 학업정서 비교
(출처: 김은진·양명희, 2011, p. 508)

학생들이 개방질문에 답한 정서들이 기타에 포함되어 있는데, '성취감', '자신감', '보람', '짜증', '귀찮음', '답답함', '막막함', '압박감', '부담감', '조바심' 등이다. 즉, Pekrun의 성취정서 목록과 함께 상담자가 고려해야 할 정서들이다.

2. 정서는 구체적으로 어떤 학습과정에 영향을 미치나요?

앞서 도식화한 것과 같이 공부하기 전, 중, 후 모든 단계에 정서가 함께 한다고 보면 된다. 경험적 연구를 정리한 Pekrun(1992)에 따르면, 긍정적 정서가 기억의 저장, 정보처리과정, 내적 동기, 외적 동기에 긍정적인 영향을 미친다. 즉, 새로운 것을 기억하거나 그것을 활용하는 학습 자체만이 아니라 얼마나 하고자 하는가에 해당하는 동기도 긍정적 정서가 높여준다는 점에 주목해야 할 것이다. 그리고 긍정적 정서를 보다 구체적으로 살펴보면, 정보를 처리하는 동안 느끼는 즐거움(enjoyment), 앞으로에 대한 희망(hope), 과거에 대한 자부심(pride) 등이다. 이런 긍정적 정서를 경험하고 내면화할 수 있도록 상담과정을 통해 학습과정을 모니터링하고 기분 좋은 경험을 부각시키고 이것이 지속되고 반복될 수 있도록 도와주어야 한다.

3. 어떻게 긍정적 정서를 형성할 수 있을까요?

공부라고 하면 가장 먼저 떠오르는 정서가 "싫어요"인 학생들에게 긍정적 정서를 불러일으키기란 쉽지 않다. 불안과 같은 정서는 어느 정도 수준까지는 학습과정에 도움이 되기도 하지만, 우리나라 학생들이 주로 경험하는 짜증이나 지루함과 같은 정서들은 거의 도움이 되지 않는다. 또한 공부에 도움이 되는 즐거움, 희망, 뿌듯함, 흥미, 보람 등의 긍정적 정서를 느끼는 학생들이 거의 없어 상담자는 더 어려울 수 있다. 내담자에게 긍정적 정서를 불러일으킬 수 있는 방안을 정서이론과 성취정서이론에서 찾아보고자 한다.

① 정서이론

짧은 시간 공부하고 효과를 많이 내는 효율적인 공부를 위해 긍정적인 정서 경험을 많이 할 수 있도록 돕는 것이 필요하다. 즉, 항상 기분이 좋게 생활해야 하는데, 개인의 노력에 의해 가능하다고 한다. "슬퍼서 우는 게 아니라 울어서 슬프다"라는 말을 들어본 적이 있는가? 오래 전 William James라는 학자의 주장에서 따온 말이다. James(1884)는 어떤 사실을 지각하면 신체적 변화가 발생하게 되고, 그 변화를 어떻게 느끼는가가 감정이라는 가설에서 출발한다. 이것을 설명하기 위해 '돈을 잃고 속이 상해 운다', '곰을 만나면 무서워서 도망간다', '모욕하면 화가 나서 때린다'라는 상식은 감정에 대한 잘못된 이해라고 지적했다. 돈을 잃으면 우는 반응을 하게 되고 그것을 속이 상한 감정으로 알게 된다는 것이다. 곰을 보면 도망가게 되는데 그때 두려움이라는 감정을 알게 되고, 모욕을 당하면 때리는데 그래서 화가 났다는 걸 알아차린다는 것이다. 자극에 의해 신체적인 반응이 일어나고 그에 대한 해석이 바로 감정이라는 것이다. 비슷한 시기에 Carl Lange도 정서에 대해 동일한 주장을 해 제임스-랑게(James-Lange) 이론이라 불린다.

제임스-랑게 이론은 이후 비판도 받았지만, 우리가 원하는 정서 상태를 유지하기 위해 무엇을 해야 하는가에 대해 안내하는 이론으로 지금까지도 적용되고 있다. 먼저 부정적 정서 경험을 긍정적 정서 경험으로 바꾸기 위해 그 정서에 초점을 두기 보다는 선행하는 신체반응을 변화시킨다. 예를 들면, 불안하다면 근육을 이완해 불안이라는 정서에 동반되는 신체적 반응을 변화시키는 것이다. 시험불안에 대한 대처 중 신체적 반응에 대한 대처와 자기효능감의 원천 중 정서적 상태를 활용하는 것은 이 이론에 근거하고 있다.

다음으로 긍정적 정서 경험의 신체적 반응을 통해 긍정 정서를 일으킬 수 있다. 울면 슬퍼지듯이 웃으면 즐거워지는 것이다. 웃음치료나 레크리에이션 치료의 원리는 바로 이 원리를 적용한 것이다. 운동을 비롯해 신체의 움직임을 늘려 나가는 것 역시 긍정 정서 경험을 촉진하는데, 바로 활발한 활동은 기분이 좋을 때의 신체적 상태이기 때문이다. 나아가 기분을 좋게 하는 자극을 직접 만들어 경험하는 것이다. 공부하는 장소를 최적화하고 아름답게 꾸민다거나, 차분하고 편안하게 해주는 음악을 듣는다거나, 공부를 열심히 해서 좋은 성적을 거두는 것을 상상해 보는 것 등이 여기에 해당한다.

마지막으로 신체적 반응에 대한 해석을 달리하는 것이다. 어떻게 생각하는가에 따라 세상은 얼마든지 달라질 수 있다는 것인데, 인지치료 이론의 접근도 여기에 속한다. 헤어진 남자친구의 사진을 보고 눈물이 날 때, "남자친구와 헤어져 외롭고 비참하구나."라고 해석하면 내가 느끼는 주된 감정은 고독, 슬픔, 절망감이겠지만, "그 사람과 좋은 추억이 많아 그리움이 크구나. 그런 시간들이 있었다니 참 고맙네."라고 생각한다면 그리움, 애틋함, 감사로 경험될 것이다. 공부와 관련시켜 본다면, 성적표를 받아보고 인상이 찌푸려질 때, "실망이야."라고 해석하면 좌절과 절망이 주된 감정으로 경험되지만, "내가 너무 기대가 높았나? 그래도 올랐는데."라고 해석하면 흥미, 희망, 낙관 등을 경험하게 된다. 사실 더 잘하고 싶은 마음이 없다면 성적표를 보고 얼굴을 찌푸릴 일도 없지 않겠는가? 문제가 빨리 풀어지지 않아 얼굴이 달아오른다면, 잘하고 싶은 마음이 있어서이지 자신이 없거나 불안해서가 아니라고 해석하는 것이다. 이렇게 내담자가 정서 반응에 대한 해석을 변화시킬 수 있도록 상담자가 노력해야 한다.

② 성취정서이론

학업상황과 밀접히 관련되는 정서반응과 그 변화에 대한 논의는 성취목표지향에 초점을 둔 접근(Linnenbrink, 2007)과 보다 포괄적인 과정에 초점을 둔 통제-가치 이론(Pekrun, 2006)이 대표적이다. 먼저 성취목표지향 접근을 살펴보면, 숙달목표지향이 긍정적 정서를 촉진을 통해 행동적, 인지적 몰입을 증가시킬 뿐 아니라 숙달목표지향 자체가 행동적, 인지적 몰입을 촉진하기 때문에 숙달목표지향을 통해 성취에 긍정적인 효과를 볼 수 있다. 숙달목표지향이란 어떤 과제가 주어졌을 때 그 과제를 통해 자신이 새로운 것을 알게 되고 새로운 것을 할 수 있게 되는 것에 관심을 갖는 것으로, 최종적인 목표를 자신의 성장에 두는 태도를 말한다. 즉, 경쟁에서 이기고 자신이 능력 있는 사람으로 보이고 싶어서 공부하는 것이 아니라 더 나아지고 발전하기 위해 공부하는 것이다. 즉, 상담자는 누군가를 이겨야 하고 자신의 능력을 입증해야 한다는 내담자의 생각을 자신이 더 나아지고 발전하는 것으로 바꿀 수 있도록 조력해야 한다.

　　다음으로 통제-가치이론은 성취정서에 대한 보다 포괄적인 인과관계를 제안하고 있다. 성취정서는 교육환경이라는 맥락적 변인부터 개인의 기질이라는 개인의 고유한 특성까지 다양한 요인의 영향을 받는다. 뿐만 아니라 동기와 실천의 매개역할을 통해 학습과 성취를 결정하는 중요한 가교가 된다. 이 이론에 따르면, 성취정서에 초점을 둔 정서조절을 촉진하는 개입도 가능하지만, 다양한 맥락과 변인들의 고려가 동시에 이루어져야 한다. 절충적 접근의 상담에서와 같이 인지, 정서, 행동, 환경에 대해 포괄적으로 파악하고, 다면적으로 개입하는 것이 필요하다.

　　이 모형을 통해 구안할 수 있는 개입전략 중 하나는 자율성의 지지에서 출발할 수 있다. 상담자는 '자율성의 지지 ⇨ 통제감 증진 ⇨ 긍정 정서 증진'의 과정을 촉진할 수 있다. 자율성의 지지는 상담자만이 아니라 부모와 교사가 함께 협력한다면 더 효과적이지만, 현재 내담자가 처한 환경 속에서 확보하고 있는 자율성을 찾고 그 부분에 초점을 둘 수 있도록 조력할 수 있다. 나아가 자율성을 획득하기 위해 부모와 교사에게 요청하거나 주장할 수 있도록 도울 수 있다. 자율성이 확보되면 학업과 관련된 모든 과정이 내담자 자신에게 달려있다는 통제감 확립이 수월해진다. 무엇을 기대할 수 있는가, 무엇을 목표로 삼을 것인가, 성공의 가능성은 얼마나 되는가 등에 대해 스스로가 통제권을 갖는다는 것을 인식할 수 있도록 돕는다. 이를 통해 공부와 관련해 즐거움, 희망, 기대감 등의 긍정적 학업 정서가 증진됨을 확인하고, 이러한 긍정적 정서가 학업성취로 이어질 수 있도록 내면화하는 작업도 함께 한다.

✍ 우리나라에서 수행된 학업정서척도의 개발과 타당화 논문

- Pekrun의 The Achievement Emotions Questionnaire(AEQ)을 번안하고 대학생을 대상으로 타당화: 도승이 · 손수경 · 변준희 · 임지윤(2011). 한국어판 성취정서 질문지(K-AEQ) 개발 및 타당화. **교육심리연구, 25**(4), 945-970.
- Pekrun의 The Achievement Emotions Questionnaire(AEQ)를 토대로 우리나라 학생들에게 맞는 문항을 개발하고, 6개 정서 하위척도로 구

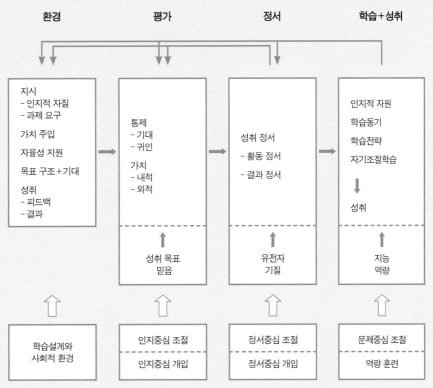

그림 9-3. 성취정서에 관한 통제-가치 이론: 선행자극, 정서, 효과의 교호적 상호작용
(출처: Pekrun, 2006, p. 328)

성하여 대학생을 대상으로 타당화: 최지혜(2013). 성취목표, 성취정서, 학
습전략 및 학업성취간의 구조적 관계. 박사학위논문, 숙명여자대학교.
• 우리나라 학생들이 공부를 하는 과정에서 경험하는 정서를 개방질문을 통
해 수집하여 척도를 개발: 김은진·양명희(2011). 우리나라 학생들이 경험하
는 학업상황의 정서 연구. **교육심리연구, 25**(3), 501-521.

✍ 정서에 대한 궁금증을 풀어주는 책
『내 감정 사용법』. 프랑수아 를로르, 크리스토프 앙드레 저, 배영란 역. 위즈
덤하우스, 2008년
『스피노자의 뇌』. 안토니오 다마지오 저, 임지원 역. 사이언스북스, 2007년
『사회적 뇌: 인류 성공의 비밀』. 매튜 D. 리버먼 저, 최호영 역. 시공사,
2015년

✍ 학업관련 정서에 대한 최근 연구 모음

International Handbook of Emotions in Education. Pekrun, R., &

Linnenbrink-Garcia, L. (Eds.), Routledge, 2014.

표 9-2. 학업정서 척도(출처: 김은진, 2013, p. 150)

공부와 관련된 여러 학업상황들에서 다음의 감정들을 평소 얼마나 많이 느끼고 있는지 체크해 주시기 바랍니다.

	전혀 느끼지 않는다	아주 조금 느낀다	중간정도 느낀다	많이 느낀다	매우 많이 느낀다
1) 창피함	1	2	3	4	5
2) 자부심	1	2	3	4	5
3) 불안함	1	2	3	4	5
4) 우울함	1	2	3	4	5
5) 재미	1	2	3	4	5
6) 지루함	1	2	3	4	5
7) 화남	1	2	3	4	5
8) 성취감	1	2	3	4	5
9) 압박감	1	2	3	4	5
10) 취찮음	1	2	3	4	5
11) 답답함	1	2	3	4	5
12) 뿌듯함	1	2	3	4	5
13) 즐거움	1	2	3	4	5
14) 흥미	1	2	3	4	5
15) 짜증	1	2	3	4	5
16) 희망	1	2	3	4	5
17) 만족감	1	2	3	4	5

시험불안이란?

영어말하기 수행평가를 마치고 돌아온 안 교사는 "재윤에게 혹시 무슨 문제라도 있는 거야?"라며 걱정스러운 표정으로 김 교사에게 말을 건넸다. 한달 전쯤 수학시험을 치르던 재윤이 갑자기 식은땀을 흘리며 복통을 호소한 사건 이후로 재윤을 유심히 관찰해온 김 교사는 안 교사의 질문에 갑자기 심각해졌다.

> 김 교사: 재윤이 또 무슨… 영어 수행평가 시간에 무슨 일이라도 있었던 거야?
>
> 안 교사: 너무 놀라지는 말고… 오늘 영어말하기 평가하려고 한 사람씩 앞에 나가서 영어로 자기소개 하는 걸 시켰는데 재윤이 자기 차례가 되니까 갑자기 식은땀을 막 흘리면서 얼굴이 새파래지는 거야. 곧 쓰러질 것 같아서 양호실로 옮겼어.
>
> 김 교사: 사실 한달 전쯤 수학 시험에서도 재윤한테 비슷한 증상이 나타났었거든. 필기시험 볼 때만 그러는 줄 알았는데 이제는 발표를 할 때도 그러네. 재윤의 부모님과도 얘기를 해봤는데 조금 놀랐어. 재윤의 몸에 이상이 있었다는 것보다는 그래서 수학 시험을 잘 봤냐고 물으시는 거야. 어릴 때부터 성적에 부담을 심하게 주신 것 같더라고.
>
> 안 교사: 그럼 혹시 성적부담 때문에 재윤이….
>
> 김 교사: 그렇다고 이렇게 계속 시험을 안 볼 수도 없고…. 불안 증상이 점점 심해지는 것 같은데 이제 어떻게 해야 하나?"

(출처: 『교육심리학』, 신종호 외, 2015, p. 179)

1. 나도 시험불안?

시험불안(test anxiety)이란 "시험이라는 평가를 받게 되는 상황에서 자기 자신
의 수행에 대해 갖게 되는 불안을 말하며, 시험에 대한 불안으로 인해 시험공
부에 지장을 받거나 시험을 칠 때 자기 실력을 충분히 발휘하지 못하는 것"을
말한다. 1952년 예일대학의 Sarasan 교수와 Mandler 교수는 시험이라는 방법
으로 학생들의 능력이나 실력을 평가할 경우 시험불안 때문에 제대로 실력을
발휘하지 못하는 학생들이 있어 실제 능력과 실력을 정확하게 평가할 수 없다
고 주장했는데, 이때부터 사용되던 용어다. 예일대에서 이슈가 되기 시작했던
것으로 알 수 있듯이 시험불안은 주로 우수한 학생들이 경험하고 있는 문제다.
    시험이라는 상황에 대해 '시험을 잘 볼 수 있을까?', '혹시 시험을 망치면
어쩌나?'라고 걱정하면서 불안을 느끼는 것은 누구나 느끼는 정상적인 반응이
라고 할 수 있다. 이러한 걱정과 불안이 있기 때문에 시험공부도 열심히 하게
되고 시험을 볼 때도 집중을 하게 된다. 그러나 그 불안의 정도가 너무 심해서
시험공부를 제대로 할 수 없거나, 시험을 볼 때 자신의 실력을 발휘 못하게 된
다면 문제가 된다. 또한 시험불안 상태가 되면 이유 없이 아프거나, 가슴이 심
하게 두근거리거나, 호흡이 어려워지거나, 손에 땀이 너무 많이 나는 등의 반
응도 함께 나타난다. 즉, 시험 때문에 불안하다고 해서 모두 시험불안을 겪고
있는 것은 아니고, 시험을 전후한 불안이 일상과 시험에 심각한 방해를 일으
킬 때 시험불안에 대한 대처가 필요하다.

2. 시험불안 극복 방법

시험불안 때문에 시험준비를 제대로 못하거나 시험장에 가지 못하거나 시험
에서 자신의 실력을 발휘하지 못한다면 이에 대한 적극적인 대처가 필요하다.
그 중 대표적인 방법들은 다음과 같다.

성적에 대한 기대 낮추기

시험불안과 관련된 걱정을 덜 수 있도록 성적에 대한 기대를 낮추어야 한다. 시

험 준비를 잘 해서 좋은 성적을 내고 싶은 마음은 누구나 원하는 것이지만 거기에 지나친 기대가 가세하면 감당하기 어려운 부담으로 작용하게 된다. 때로 자신만의 기대가 아니라 부모의 기대가 더 큰 부담이 되는 경우도 있는데, 이러한 부담들은 혹시 시험을 망치면 어떻게 하나라고 하는 걱정과 염려로 발전하게 되어, 오히려 시험 준비와 시험 수행을 방해하게 된다는 점을 기억해야 한다.

걱정노트 쓰기와 걱정 검토하기

걱정노트를 마련해서 시험과 관련된 걱정이 떠오를 때마다 적어본다. 시간이 될 때 적어둔 걱정노트를 꺼내 정말 그런 걱정들이 얼마나 현실성이 있는지 생각해 보거나 다른 사람과 이야기해 보는 시간을 가지면서, 자신이 괜한 걱정을 하고 있다는 것을 알아차릴 수 있다. 특히, 학업이 우수한 학생들은 부모님의 기대보다 자신의 욕심이 너무 지나쳐 시험을 잘 봐야 한다는 부담을 갖는데, 이 경우에 도움이 많이 된다.

신체 이완하기

걱정을 성공적으로 다루어도 이미 몸에서 일어나고 있는 불안반응은 잘 사라지지 않는다. 시험공부를 하면서 자꾸 아프고, 시험을 볼 때 가슴이 뛰고, 땀이 나고, 손이 떨려 글씨를 제대로 못쓰고, 문제를 잘못 읽거나 중요한 것을 빠뜨리고 보고, 시간에 쫓기고, 화장실이 급해서 온통 거기에 신경이 곤두서는 등의 이유로 공부한 만큼 실력발휘를 못하는 신체적 불안반응은 따로 다루어야 한다. 이러한 시험불안과 관련된 신체반응이 절대로 일어나지 말아야 한다고 생각하기 보다는, 어떻게 하면 이 반응을 빨리 물리칠 수 있을까를 찾아야 한다. 평소 명상, 요가, 스트레칭 등 이완훈련을 규칙적으로 하고, 불안반응이 일어난 순간 호흡법을 통해 빨리 이완상태로 옮겨가는 것이 대표적 방법이다. 증상이 심할 경우에는 혼자 이기려고 애쓰기보다 전문가의 도움을 받으면 훨씬 효율적으로 극복할 수 있다.

3. 사례 엿보기[1]

영재는 고등학교 2학년 학생으로 공부하는데 자주 머리가 저려 어머니와 함께 상담실을 찾아왔다. 영재는 초등학교와 중학교 시절에는 공부를 잘 하는 편이었고, 고등학교 2학년이 되어 학교에 가면 머리가 아프고 저리는 고통을 새롭게 갖게 되었다. 어머니가 영재의 문제를 접하고, 상담으로 해결할 수 있는 문제라고 판단하여 영재에게 상담받기를 권유하였다. 영재는 상담실을 찾았을 당시 자신의 일에 매우 열심히 노력하고 성취 지향적이고 우수한 학생이고, 사업을 하시는 아버지와 학교 선생님이신 어머니 그리고 중학교에 다니는 남동생과 화목하게 지내고 있었다.

고등학교 1학년 때까지는 학업성적이 계속 상승세였는데, 고등학교 2학년 초에 치른 시험 성적이 기대보다 못 미치고, 경쟁 상대로 생각하고 있는 비슷한 수준인 한 급우의 시험 성적이 영재보다 더 뛰어났다는 것을 알 때부터 머리가 저려오기 시작했고, 이런 머리저림은 자신의 공부를 방해하게 되었다. 상담자는 영재의 중심 문제를 '대학입시에 대한 불안'으로 파악하였다. 표면적으로 보이는 주요 증상은 머리저림으로 공부하는 데 방해받는 것이고, 이러한 증상은 '대학입시에 대한 불안감'에서 야기된 것이라고 보았다. 이러한 계속적인 불안의 배경에는 '내가 경쟁자로 삼은 친구를 이겨야 해. 만약 그 친구에게 뒤지면 나는 패배하는 것이야. 대학에 갈 수 없어.'와 같은 비합리적인 강박적 생각이 자리잡고 있었다.

상담자는 영재의 문제를 접하고 우선적으로 머리저림의 증상을 약화시키는 데 주력하고자 하였다. 그리고 입시불안의 근본 원인은 강박적인 완벽주의적 사고를 건강한 합리적인 사로고 재무장하도록 하는 것을 다음 목표로 삼았다. 마지막으로 영재가 현재 고등학교 2학년임을 감안하여 앞으로 대학입시까지의 장기적인 공부계획을 체계적이고 구체적으로 세워 자신의 공부계획에 충실하도록 한다는 목표에 합의하였다.

---

1 청소년 학업상담(김형태 외, 1996)에 제시된 오익수(전 한국청소년상담원 상담교수)의 사례정리 내용을 재구성한 것임.

먼저, 첫 회기부터 머리저림의 횟수를 기록하는 방법을 통해 어떤 개입이 영재의 머리저림 증상을 완화시킬 수 있는지 확인하였다. 먼저 합리적인 사고를 자주 떠올려 보는 것을 통해 머리저림의 횟수와 강도가 줄어들었다. 또한 쉬는 시간에 농구를 하고 나면 머리가 저리는 것이 줄어든다고 보고하였다. 이러한 효과적인 방식들을 계속 해나가게 하면서, 간단한 이완훈련을 연습하였다. 상담실에서 배운 이완훈련을 실생활에서 구체적으로 적용하여 불안상황에 대처해 보도록 하였다.

다음으로 '이 성적이면 보나마나 대학입시에 실패할거야. 이런 식으로 계속 나가다가는 큰일나는 거야.' 등의 자신도 모르게 떠오르는 생각을 변화시키기 위한 인지적 재구조화 전략을 적용했다. 생각에서 모순을 발견하고 '지금의 시험 성적이 곧 대학입시 성적은 아니며, 앞으로 어떻게 공부하느냐에 따라 얼마든지 변화가능한 것'으로 생각을 바꾸는 연습을 했다. 상담자는 스스로 자주 합리적인 생각을 머릿속에 떠올려보고 머리저림의 횟수를 매일 기록하는 과제도 부과했다. 회기가 진행되면서 영재는 '다른 애들도 나 못지않게 긴장하고 불안해하는 것 같아 안도감이 들어요.'라고 보고했다.

실제 학업성적이 저하된 상태이고, 경쟁자 친구만을 의식해서 장기적인 목표나 계획 없이 학업을 해나가고 있었기 때문에 장기적인 학업 목표와 계획을 세워 이를 실천해 나갈 수 있도록 조력했다. 영재 스스로 대학입시까지 1년여 간의 장기적 공부계획을 세워오라는 과제를 준 다음 그 과제 내용을 가지고 상담자와 논의하고, 다음 과제로 선배, 진학자료, 진학사이트, 교사 등의 자문을 통해 나름대로 계획을 세워보도록 촉구했다. 영재가 지각하는 부모의 기대와 영재가 원하는 진로에 대해 이야기를 나누고 현실적으로 영재가 지망할 수 있는 대학과 학과들도 검토했다. 상담자는 현 수준에서 가능하고 어느 정도 가시적인 진로를 몇 가지 결정해 보고, 도표를 통해 지망 가능한 대학 및 학과부터 더 높은 성적이 요구되는 대학 및 학과의 위계를 표시하였다. 또한 차후 정보의 수집과 더불어 진로를 보다 구체화하거나 수정해 나갈 수 있도록 조력했다.

상담자 코너

1. 시험불안(test anxiety)이란 어떤 상태를 뜻하나요?

시험불안이라는 용어는 1952년 미국 예일대학의 Sarasan 교수와 Mandler 교수가 처음으로 사용하였고, 시험불안 현상에 대한 연구를 시작하여 지금도 꾸준히 관심을 받고 있는 주제다(Hembree, 1988). 시험불안은 걱정(worry) 요인과 감정(emotionality) 요인의 크게 두 가지 요소로 구성되는데, 걱정 요인이란 시험의 실패 가능성, 타인과의 비교, 자신의 능력에 대한 낮은 자신감, 과제와 관련 없는 부적절한 생각 등으로 주로 인지적 요소인 염려와 걱정을 의미하고, 감정 요인이란 땀이 난다거나 가슴이 두근거리거나, 소화가 잘 안되고 괜히 안절부절못하는 등 시험 상황에 대한 긴장, 초조와 같은 자신도 모르게 나타나는 신체 반응을 의미한다(Sarasan & Mandler, 1952). 이러한 시험불안은 똑같은 조건과 실력을 가지고 있으면서도 수행결과를 낮게 만드는 주된 원인으로 작용하고, 시험 준비 과정에서도 시간만 많이 쓰게 할 뿐 효율적인 시험 준비를 방해한다. 따라서 시험불안을 가진 내담자의 경우 시험불안만 잘 관리해도 훨씬 더 좋은 시험 결과를 낼 수 있다.

2. 시험불안은 모든 시험에서 나타나나요?

시험불안은 어떤 시험 상황에서도 나타날 수 있고, 시험의 종류에 관계없이 시험 상황만 되면 불안이 과도해지는 학생들도 있다. 이런 학생들은 지필시험만이 아니라 수행평가나 구두시험과 같이 서로 다른 형태의 시험에서도 시험불안을 동일하게 경험한다.

반면 평소에는 괜찮았는데 중요한 시험을 앞두고 시험불안을 호소하는 경우도 있다. 불안은 시험과 동반되는 자연스러운 감정적 반응으로 시험을 방해하지 않는 경우 오히려 공부에 도움이 된다. 그리고 학생들은 어릴 때부터 시험이라는 상황을 경험해 왔기 때문에 저마다 불안에 대처하는 방법들도 가지고 있다. 그러나 입시나 취업과 관련된 중요한 시험에서는 불안이 더 높아지면서 평소와는 다른 상황에 놓일 수 있다. 시험에 따라서는 평소에 보던 중간고사나 기말고사와는 달라서 그 불안의 정도도 다르고, 익숙하게 사용하던 방법은 통하지 않는 경우도 적지 않다. 즉, 입시, 자격시험, 각종 고시 등을 앞둔 상황에서 상담실을 찾게 되는 경우가 여기에 해당한다.

3. 시험불안에 대한 효과적인 개입전략은 무엇인가요?

많은 학생들은 초등학교 때부터 계속 크고 작은 시험을 본 경험들이 많아 자신의 시험불안을 다루는 나름대로의 방법을 가지고 있다. 이제 그 방법들 가운데 자신의 시험불안을 낮추는 데 효과적이었던 방법들을 보다 적극적으로 사용하는 것에서 출발할 수 있다.

그 방법으로 부족할 때 보다 적극적인 시험불안 대처를 계획해야 한다. 시험불안을 잘 극복하기 위해서는 시험불안의 주요 구성요소인 걱정 요인과 감정 요인을 모두 다루어야 한다. 지금까지의 연구결과에 따르면 어느 한쪽만을 개선하는 조력방법은 별로 효과적이지 않았다. 즉, 시험에 대해 지나치게 걱정하는 생각도 바꾸고, 시험을 볼 때 나타나는 신체적인 불안반응도 줄여야 한다. 어떻게 할 수 있을까?

① 걱정 요인 다루기

시험불안을 일으키는 걱정 요인을 다루는 접근은 행동적 측면과 인지적 측면에서 다양한데 박경애 등(1997)의 「시험불안극복기법」 책에 잘 소개되어 있다. 그 가운데 가장 대표적인 인지전략은 시험불안을 일으키는 걱정이 무엇인지 확인하고, 그 걱정의 논리성, 현실성, 실용성에 근거해 논박하여 신선하고 기능적인 대안사고를 만들어 보는 전략이다. 그 예를 살펴보면 다음과 같다.

> 걱정: '내가 이 시험에서 좋은 성적을 얻지 못하면 사람들은 나를 바보로 여길 거야'
> 논리성 반박: '좋은 성적을 얻지 못한다 = 바보이다'라는 논리적 근거는 어디에 있는가?

현실성 반박: 내가 좋은 성적을 받지 못했을 때 친구들이 나를 바보라고
　　　　　　놀리던 경험이 있는가?
　　　　　　또는 친구들이 좋은 성적을 받지 못했다고 해서 내가 그들
　　　　　　을 바보라고 놀렸던가?
실용성 반박: 이런 생각이 나에게 어떤 도움이 되는가?
대안적 사고: '좋은 성적을 얻지 못했다는 것은 내가 바보이기 때문이 아
　　　　　　니라 시험공부에 많은 노력을 기울이지 않았기 때문이다'

　　　　　　　　　　　　　　　　(출처: 박경애, 이명우, 권해수, 1997, p. 49)

　　또한 시험불안의 문제로 상담의 문을 두드리는 내담자들 중에는 시험 자
체와는 관련이 적은 다른 문제 때문에 시험공부에 방해를 받아 불안이 심해진
경우도 있다. 시험을 준비하기 위해서는 모든 걸 잊고 공부에만 몰두해야 하는
데, 지금까지 덮어두었던 문제들이 자꾸만 자신을 괴롭힌다고 호소한다. 시험
공부을 방해하는 문제는 외로움이나 우울, 친구관계에서의 어려움, 이성관계
에서의 갈등, 가족과의 갈등, 내가 원하는 미래를 준비하고 있는지에 대한 혼
란, 금전적 문제, 건강문제 등 다양하다. 잊으려고 하면 할수록 문제의 심각성
이 더해져서 도무지 공부에 몰두할 수가 없다고 호소한다. 공부를 한다고 앉
아있지만 진도는 나가지가 않고, 이런 식으로 준비해서는 시험에서 좋은 결과
를 얻기는 어려울 것 같고, 그 다음 일이 더 걱정되는 악순환에서 벗어나고 싶
어 한다. 억누르고 덮어두고 일단은 공부에 집중하는 것이 우선이라고 생각하
기 쉽지만, 마음이 그렇게 잘 따라주지 않는다. 아직 공부에 전념할 시간은 많
이 남아있음을 확인시켜 주고 해결을 미루기만 했던 자신의 문제들을 적극적
으로 다룰 때임을 알려야 한다. 지난 한 달 동안 고민했던 문제일 수도 있고, 몇
년씩 계속 미루기만 했던 문제일 수도 있다. 어느 경우든 지금이 이 문제를 다
룰 가장 좋은 기회라고 설득하여 이 문제를 해결하는 상담목표를 세워야 한다.

② 감정 요인 다루기

시험을 볼 때마다 가슴이 뛰고, 땀이 나고, 손이 떨려 글씨를 제대로 못쓰고,
문제를 잘못 읽거나 중요한 것을 빠뜨리고 보고, 시간에 쫓기고, 화장실이 급

해서 온통 거기에 신경이 곤두서고 등으로 인해 실력발휘를 못하는 학생들도 있다. 시험공부가 시작될 때부터 아프고 시험이 다가올수록 그 빈도나 증상이 심해지기도 해서 시험 준비를 제대로 하지 못하기도 한다. 이런 학생들은 자신의 실력을 다른 사람들에게 입증한 방법이 시험 밖에 없는 현재의 교육제도에서 무척 억울한 사람들이다. 그리고 이러한 증상은 시험이 중요할수록 그 강도가 커져서 더욱 심하게 실력발휘를 가로 막게 되는데 바로 시험불안의 감정 요인이 원인이다. 이러한 시험불안과 관련된 신체반응이 절대로 일어나지 말아야 한다고 생각하기 보다는, 어떻게 하면 이 반응을 빨리 물리칠 수 있을까를 찾는 것이 가장 중요한 원칙이다. 이완훈련을 하고, 불안반응이 일어난 순간 호흡법을 통해 빨리 이완상태로 옮겨갈 수 있도록 돕는 것이 대표적인 방법이다. 이완훈련이나 체계적 둔감법은 상담실에서 직접 가르쳐주고 연습한다. 그리고 실제 생활에서 적용해 보면서 익숙해질 때까지 계속 개입한다.

상담 장면에서 빈번하게 적용되고 있는 이완법의 효시는 Jacobson(1924)의 점진적 근육이완법(progressive muscular relaxation)에서 찾을 수 있는데, 다음의 세 단계로 그 절차가 전해지고 있다(김형태 외, 1996, p. 223).

① 내담자에게 편안한 자세로 앉도록 지시한 다음 눈을 지그시 감게 한다.

② 각 부위의 근육을 수축한 다음 각 근육에서 이완감을 느낄 때까지 눈을 감은 채 상담자의 지시에 따라 숨을 복부 깊숙이 들이마시면서 근육에 일어난 긴장을 이완시키는 동작을 되풀이 한다.

③ 심리적 이완이 필요하면 온 몸과 마음이 편안하고 느긋해진다는 생각과 동시에 심신의 이완을 얻을 수 있는 순간까지 마음속으로 온 몸과 마음이 편안하고 느긋해진다는 말을 하면서 근육의 수축-이완 훈련을 계속한다.

나아가 자신이 불안해질 때 많이 먹는 음식, 불안을 야기하는 장소, 불안을 야기하는 자극 등 불안반응과 관련되는 자극을 찾아 차단하는 노력도 필요하다. 이를 위해서는 일상생활에서 불안이 높아지는 상황에 대해 세밀하게 관찰하고 기록해야 하는데, 상담실에서 회상하기보다는 과제로 제시해 불안한 상황에서 바로 기록하게 한다. 심한 경우 항불안제를 처방받을 수도 있는데,

내담자의 상태를 잘 정리하여 정신과에 의뢰한다.

☞ 시험불안에 영향을 미치는 요인들

시험불안은 걱정 요인과 감정 요인을 중심으로 다루어나갈 수 있지만, 그외 다양한 개인 변인들이 영향을 미치기 때문에 그 요인들에 대한 고려도 필요하다. 우리나라에서 정리된 시험불안 관련 변인들의 목록을 보면 다음과 같다.

표 9-3. 시험불안 관련변인의 영역 분류(출처: 박병기, 임신일, 2010, p. 877)

영역	관련변인
학업성취 · 지능	• 학업성취 • 지능
정서	• 불안 • 우울 • 정신건강(부정적 · 편집증, 분열 등)
동기 · 신념	• 귀인 • 자기개념 • 자아탄력성 • 자존감 • 비합리적 신념 • 성취목표 • 학습동기 • 자기조절 • 자기효능감 • 학업적 자기효능감
부모	• 성취압력 • 애착 • 학습관여 • 부모학력 • 관심 • 경제력 • 양육태도
사회성 · 성격	• 자기애 • 완벽주의 • 대처방안 • 지지 • 강박 • 인정욕구 • 부끄러움 • 교사관계 • 학교적응 • 학교생활태도 • 기대 • 학업스트레스 • 일탈 • 학습태도

공부하는 행동
만들기

오늘복습법

진이는 초등학교 5학년 때 학습장애라는 진단을 받고, 학습장애를 극복하기 위해 다양한 학습전략을 배우고 적용했다. 그 과정에서 진이가 자신에게 맞다고 판단하고 고등학교까지 지속하고 있는 공부방법은 한가지다. 바로 오늘 학교에서 배운 내용은 무슨 일이 있어도 오늘 해결하는 것이다. 매일 집에 돌아오면 그날 배운 내용을 복습하는데, 일찍 복습이 마쳐지는 날도 있지만, 거의 새벽까지 매달려야 할 때도 있다. 그러나 그날 복습을 하지 못하면 그 다음날 또 그만큼양의 복습량이 밀려오기 때문에 반드시 마치려고 노력한다. 진이가 사용한 공부방법이 바로 "오늘복습법"인데, 그날 배운 내용은 그날 복습을 마친다는 의미를 담아 명명한 것으로 그 방법과 원리를 살펴보면 다음과 같다.

1. "오늘복습법"의 실제

대체로 학교에서 돌아와서 저녁을 먹을 때까지의 시간은 별로 하는 것 없이 빈둥거리면서 시간을 보내는 경우가 많다. 제대로 놀지도 못하고 제대로 학습 시간으로 활용도 못하는 시간이 매일 매일 반복되고 그 시간이 생각보다 많다. 다음은 이 시간에 잠깐 할 수 있는 복습법이다.

학교에서 돌아오면 그날 수업시간에 배운 내용을 정리해 보는 시간을 갖는다. 이미 알고 있었는데 확인받은 것, 잘못 알고 있었던 내용을 바로 잡은 것, 새롭게 알게 된 것을 위주로 각 수업시간에 배운 내용을 정리한다. 가능한 첫 수업부터 시간 순서에 맞게 회상하고 정리하는 활동을 한다. 한 과목별로 5분 내외로 떠오르는 것을 정리하는 수준이면 되고, 정확하게 모든 내용을 정리한다는 욕심을 부리지 않은 것이 현명하다. 중요한 것은 매일 하루도 빠짐없이 한다는 것과 그날 수업 내용은 그날 정리한다는 것이다. 그리고 가능한 주말이 되면, 과목별로 정리한 내용을 모아서 다시 한 번 내용을 살펴보면 시험공부할 때까지 더 복습할 필요는 없다.

2. "오늘복습법"의 원리

왜 매일 학교에서 돌아오자마자 해야 하는가?

인간의 기억은 시간이 지날수록 사라지기 때문에 사라지기 전에 다시 한 번 기억할 수 있도록 하는 것이 복습이다. 복습시기가 늦어지면 그만큼 많은 기억이 사라진 상태에서 정리하는 것이기 때문에 빠진 내용이 많아진다. 따라서 가능한 배우고 난 뒤 많은 시간이 흐르기 전에 복습을 하는 것이 효과적이다. 오래 전 망각 현상에 대해 많은 연구를 했던 독일 심리학자 에빙하우스(Hermann Ebbinghaus[1])에 따르면 망각은 학습 직후에 급격하게 일어나고 반복 학습을 통해 망각을 줄일 수 있다고 한다.

---

1 에빙하우스는 1885년 망각곡선을 발표해 망각에 대한 논의와 후속연구에 지금까지 영향을 미치고 있다. 1885년에 발표한 *Über das Gedächtnis*는 독일어로 쓰여졌고, 우리나라에서 구해 읽을 수 있는 자료로는 영어로 번역되어 1913년에 출판된 *Memory: A Contribution to Experimental Psychology*가 가장 고전이다.

어떤 과목을 정리할 것인가?

가능하다면 모든 과목을 정리하는 것이 좋다. 모든 과목이란 음악, 미술, 체육까지도 정리하는 것을 뜻한다. 그러나 갑작스럽게 모든 과목에 귀를 기울이고 또 집에 와서 그걸 떠올려서 정리하는 것이 힘들 수 있다. 많이 힘든 일은 자칫 피로감을 주어 얼마 지속하지 못하고 포기할 수 있으니 처음에는 조금은 적은 과목수로 시작해도 좋다. 그렇다면 어떤 과목부터 시작하는 것이 좋을까? 국어, 수학, 영어 등 주요 과목부터? 그렇게 하기보다는 '내가 좋아하는 과목'부터 시작하는 것을 권한다. 학습습관이 형성되어 있지 않은 경우라면 가장 좋아하는 하나의 과목에서 출발해도 상관없다. 어느 정도 익숙해지면 그 과목수를 늘려가고, 어떤 과목을 더 추가할 것인가도 개인의 선호에 따르는 것이 효과적이다.

언제부터 하는 것이 좋을까?

'초등학교 때부터 하는 것이 좋다'가 답이다. 공부는 습관이기 때문에 좋은 습관을 어릴 때부터 길러주어야 하기 때문이다. 초등학교 시기에는 저학년까지는 정리를 하기보다는 떠오르는 내용을 말로 보고하는 정도의 형식이면 충분하다. 이때 그 말을 들어줄 사람이 필요한데, 학교에서 돌아오면 혼자 집에 있어야 하는 경우라면 적용하기 어렵다. 그러나 저녁시간에 만났을 때라도 학교생활 전반에 대해 부모에게 보고하는 습관을 가지면 그것 역시 복습의 한 가지 방법이 될 수 있다. 단, 이러한 가족 간의 활동이 매일 일정한 시간에 빠짐없이 실천되어야 한다.

초등시기를 놓치면 할 필요가 없을까?

그렇지 않다. 언제가 되어도 시작하면 된다. 단, 시기가 늦어지면 늦어질수록 수업시간에 다루는 양이 많아지고 내용이 어려워지기 때문에 매일 집에 돌아와 회상하고 정리하는 것이 힘들어진다. 따라서 힘든 과정에 대해 인정하고 어려움을 극복해 나갈 수 있도록 노력해야 한다. 또한 방과 후 학습이나 학원수업이 많아질 경우, 하루에 정리해야할 내용이 너무 많아서 자투리 시간을

이용해 정리하는 것도 벅차지기 때문에 시간과 에너지가 모두 부족한 어려움
에 봉착하게 된다. 이런 경우 하루에 새롭게 학습하는 내용의 양을 조절할 필
요도 있다. 그날 정리할 수 있는 분량보다 더 많은 것을 학습하는 것은 비효율
적인 학습 방법이므로, 배우는 양을 줄이더라도 그날 배운 내용은 그날 소화
하는 습관을 키워야 한다.

대학생들이나 성인학습자에게도 해당할까?

성인학습자도 초·중·고생과 마찬가지로 복습이 있어야 기억을 오래 유지할
수 있다. 따라서 그날 학습한 내용을 그날 복습하는 것이 효과적이라는 원리
는 성인학습자에게도 그대로 적용될 수 있다. 가능한 생생한 기억이 남아 있
을 때 한 번 더 정리하여 기억을 공고히 하는 노력은 학습자의 연령이나 학습
사태와 상관없이 필요하다. 단, 성인학습자는 기억력은 줄어들고 추론이나 문
제해결 등의 고차원적 인지 기능이 증가하는 발달과정에 있다. 이 점을 잘 고
려해야 하는데, 복습에서 기억을 떠올릴 수 있는 단서를 학습장면에서부터 마
련해 두는 것이 효과적이다. 어느 시기보다 수업을 들으면서 메모하고 노트하
는 과정이 중요하다.

3. 사례 엿보기: 오늘복습법의 실천으로 기초학력 부족을 극복한 대학 생 사례

연주는 문과를 졸업했는데 교차지원을 해 생명공학 쪽으로 대학에 들어왔다.
고등학교 때 생물이나 화학을 배우긴 했지만 기초지식이 부족한 상태에서 수
업을 들어야 할 상황이어서 새롭게 배워야 할 내용이 너무 많았다. 나름대로
열심히 공부했지만 중간고사 결과는 좋지 않았고, 어떻게 해야 이 상태를 극
복할 수 있을지 많이 고민했다.

　　연주가 시도해 보았던 방법이 바로 앞에서 살펴본 복습법이다. 연주는 과
목에 관계없이 하나의 노트를 가지고 수업을 들었다. 수업을 들으면서 필기해
야 할 내용은 과목에 상관없이 그 노트에 모두 적었다. 그리고 집에 돌아오면
그날 수업이 있었던 과목의 교재, PPT, 활동자료, 노트필기 내용을 모두 펴 놓

고, 각 과목별 노트에 다시 노트필기를 했다. 연주는 인터뷰 중 모든 과목별로 필요한 정보가 빠짐없이 들어있는 자신만의 노트가 있다고 자랑스럽게 보고했다. 그렇게 그날 배운 내용을 복습하면서 잘 이해가 안 되는 부분이 있으면 자료를 더 공부하고, 그래도 해결이 안 되는 것은 그 다음날 학교에 가서 조교나 교수에게 직접 물어보았다고 한다. 학과나 동아리 행사가 있어 부득이하게 집에 늦게 오는 날은 반드시 그 다음날 노트필기를 하고, 그래도 빠진 부분은 주말에 채워서 한 번도 그 주에 들었던 수업의 내용을 그 주 내로 복습하지 않은 적은 없었다.

연주는 노트정리를 다시 하면서 충분히 복습할 수 있었을 뿐 아니라 정리해 둔 노트는 시험기간에 시험공부 시간을 줄여주는 역할을 했다. 시험기간이 아닐 때 다른 친구들보다 조금 더 힘들긴 했지만, 시험기간에는 오히려 여유롭게 공부하고 좋은 컨디션으로 시험에 임할 수 있어 성적도 잘 받을 수 있었다. 뿐만 아니라 공부에 대한 흥미도 높아져서 다른 학생들이 반수를 해야 하나 학과를 옮겨야 하나라는 고민을 하는 동안 학과 공부에 더욱 몰입할 수 있었다.

상담자 코너

1. 어떤 내담자를 도울 수 있나요?

"공부하는 습관이 안 되어 있어 걱정이다", "이제는 공부를 좀 해야겠는데 어떻게 해야 할지 모르겠다", "실제 내 공부할 시간이 없다", "공부를 해야 된다는 건 알지만 잘 안 된다" 등은 많은 학생들이 고민하는 내용이다. 그리고 이런 고민을 하는 학생들은 대부분 분명한 조언 또는 방법을 요청하는 경우가 많은데, 이런 경우 제시할 수 있는 공부방법 중 하나가 "오늘복습법"이다.

이런 내담자에게 오늘복습법이 도움이 되는 이유는 첫째, 공부에 대한 부담을 크게 갖지 않으면서 시작해 볼 수 있는 방법이라는 점에서 내담자의 실천을 이끌어 내기 쉽다. 누구나 갑자기 공부량을 늘리거나 규칙적으로 공부하는 것은 쉽지 않다. 서서히 큰 무리가 없이 출발할 필요가 있는데, 오늘복습법은 그 출발점으로서 적절한 정도의 부담이 있는 활동이기 때문이다. 둘째, 오늘복습법은 수업시간 집중력을 높일 수 있다는 또 다른 장점이 있다. 수업시간에 제대로 집중하지 않으면 그날 집에 와서 떠올릴 수 있는 내용이 별로 없다는 것을 스스로 발견하게 되고, 수업시간에 좀 더 집중하게 하는 동기로 이어질 가능성이 크다. 그리고 상담시간 활동에 대한 피드백을 수집하면서 이런 연결고리에 대해 이야기를 나눠보면 더욱 집중 행동을 촉진할 수 있다. 셋째, 오늘복습법을 하는 과정에서 공부와 관련된 자신의 행동에 대해 관찰하고 생각해 보게 되면서 초인지 사용이 활발해지고 상담자와 함께 점검하는 경험을 통해 초인지 능력이 향상된다는 발달적 이점도 생긴다. 또한 이러한 변화를 통해 학습량이 많아지게 되고, 많아진 학습량은 학업성취도의 향상으로 이어지며, 학업성취 향상을 통해 동기가 높아지는 선순환이 이루어진다. 상담자는 이러한 오늘복습법의 효과를 기대하면서, 그 과정을 점검하고 강화하고 촉진하는 역할을 한다.

2. 효과적 개입방법은 무엇인가요?

"오늘복습법"은 학습습관에 대해 호소하는 내담자에게 특히 추천되는 학습방법 중 하나다. 구체적인 방법에 대해 내담자에게 안내하고, 그 실천과정을 점검해 습관으로 자리잡을 수 있도록 조력하는 것이 상담자의 주역할이 될 수 있다. 단, 학생의 호소인지, 부모의 호소인지, 성인학습자의 호소인지에 따라 접근 방법은 조금 다를 수 있다.

먼저, 학생이 호소한 경우라면, 방법을 제안한 다음 얼마나 동기가 있는지 확인하는 것이 중요하다. 스스로 실천해 볼 의지가 분명하지 않다면 개입의 효과는 크게 기대하기 어렵기 때문에 필요성과 동기 진작을 위해 충분히 이야기를 나눠야 한다. 결심이 섰다고 해도 행동으로 실천하는 것은 쉽지 않다. 행동수정 방법을 적용할 수 있고, 간단하게 매일 복습을 마친 후 상담자에게 문자로 알리는 정도의 점검도 도움이 된다.

부모의 호소라면 부모가 조력해야 함을 인지시킬 필요가 있다. 부모가 이런 문제를 호소하는 경우는 대부분 자녀가 초등학생이거나 중학생인 경우인데, 가정에서 부모가 자녀의 복습과정에 참여하고 독려하는 역할을 해야 한다. "다 컸는데 알아서 해야지"라는 기대를 가지고 있다면, 그 기대의 비현실성에 대해 충분히 설명하고 협조를 구해야 한다.

대학생을 비롯한 성인학습자는 어떻게 도울 수 있는가? 성인학습자라면 복습의 습관을 만드는 것을 다른 사람이 도와주기 힘들다. 대학생 이상의 성인학습자가 아직도 부모나 교수자의 도움을 받아 자신의 학습을 해 나가야 한다면, 그 문제부터 다루어야 할 것이다. 그러나 복습을 하는 습관을 가지고 있지 않다면, 여전히 마음만 먹는다고 해서 바로 실천할 수 있는 일은 아니기 때문에 습관화하기 위한 노력이 필요하다. 이런 내담자에게는 자기관리기법을 적용하여 습관화할 수 있도록 도울 수 있다.

3. 계속 약속을 지키지 못하는 내담자와는 어떻게 해야 하나요?

상담자가 시도하는 모든 개입전략이 효과를 발휘하는 것은 아니다. 또한 학생들이 공부를 하는 방법에 있어서도 모든 학생들에게 효과적인 방법도 존재하지 않는다. "오늘복습법"을 적용했지만, 계속 약속을 지키지 못하거나, 1~2주 정도 실천하고 소진되어 버리는 내담자도 있을 수 있다. 이런 사태는 언제라도 일어날 수 있으므로 이 상황에 대한 상담자의 수용이 일차적으로 중요하다.

수업에 집중하고, 수업내용을 떠올리고, 중요한 것을 적어두었다가 시험공부에 그 내용을 활용할 수 있게 해 주는 오늘복습법이 효과적인 학습습관 들이기의 방법인 것은 맞지만, 내담자의 성격이나 기질이 여기에 맞지 않을 수 있다. 자신의 특성과는 맞지 않는 방법이기 때문에 이 과정이 지루하거나, 귀찮거나, 답답하거나, 에너지가 너무 들어간다고 토로할 수 있다. 이런 경우라면 다른 방법을 찾아보는 것이 더 현명하다.

4. 오늘 복습법의 근거는 무엇인가요?

① 에빙하우스의 망각곡선

독일의 심리학자 Herman Ebbinghaus는 망각에 대한 실험으로 유명한데, 무의미 철자를 암기한 후 시간이 경과함에 따라 얼마나 기억하는지(잊어버리는지) 확인했다. 학습초기에 급격한 쇠퇴가 있고 그 이후 쇠퇴의 속도가 느려짐을 발견했다. 뿐만 아니라 이러한 기억의 쇠퇴는 학습 이후 다시 반복함으로써 기억한 내용을 떠올릴 수 있음을 실험을 통해 확인해 복습의 필요성을 입증했다. 다음 그래프는 에빙하우스가 입증한 망각곡선(forgetting curve)을 나타내고 있다.

② 에빙하우스 이론의 검증

에빙하우스의 망각곡선은 19세기 말의 연구결과들이다. 이렇게 오래된 이론이 21세기 지식사회의 학습자를 이해하는 데에도 적용할 수 있을까? 이런 의문에서 출발한 연구(Murre & Dros, 2015)가 최근 학술지에 실렸다. 연구자 중한 명인 22세의 남성이 실험에 참여했는데, Ebbinghaus 실험설계를 그대로 따랐다. 연구자들은 에빙하우스의 망각곡선이 그대로 재현된다는 것을 확인했다고 결론내리고 있다. 망곡곡선의 기울기나 통계치에서는 조금의 차이가 있었지만, 초기에 급격히 망각이 나타나고, 복습을 통해 다시 기억을 되살려 망각을 막는다는 것까지 확인했다.

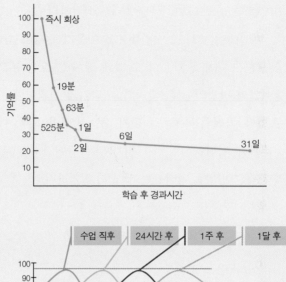

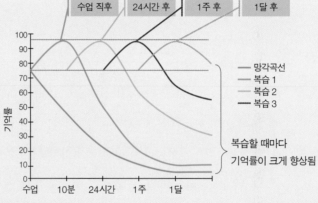

그림 10-1. 망각곡선

여전히 필기를 해야 하나?

쓰면서 공부하는 것이 중요하지 않다고 생각하는 학생들이 점차 늘어나고 있다. 기술의 발달로 쓰기를 대신하는 기기들이 발달하면서 예전에 비해 쓸 필요가 없는 상황들이 많이 생겼다. 가르치는 사람부터 예전에는 칠판에 쓰던 내용을 PPT 슬라이드로 보여주면서 설명한다. 배우는 사람 역시 그 PPT의 내용을 미리 출력해서 보면 되기 때문에 그 내용을 받아 적을 필요가 없다. 뿐만 아니라 스마트 교실에서는 책조차 디지털화되어 학생들은 책과 공책 대신 태블릿을 들고 수업에 임한다. 대부분의 교수-학습 상황을 관찰해 보면 더 이상 쓰기가 교수-학습 과정에 포함되지 않는 활동들이 많다. 이런 경험세계는 학생들에게 쓰는 활동을 적게 하고 경시하게 만든다. 과연 "필기는 더 이상 공부에서 필요하지 않은 활동일까?"라는 질문에 "여전히 필요하다"라는 답을 제시해 보면 다음과 같다.

1. 이해력을 높이는 노트필기

노트필기는 공부에 도움이 되는 전략 중 하나다. 노트필기는 수업을 들으면서 내용을 정리하는 것, 복습하면서 내용을 정리하는 것, 시험공부를 위해 내용을 정리하는 것 등 다양하게 사용된다. 어떤 경우든 노트필기는 학습할 내용을 효과적으로 이해하는데 도움이 된다. 듣고만 있거나 읽기만 하는 것에 비해 들으면서 쓰기를 함께 할 때나 읽으면서 쓰기를 함께 할 때가 학습에 유리하다는 것은 과학적으로도 입증된 사실이다. 학습을 한다는 것은 새로운 정보를 습득하게 되는 것을 의미하는데, 이미 알고 있는 정보와 연결시켜 주거나 새로운 정보가 무엇인가를 명료화하는데 손으로 써보는 것은 도움이 된다. 여러 정보들 가운데 의미있는 정보를 골라내고, 요약하고, 이미 가지고 있는 지식 속에 통합하는 과정을 눈에 보이지 않는 영역에만 맡겨두기 보다 직접 손으로 쓰면서 시각화하고 감각을 느끼는 것이 필요하다.

그래서 공부방법과 관련된 다양한 책이나 자료는 빠짐없이 노트필기 방법을 소개하고 있다. 학생의 학년에 따라 지적 수준에 따라 과목에 따라 적절한 노트필기 방법들이 세분화되어 소개되기도 한다. 또한 공부의 목적이나 단계에 따라 적용되는 노트필기 방법이 다르다. 다른 영역도 마찬가지이지만 노트필기 역시 아무리 좋은 방법이라고 해도 자신과 맞지 않으면 좋은 효과를 보기 어렵다. 따라서 자신이 현재 사용하고 있는 노트필기를 보다 확대해 사용하는 것부터 출발하고, 새로운 방법을 적용할 때는 그 효과에 대해 스스로 검증해 보아야 한다.

다양한 기술의 발달로 노트필기를 대신해 주는 기기들이 속속 등장하고 있다. 일반적으로 손으로 직접 쓰는 것과 컴퓨터 자판으로 쓰는 것은 서로 다른 인지적 과정을 거치기 때문에 손으로 직접 쓰는 것이 더 효과적이라고 알려져 있다. 또한 간편성이라던가 즉시성에 있어 손으로 직접 쓰는 것이 더 유리하기 때문에 손으로 쓰면 노트필기를 더 자주 사용해 효과적이라는 주장도 있다. 따라서 기기의 입력을 손으로 쓸 수 있는 장치도 개발되어 사용되고 있다. 이 부분 역시 개인차가 중요하게 반영될 수 있어 반드시 공책에 필기를 해야 한다고 주장하기는 어렵다. 중요한 점은 주어진 정보를 분석하고 해석하고 재구성하기 위한 작업이 필요하고, 그 방법 중 하나가 필기인 만큼 꼭 필기를 하지 않더라도 그 과정을 거쳐야 한다는 것이다.

2. 암기력을 높이는 반복쓰기

암기를 해야 할 사항은 확실히 쓰기를 동반하는 것이 효과적이다. 앞서 노트 필기를 하는 것이 이해에 도움이 되는 것까지 연결해 보면, 효과적인 공부를 위해서는 책상에 앉아 뭔가를 쓰는 것이 필요하다. 학습해야 할 내용을 새로운 내용 중심으로 요약하고, 서로 관련 있는 내용들끼리 모아 구조를 만들고, 이미 알고 있는 내용과 연결짓기 위해 노트필기를 활용하고, 그 내용 중 기억할 내용들을 반복적으로 쓰면서 암기한다. 이런 전통적 방식의 공부방법을 사용하지 않는 사람은 없을 것이다. 문제는 반복쓰기를 통한 암기방법에 대한 무시와 맹신에 있다. 대체로 학생들은 쓰기의 중요성과 효과를 무시하는 것이 문제가 되고, 잔소리를 하는 부모나 교사는 쓰기만을 맹신하는 것이 문제가 되는데, 이러한 문제가 갈등을 일으켜 공부를 방해한다.

쓰기 과정을 무시하는 학생들의 입장은 어떤 것일까? 우리나라의 많은 학생들은 사교육을 받게 되면서 쓰면서 어떤 내용을 암기하지 않아도 기억이 된다는 것을 경험한다. 학교-학원-문제풀이 등으로 동일한 내용을 수없이 반복하면서 따로 암기하는 노력을 많이 기울이지 않아도 반복적 노출로 인해 그 내용을 기억할 수 있다. 여러 장면에서 여러 형태로 제시되는 정보를 접하면서 한 시점에서 반복적으로 쓰는 것보다 효과적으로 정보를 기억할 수도 있다. 내가 무엇을 공부하고 있고, 어떻게 공부하고 있고, 어디까지 공부했는지 잘 모르면서 기계적으로 외부에서 제공되는 정보를 그대로 흡수하는 것이다. 그러나 이렇게 지나치게 남에게 의존된 학습방식은 어느 정도까지는 효과를 발휘할 수 있지만 장기적으로는 실패를 초래할 가능성이 높다. 모든 새로운 정보를 기억하기 쉽고 사용하기 쉽게 외부에서 제공해 주는 것이 현실적으로 불가능하기 때문이다. 정보의 양이 많아지고 복잡해지면 결국 개인이 알아서 자신이 사용할 정보와 버릴 정보를 구분하고, 효과적으로 기억하는 전략을 적용하고, 이미 가진 정보와 연결해 새로운 지식체계를 구축해야 한다. 이 일을 누군가 대신해 주는 것은 거의 불가능하기 때문에 저절로 암기할 수 있도록 외부에서 주입하는 방법에 의존하는 것은 바람직하지 않다.

쓰기를 맹신하는 교사들의 대표적인 과제는 "깜지" 과제의 활용인데 학생들은 그 방식에 아예 질려버려 효과적인 공부방법으로 인식하기 어렵다. 또한 "쓰기를 하지 않으면 공부가 안 된다"라는 입장의 부모들은 지나치게 쓰기의 방법만을 맹신하는 경향이 있어 자녀와 갈등을 빚는 경우가 종종 있다. "요즘 아이들은 쓰지도 않고 공부를 한다니 답답해"라고 말하는 어느 아버지의 이야기를 들은 적이 있다. 이 아버지의 주장을 공부의 과정과 관련시켜 본다면, 학습과정에서의 쓰기의 중요성을 지적한 것이라고 볼 수 있다. 아버지가 관찰한 "요즘 아이들"이 잘못된 것일까? 요즘 학생들은 노트필기를 하고 쓰면서 암기하는 방법을 사용하지 않는다기보다는 다양한 방법을 동원해 공부를 하다 보니 쓰는 활동이 상대적으로 줄어든 것일 수 있다. 필기를 하지 않아도 보다 편리하게 새로운 내용을 익힐 수 있는 방법을 사용하고 있을 수 있다. 그 방식에 완전히 의존하지 않는다면 또 다른 좋은 공부방법이 될 수 있다. 또한 개인적 특성에 따라 새로운 내용을 반복해 익히는 방법이 손으로 쓰는 것이 아닐 수도 있다. 예를 들면, 인지적 스타일에 따라 쓰는 것보다 반복적으로 읽는 것이 암기에 도움이 되기도 한다. 또는 누군가에게 가르치거나 설명해 주는 활동을 할 때 더 잘 암기하는 경우도 있다. 쓰기만을 고집하기보다는 다양한 방법이 있을 수 있다는 개방적인 태도를 가지고 자녀를 바라보는 것이 필요하다.

3. 사례 엿보기: 창의적인 사람들의 노트

'종이와 연필이 사라지고 있는 시대에 여전히 사람들은 종이와 연필에 매달려 새로운 아이디어를 생산해 내고 있다'는 기사가 나와 화제가 되었다. 가장 창의적인 활동으로 유행을 이끄는 유명 디자이너들조차 창작을 위해서는 공책을 필수품으로 여긴다는 내용이다. 해외 여러 디자이너들의 다양한 공책 사용 방식을 소개하고 있는데, "떠오른 생각을 자유롭게 적는다", "매일 아침 15분 혼자 사무실에서 낙서를 하며 할 일을 생각한다", "종이 낱장에 스케치한 뒤 폴더에 보관하는데, 수정해가면 스케치하기 편하다", "세세하게 필기하지 않지만 핵심적인 내용들을 기록한다", "항상 필드 노트를 주머니에 가지고 다니며 그때그때 생각한 것을 그리거나 스케치한다", "샤워실은 브레인스토밍하기 최적 장소로 샤워를 할 때 방수 재질의 노트를 들고 들어간다", "컴퓨터나 스마트폰에 메모하면 집중이 안 된다", "획획 노트를 넘겨볼 때 주어진 하루를 어떻게 보냈는지 한눈에 알 수 있어 좋다" 등 유명 디자이너들이 공책을 사용하는 목적과 방법은 저마다 다르다. 한 가지 분명한 사실은 종이에 손으로 뭔가를 쓰고 그리는 작업은 창의성을 신장시키는 하나의 방법이라는 점이다.

그림 10-2. "잘 나가는 디자이너들은 공책을 어떻게 쓰나"
(출처: 네이버 포스트 http://post.naver.com/viewer/postView.nhn?
volumeNo=3852298&memberNo=17369166&clipNo=0)

상담자 코너

1. 노트필기에 대해 직접 개입해야 하나요?

모든 내담자의 노트필기를 점검하고 가르치는 일을 상담과정에 포함시킬 필요는 없을 것이다. 단, 학습전략의 습득이 필요한 내담자가 있다면 그 습득을 촉진하기 위해 노트필기를 활용할 수 있다. 노트필기는 시연, 정교화, 조직화 등 다양한 인지전략과 밀접히 관련되는 것으로 알려져 있지만, 노트필기의 범위를 확장하면 인지전략만이 아니라 초인지전략과 관리전략을 포함하는 모든 학습전략 사용의 촉진을 위해 적용할 수 있다. 필기를 한다는 것은 시각화된 자료를 통해 그 실천과 효과를 확인할 수 있다는 장점이 있기 때문이다. 수업시간 동안 수업내용을 받아 적는 노트필기의 소극적 사용만이 아니라, 공부를 하면서 동원되는 모든 쓰기의 과정을 노트필기의 범위로 포함시켜 보면 내담자와 해볼 만한 작업들이 많아진다. 먼저 상담자는 내담자의 노트를 통해 사용하고 있는 학습전략에 대해 파악할 수 있고, 잘하고 있는 부분이 무엇이고 취약한 부분이 무엇인지에 대해 다룰 수 있다. 새로운 학습전략을 노트필기에

표 10-1. 필기방법의 종류

학습전략		정의	필기활동의 적용
인지전략	시연	단기기억에서 정보가 사라지지 않게 하기 위한 것으로, 반복적이고 기계적으로 외는 것	• 수업내용 필기 • 반복쓰기
	정교화	자료 내에서 서로 연결을 만들거나 혹은 학습하려는 자료와 이미 알고 있는 다른 자료의 내용 사이에 연결을 만드는 것	• 암기할 사항 요약 • 단권법
	조직화	정보를 위계화·범주화로 재조직하여 정보의 형태를 이해하고 기억하기 쉽게 변형하는 것	• 마인드맵
초인지 전략	계획	목표의 설정, 개관, 질문, 과제분석 등을 통해 전략 사용을 계획하고 사전지식을 활용하는 것	• 요약하면서 읽기
	점검	자신의 주의집중, 이해도, 진전도, 학습속도, 시간소요 등을 확인하는 것	• 오답노트
	조절	과제를 수행할 때 자신의 행동을 점검하면서 더 적절한 것으로 바꿔나가는 것	• 나만의 노트만들기 (generative note-taking)
관리전략	시간 관리	어떻게 학습할 시간을 계획하고 확보하고 실천해 나가는 것인가에 관련된 것	• 시간계획표
	노력 관리	자신의 몸과 마음을 잘 다스려서 몸과 마음을 최고 상태로 유지함으로써 우리 속에 있는 잠재력을 최대한 발휘할 수 있도록 하는 것	• 잡념노트 • 일기

적용하면서 그 습득이 제대로 되었는지도 확인할 수 있다. 또한 어떤 학습전략이 자신에게 맞는지에 대한 효과평가도 노트필기를 통해 가능하다. 다음은 학습전략의 습득을 촉진하기 위해 상담자가 적용해 볼 필기방법을 정리한 것이다.

2. 상담자에게도 필기가 필요할까요?

상담자는 학업상담만이 아니라 모든 상담에서 상담한 내용을 기록할 의무를 갖는다는 의미에서 상담자에게도 필기라는 활동은 필수다. 어떤 경우든 상담자는 여러 측면에서 상담 내용을 회기 중 또는 회기 후에 기록해야 한다. 먼저, 상담 내용에 대한 기록은 상담자가 해야 할 중요한 의무다. 모든 내담자와의 모든 상담 회기에 대한 기록이 의무사항인데, 상담 내용을 얼마나 세밀하게 기록할 것인지, 기록한 내용을 어디에 보관할 것인지, 누가 열람할 수 있는지 등에 대한 규정을 지켜야 한다. 상담 내용에 대한 기록 및 관리에 대한 일반적 지침(유정이, 2015)이 있으나, 그 구체적 사항은 각 상담기관마다 다를 수 있어 각 기관이 정하고 있는 규정에 따라야 한다. 최근에는 상담 내용을 각 회기별로 요약해 전산으로 기록하는 경우가 많기 때문에 상담을 마친 직후 기록할 시간을 확보하는 것이 필요하다.

둘째, 상담자의 자기개발을 위해 상담 내용에 대한 기록은 필수다. 수퍼비전을 받기 위해 상담한 내용과 상담자의 생각을 기록하는 것은 필수이고, 녹음이나 녹화를 통해 상담 장면을 손실 없이 기록하는 것도 필요하다. 뿐만 아니라 상담 회기 중에 자신의 상담 내용을 객관적으로 살펴볼 여유가 충분하지 않기 때문에 상담 이후 자신이 한 상담 내용에 대해 검토하고 다음 상담계획을 세우기 위해 상담 내용의 기록이 필요하다. 특히, 학업상담에서는 상담의 하위 목표가 세밀하고 단기적인 경우가 많고, 과제를 활용하는 경우도 많아 기록해두지 않으면 세부사항에 대해 기억하지 못할 수도 있다.

셋째, 상담을 진행하면서 기록을 병행할 필요가 있다. 자칫 기록에 치중하느라 내담자의 말에 경청하지 못하면 곤란하지만, 키워드 중심의 기록은 필수적이다. 일반적으로 상담은 50분 가까이 긴 시간 동안 진행되기 때문에 상담을 진행하는 동안 기록하지 않으면 상담 후 상담 내용 기록에서 빠뜨리는 내용이 생길 수 있다. 따라서 중요한 내용을 요약해서 정리하면서 상담을 진행하는 것이 좋겠다. 뿐만 아니라 상담을 잘 이끌기 위해 상담을 하는 동안 기록이 필요하다. 상담자는 내담자의 말을 경청하고 내담자와 상호작용하는 역할과 상담의 과정을 메타적으로 관찰하며 전략을 세우고 이끌어가는 역할을 동시에 수행해야 하는데, 후자의 역할을 위해 기록이 특히 필요하다.

✍ 효과적인 노트필기 방법을 소개해 주는 책

『공부가 좋아지는 허쌤의 공책레시피: 학습능력을 올리는 공책정리 코칭가이드』, 허승환 저, 즐거운학교, 2013년

✍ 반복해서 쓰기를 공부방법으로 제시한 책

『파란펜 공부법』, 아이카와 히데키 저, 이연승 역, 쌤앤파커스, 2015년

✍ 기록의 다양한 활용에 대해 안내해 주는 책

『기록형 인간: 일, 생각, 미래를 기록하면 삶이 달라진다』, 이찬영 저, 매일경제신문사, 2016년

공부량으로 승부하라

그 무엇보다 연습을 많이 하는 사람을 따라 잡을 수 있는 방법은 없다. 영어를 못하던 나는 "넌 영어를 잘해서 참 좋겠다. 난 왜 이렇게 영어를 못하는 사람으로 태어난 걸까?"라고 말하면서 영어를 잘하는 친구에 대한 부러움과 자신에 대한 불만을 함께 토로했다. 그 친구는 "영어는 많이 하면 되는 거야. 너 하루 3시간 이상 영어공부 해? 매일 3시간씩 영어를 공부해도 안 되면 그때 너의 재능을 탓하는 게 맞다고 난 생각해."라고 답했다. 역시 그 친구가 영어를 잘하는 비결은 "많이 하는 것"에 있었다.

그림 10-3. 시간 투자를 강조한 책들

1. 1만 시간의 법칙

노력의 중요성은 동서고금을 막론하고 꾸준히 강조되어오고 있다. '고생 끝에 낙이 온다', '고진감래(苦盡甘來)', 'No Pain No Gain' 등이 모두 동일하게 노력을 강조한다. 2009년 『아웃라이어』라는 책이 번역되어 소개되면서 노력의 중요성을 강조하는 캐치프레이즈가 새로 생겼다. 바로 '1만 시간의 법칙'인데, 이듬해인 2010년에는 『1만 시간의 법칙』이라는 책이 나오기도 했고, 2011년에는 『행복을 훈련하라』는 책의 부제로도 1만 시간의 법칙이라는 문구가 들어가 있다. 도대체 1만 시간의 법칙이란 무엇인가? 아웃라이어에 소개된 내용에 따르면, 신경심리학자인 Daniel Levitin이 쓴 *This Is Your Brain On Music*(p. 197)에 다음과 같이 소개되어 있다고 한다. Levitin의 결론이 이렇게 인용에 인용을 거듭할 만큼 사람들의 마음을 움직인 연구결과이기 때문일 것이다.

> 복잡한 업무를 수행하는 데 필요한 탁월성을 얻으려면, 최소한의 연습량을 확보하는 것이 결정적이라는 사실은 수많은 연구를 통해 거듭 확인되고 있다. 사실 연구자들은 진정한 전문가가 되기 위해 필요한 '매직넘버'에 수긍하고 있다. 그것은 바로 1만 시간이다. 신경과학자인 다니엘 레비틴(Daniel Levitin)은 어느 분야에서든 세계 수준의 전문가, 마스터가 되려면 1만 시간의 연습이 필요하다는 연구결과를 내놓았다. "작곡가, 야구선수, 소설가, 스케이트선수, 피아니스트, 체스선수, 숙달된 범죄자, 그밖에 어떤 분야에서든 연구를 거듭하면 할수록 이 수치를 확인할 수 있다. 1만 시간은 대략 하루 세 시간, 일주일에 스무 시간씩 10년간 연습한 것과 같다. 물론 이 수치는 '왜 어떤 사람은 연습을 통해 남보다 더 많은 것을 얻어 내는가'에 대해서는 아무것도 설명해주지 못한다. 그러나 어느 분야에서든 이보다 적은 시간을 연습해 세계 수준의 전문가가 탄생한 경우를 발견하지는 못했다. 어쩌면 두뇌는 진정한 숙련자의 경지에 접어들기까지 그 정도의 시간을 요구하는지도 모른다."(출처: 번역서 『아웃라이어』, p. 56, 원서 p. 44)

1만 시간이란 하루에 3시간씩 10년 정도의 시간을 의미한다. 1만 시간의 법칙은 반드시 시간을 헤아리며 '1만 시간만 채우면 성공한다'는 의미이기보다는 어떤 것에서 성공하기 위해서는 하루도 빠짐없이 꾸준히 노력해야 한다는 점을 강조하고 있다. Levitin의 연구가 세상에 알려지기도 전에 친구는 영어 잘하는 비결을 알려달라는 나에게 '하루 영어공부 3시간 하니?'라고 되물었다. 오늘부터 뭔가 잘 되지 않는다고 생각되는 것이 있다면, 꾸준히 열심히 하고 있는지 자신에게 질문해 보기 바란다.

2. '서울대는 머리가 아니라 엉덩이로 간다'라는 말의 의미

누가 한 말인지 그 출처는 알 수 없지만, 공부하는 사람들에게 들려줄 말로 이같이 정곡을 찌르는 말이 또 있을까 생각된다. 앞서 살펴본 아웃라이어라는 책에서도 재능보다는 노력의 중요성을 강조하고 있는데, 부모들 사이에서 떠도는 '서울대는 머리가 아니라 엉덩이로 간다'라는 말도 동일한 주장을 담고 있다. 그리고 반드시 서울대라는 대학을 들어가는 데만 필요하거나 대학입시라는 상황에만 해당하는 말이 아니라, 학업성취와 관련해 지능보다는 노력이 중요하다는 보다 일반적인 의미로 받아들여야 할 것이다.

학업성취는 새로운 지식을 쌓아 문제해결력을 키워가는 과정이라고 할 수 있는데, 무엇보다 지식의 체계적인 축적이 중요하다. 마치 건물을 지을 때 기초를 다지고 그 위해 차곡차곡 뼈대를 세우고 내부 구조물을 하나씩 갖추어 가듯이, 학업성취 역시 긴 시간에 걸쳐 지식을 쌓아 무엇인가를 이루어가는 것이다. 또한 학교의 교육과정은 그 기초와 뼈대와 구조를 만들 원료를 시기에 맞게 제공하고 있다고 할 수 있다. 따라서 처음부터 학교 교육과정을 충실히 따라가지 못하거나 어느 시기를 놓쳐버리면, 그 부분을 다시 학습하지 않으면 그 이후의 지식 습득이 힘들어진다. 각 단계마다 새로운 내용을 새로운 수준과 방식으로 익혀 지식의 구조를 구축해야 하기 때문에 언젠가 열심히 했다고 해서 그걸로 한동안 쉬어갈 수도 없다. 꾸준히 정해진 순서대로 배우고 익히고 익힌 것을 확인하는 과정을 반복해야 한다. 따라서 빨리 이해하고 잘 암기하는 능력도 중요하지만, 그것이 어느 한 순간에만 발휘된다면 완성된 구조물을 만들 수 없다. 조금 더디더라도 다소 효율이 떨어지더라도 얼마나 멈추지 않고 이 과정을 계속 하는가가 더 중요한 것이다.

3. 사례 엿보기

한국과 미국에서 수행했던 학습부진 극복 경험 수집 연구에서 가장 두드러지게 나타났던 전략은 공부를 많이 하는 것이었다. 그냥 많이 정도가 아니라 '어떻게 저렇게 공부만 할 수 있을까'라는 생각이 들 정도로 엄청난 시간을 공부에 쏟아 떨어진 성적을 끌어올린 경험들이 공통적으로 나타났다. 그 사례들 가운데 대표적인 사례를 제시해 보면 다음과 같다.

하루에 문제집 한 권

경수는 초등학교 6학년 때까지 반에서 꼴찌에서 3번째를 벗어나 본 적이 없었다. 부모님은 맞벌이를 해서 형과 함께 지내는 시간이 많았는데, 어느 날 형이 '니 눈에는 부모님이 너한테 돈 벌어주는 기계로 보이냐'라는 말을 듣고 공부를 하기 시작했다. 형의 도움을 받아 공부하면서 성적이 향상되어 중학교 이후에는 계속 상위권이었다. 그런데 모의고사에서는 좋은 성적을 내지 못하는 편이었고, 특히 고3 6월 모의고사에서는 90점이 떨어져 충격적일 정도로 점수가 낮았다. 그때부터 공부를 제대로 해야겠다고 마음먹고, 문제가 가장 많이 수록되어 있는 수학 문제집을 틀린 문제 또 풀고, 또 틀린 문제 다시 푸는 식으로 5번씩 푸는 것부터 시작해 공부량을 늘려나갔다. 그 결과 11월 수능에서 좋은 성적을 얻어 원하는 대학에 진학했다. 그리고 경수는 공부량을 늘리기 위해 하루에 문제집 한 권씩을 풀게 되었는데 경수가 보고한 내용을 그대로 옮겨보면 아래와 같다.

> "사탐 같은 경우는 문제집 왕창 풀었죠. 이제 아침에 등교하면서 메가 스터디 국사 700제 이런 거. 그리고 아침에 한 권 사가지고 저녁에 갈 때 버리고 이렇게 졸업했으니깐. 소각장에다 버리고 그런 식으로 하니깐 이제 9월 모의고사는 ○○○점대가 나왔는데 많이 올랐고 그 난이도에 비해

서도 그렇게 많이 성적이 떨어지지는 않더라고요. …… 그래서 아, 이대로 하면 되겠다. 수능 때까지 이 계획대로 나가면 되겠다. 또 9월 모의고사 때 못 봤던 과목들, 또 그런 식으로 문제집 왕창 풀어대고. 그런 식으로 해가지고 이제 수능 볼 때는 수능 볼 때 성적은 ○○○점 나왔는데요."

남들보다 3배 공부

상아는 공부를 잘하고 싶었지만 공부가 잘 되지 않았다. 5학년이 되어서야 그 원인이 학습장애라는 사실을 알게 되어, 그때부터 학습장애아들을 위한 보충교육을 받게 되었다. 점차 학습에서 성취를 나타내기 시작했는데, 그 과정에서 절실하게 깨달은 점은 남들보다 훨씬 공부를 많이 해야 한다는 것이었다. 자신의 학습과정에 대해 이야기하면서 상아는 항상 남들보다 3배는 공부해야 한다고 마음을 먹는다고 했다. 그래서 학교에서 오면 잠자리에 들 때까지 계속 공부하는데, 상아의 표현을 그대로 옮기면 이렇다: "뇌가 너무 지쳐 더 이상 작동하지 않을 때까지 책상에 앉아서 연습하고 연습하고 연습해요."

하루 종일 도서관

현이는 고2 겨울방학에 평소와 같이 소설책을 읽으면서 여유롭게 지내고 있었다. 어느 날 친한 친구인 민규로부터 전화 한 통을 받고 자신이 고3이 되기 위한 준비를 해야 한다는 현실을 깨닫고 공부를 시작했다. 민규는 성적이 우수한 학생들만 모여 학교에서 매일 자율학습을 하는 학교 프로그램에 참여하고 있었는데, 성적이 낮아 거기에 들어오지 못한 현이를 걱정해 전화를 했다. 고3을 준비하는 친구들이 학교에서만 공부하는 것이 아니라 자율학습 프로그램이 끝나면 도서관에 남아서 10시, 11시가 되도록 공부를 한다고 전했다. 무슨 일이 있어도 겨울방학 동안 영어와 수학은 고2 과정까지 철저하게 복습해야 한다는 것을 전해들은 현이는 다음날부터 바로 공공도서관에 다니기로 했다. 첫날은 너무 늦게 가는 바람에 자리를 잡지 못해 제대로 공부를 못했고, 다음날부터는 새벽 일찍 도서관 문을 열기 전에 미리 가서 줄을 섰다. 새벽 7시부터 밤 10시까지 꼬박 영어와 수학을 공부하는 생활을 남은 겨울방학 동안 꾸준히 한 결과, 목표로 했던 문법책 한 권과 수학 1,2를 모두 해냈다. 혼자 다녔기 때문에 밥 먹는 시간을 제외하고는 계속 공부에 열중했고, 하루하루 공부한 흔적을 확인하는 것에 뿌듯함을 느꼈다. 겨울방학을 마치고 3월에 치러진 첫 모의고사 영어와 수학에서 엄청난 향상을 해 자신감도 생겼다. 고3 기간 동안도 고1,2 때와는 달리 열심히 공부했고, 자신이 원하는 대학에 무난히 합격했다.

상담자 코너

1. 공부량을 늘리겠다는 결심을 어떻게 이끌 수 있을까요?

① 계기 찾기

앞서 살펴본 사례들에서도 공부를 하기로 결심한 계기들이 있음을 알 수 있는데, 그 계기는 각각 다르다. 학습부진을 극복한 학생들에게서 들었던 계기도 가정상황이 나빠지면서, 자신의 꿈을 발견하게 되면서, 친구의 진심어린 조언으로, 책을 통해 자신의 인생에 대해 생각해 보면서, 자신을 무시하는 선생님에게 뭔가 보여주고 싶어서 등으로 다양했다. 아마 공부가 고민이 되어 상담실을 찾은 내담자에게는 바로 이번 상담이 계기가 될 수 있을 것이다.

상담자는 그 지점에서 내담자가 충분히 자기성찰을 할 수 있도록 공감하고 촉진하여 '공부를 왜 해야 하는가?'에 대한 답을 찾을 수 있도록 조력하는 것이 중요하다. 억지로 계기를 만들려고 애쓰기 보다는 내담자가 자기탐색을 통해 자연스럽게 계기를 찾을 수 있도록 촉진하는 역할에 주안점을 두어야 한다. 아마 이 부분은 어떤 영역보다 상담자의 고유한 전문성을 발휘할 부분으로 평소 상담자로서 자신의 역량을 잘 발휘하기 바란다.

② 목표헌신

교육심리학에서는 공부에 몰입하려면 목표헌신이 학습과정에서 필요하다고 본다. 목표헌신(goal commitment, 목표전념이라고 명명하기도 함)이란 목표에 집착하고 그 목표를 중요하게 생각하고 실패하거나 장애물이 있을 때라도 지속하려는 정도를 의미한다(Locke, Latham, & Erez, 1988). 초기 목표헌신 모델에 따르면, 목표헌신에는 개인의 내적 특성과 환경적 특성과 그 사이의 상호작용이 모두 작용한다. 즉, 목표헌신을 위해서는 기대, 자기효능감, 내적 보상, 자율성, 또래(역할모델), 외적 보상, 참여 경험 등 다양한 요인이 영향을 미치는데, 상담자는 이 요인들을 하나하나 탐색하면서 필요한 부분에 대해 개입할 수 있다.

목표헌신 모델은 학습과정에만 적용되는 것은 아니고 인간의 모든 수행에 관여하는데, 35년간의 연구결과들을 종합하여 목표설정 이론으로 한층 발전하게 되었다. 여러 장면에서의 목표추구 행동을 설명하는 모형으로 직장에서의 업무수행을 어떻게 끌어올릴 것인가에 대한 논의도 활발하게 진행되고 있다. 새로 제안된 목표헌신 모델(Locke & Latham, 2002, p. 714)에서는 목표헌신이 어느 한 순간에 나타나는 개인의 특성이라기보다는 목표설정과 수행의 결과가 계속 피드백 되면서 변화된다는 점이 추가되었다. 즉, 앞서 살펴본 목표헌신의 결정 요인들만이 아니라, 이후 어떤 수행을 했고, 그 수행에 대해 어떤 보상이 주어지고 얼마나 만족하는지 그리고 나아가 그런 만족감이 새로운 도전에 대한 의도로 이어지는지 확인할 필요가 있다. 따라서 목표를 성취해 나가는 과정에서 피드백이 제공되어야 한다. 특히, 피드백이 목표달성의 유무를 알려주는 결과위주의 피드백이 아니라 목표달성을 위해 어느 정도까지 왔으며, 앞으로 남은 부분이 어느 정도 되는지 등의 목표의 진전이나 향상 정도를 알려주는 피드백이 수행에 효과적이다(Locke & Latham, 2002).

③ 플랜 B

많은 학생들이 자신이 원하는(또는 자신에게 의미 있는) 단 하나의 목표만을 추구하다가 그것을 이룰 가능성이 없어 보일 때 아예 공부에서 등을 돌려 버린다. 비록 그 목표를 이루지는 못해도 열심히 하면 차선의 목표에 도달할 수 있고, 그 목표의 성취 역시 훌륭한 성취일 수 있는데 너무 하나의 목표에만 매달리면서 생기는 문제다. 뿐만 아니라 자신의 현재 실력에서 도달하기 어려운 목표라면 중간 목표를 세워 그것부터 성취해야 그 다음 다시 도전할 수 있는데 그런 융통성을 발휘하지 못한다. 다음은 학업상담을 꾸준히 해 온 한 상담자가 보고한 내용인데, 이런 현상이 사례에서 어떻게 드러나는지 보여주고 있다. 상담자들은 내담자에게 하나의 목표만 세우게 하기보다는 잘 안될 때를 대비한 "플랜 B"를 세워 모든 걸 포기해 버리는 상황에 처하지 않도록 유의해야 한다.

중학교 때까지 잘하던 학생들이 고등학교에 가서 1학년 내신을 망친 경우에 2, 3학년 잘해서 서울대 못가면 연고대라도 가면 되는데, "서울대도 어차피 못 가는데 이미 틀렸어요"라고 말해버리면서 2,3학년 공부도 손에서 놓는 거예요. 청소년기 시절에 경험하는 회의주의와 인지적으로 미래를 예측하는 능력이 서로 잘못 콜라보레이션 되는 경우인데, 비록 서울대는 어려울 수 있어도 나는 다음 목표인 연고대를 위해서라도 열심히 하겠다가 아니라, 마음속으로는 그렇다고 해서 지방대나 서울 3위권 대학 가고 싶은 것도 아니면서, "서울대도 못 가는데 이제 와서 해서 뭐해요. 이미 틀렸어요"라는 말을 상담에서 종종 해요. 그래서 "그럼 서울대는 못 가더라도 연고대라도 가고 싶은 거니, 아니면 더 낮은 대학을 가도 괜찮은 거니?"라고 확인해보면 더 낮은 대학은 당연히 싫어하고 당연히 연고대 아니냐고 반문해요. 그렇지만 그 순간까지는 본인이 어떤 오류를 저지르고 있는지 모르는 경우를 정말 많이 봤어요.

2. 공부량을 어느 정도까지 늘려야 하는 것일까요?

성적 향상을 목표로 한다면 공부량을 늘리는 것이 일차적인 목표가 되어야 한다. 그러나 학습량에 대해 '하루 5시간'과 같이 절대적인 기준을 정하는 것은 어려운 일이다. 앞서 소개한 사례들은 상당히 많은 시간을 공부에 할애한 사례들이지만, 모든 내담자들이 도달해야 할 목표로 삼는 것은 적절하지 않다. '얼마까지 늘려야 하는가?'라는 질문보다는 '지금 얼마나 하고 있는가?'라는 질문에서 출발하는 것이 더 바람직하다고 할 수 있다. 기초선을 확인하고 그곳을 출발점으로 공부시간을 점차적으로 늘려가는 접근이 필요하다. 이 과정에서 다음과 같은 사항들이 고려되어야 한다.

① 공부시간 vs. 학습량

공부량을 늘린다는 것에는 공부하는 시간도 늘려야 하고, 일정한 시간 동안 학습하는 분량도 늘려야 하는 두 가지 목표를 포함하고 있다. 생활관리라는 측면에서는 시간을 목표로 하는 것이 수월하고, 성취도 향상이라는 측면에서는 분량을 목표로 하는 것이 효과적이다. 그리고 주어진 시간동안 얼마나 많은 양의 공부를 해낼 수 있는가라는 측면에서의 증진도 염두에 두어야 한다.

즉, 공부에 투입하는 시간을 기준으로 목표를 세우든, 학습해야 할 분량을 기준으로 목표를 세우든 시간과 분량과의 관계를 점검하여 효율적인 학습이 될 수 있도록 해야 한다. 규칙적인 학습습관 형성을 위해 시간을 기준으로 목표를 세우는 것으로 시작하고, 습관이 형성됨에 따라 그 시간에 해내는 학습량을 늘려가는 목표로 옮겨가는 방법이 대부분의 내담자에게 쉽게 적용될 수 있을 것이다. 그러나 좀 더 통제력이 있는 내담자라면, 시간보다는 분량으로 접근해 정해진 분량이 끝날 때까지 계속 공부하는 것을 목표로 할 수 있다.

② 한 번에 앉아 있는 시간

공부량과 관련해 먼저 확인할 사항은 한번 앉으면 일어나지 않고 공부를 지속하는 시간이다. 공부를 하는 동안 자주 일어나게 되면 주의집중을 지속하지 못하게 되고, 그에 따라 학습도 효율적으로 해나가지 못한다. 따라서 한번 앉아서 공부를 시작하면 어느 정도는 꾸준히 앉아 공부를 하는 것이 필요한데 얼마나 오래 앉아 있어야 하는지에서는 개인차가 있다. 우리나라는 수업시간이 초등학교는 40분, 중학교는 45분, 고등학교는 50분으로 정해져 있는데, 학교급에 따라 수업시간을 달리 하고 있는 이유는 아이들이 크면서 집중할 수 있는 시간도 늘어나는 발달적 특성이 반영된 것이다. 최소한 학교에서 정한 수업시간 정도의 시간 동안은 혼자 공부할 때도 지속할 수 있어야 한다. 즉, 초등학생은 40분, 중학생은 45분, 고등학생은 50분 정도는 한 번의 호흡으로 공부를 해야 하는데, 이 부분이 안 되고 있다면 먼저 개입할 부분이다. 그 이상 얼마나 더 오랫동안 앉아 있는 것이 효율적인가는 개인마다 다를 수 있다. 무조건 오래 앉아 있는다고 해서 항상 집중을 유지할 수 있는 것은 아니고, 오히려 피로도가 높아져 학습능률이 떨어질 수도 있다. 따라서 이 부분은 내담자와 함께 공부시간을 점차 늘려가면서 가장 적절한 시간을 찾는 것이 필요하다.

③ 점진적 접근

공부를 해야 할 시간과 분량에 대해 내담자별로 서로 다른 목표를 세우게 될 것이다. 그리고 그 목표달성을 위해 실천계획을 세우게 되는데, 가장 중요한 지침은 조금씩 조금씩 늘려나가는 점진적 접근 원리를 지켜야 한다는 것이다. 마음만 먹으면 한꺼번에 공부량이 늘어난다면 좋겠지만, 결심을 한다고 해서 바로 공부에 매진할 수 있는 것은 아니다. 점진적 접근의 중요성에 대해서는 이 책의 여러 부분에서 언급되고 있는데 그만큼 중요하기 때문이다. '급히 먹는 밥이 체한다(Haste makes waste)'라는 말처럼, 서둘러 될 일은 아니다. 때로 학생들은 마음을 굳게 먹고 며칠 또는 1~2주 정도 놀랄 만큼 많은 공부량을 소화해 내기도 한다. 그러나 이런 무리한 실천력을 지속적으로 발휘하기는 어렵기 때문에 '작심삼일'로 끝날 가능성이 높다. 공부는 그렇게 잠깐 하고 마칠 수 있는 일이 아니라서 이런 접근은 바람직하지 않다.

먼저 지금 얼마나 공부하고 있는지부터 확인하고, 그 지점에서 출발한다. 그 출발점이 한번 앉아 공부하는 시간 10분이어도 상관없고, 일주일에 암기하는 단어수 10개라도 상관없다. 매일 5분 정도씩 또는 일주일에 10분 정도씩 공부시간을 늘려보는 정도의 속도 또는 일주일에 암기하는 단어수를 5개씩 늘려가는 정도의 속도로 나아가보자. 이렇게만 해도 한 학기가 지나기 전에 공부량을 엄청나게 늘릴 수 있다. 다음은 실제 서서히 공부시간을 늘리는 데 성공해 대입까지 성적을 엄청나게 올렸던 한 학생의 보고 내용이다.

> 서서히 변했던 거 같은데, 처음에는 그냥 자율학습 시간에 안 빠져야겠다는 생각부터 시작해서… (중략) 선생님이 좋은 열람실 자리 같은 거를 반에서 몇 명 뽑아서 보내주는데 그런 거 신청하니까 보내주시고… (중략) 특별한 뭔가 방법이 있었던 것 같지는 않아요. 그러니까 제가 시간표대로 시간을 점점 늘렸죠. 고등학교 3학년 되니까 제가 열람실을 계속 다니고 학교에서 가장 늦게 나가는 사람으로…

④ 많은 노력을 기울이지 않아도 도달할 수 있는 목표의 설정

점진적 접근을 하면서 확인해야 할 또 한 가지 사항은 각 목표에 도달하는 동안 내담자가 얼마나 많은 에너지를 사용하고 있는가인데, 너무 많은 노력을 기울여 도달하고 있다면 목표를 낮출 필요가 있다. 학생들에게 공부는 일상생활이다. 연주자에게는 연주 연습이 일상이고, 일러스트레이터에게는 그림을 그리는 것이 일상이고, 스포츠 선수에겐 운동이 일상이듯이, 학생들에게는 공부가 일상이다. 언제나 고통을 감내하고 즐거운 일을 절제하면서 일상을 살아가야 한다면, 그 사람은 너무 불행하지 않을까? 주어진 일에 최선을 다하고, 더 잘하기 위해 노력하며, 그 과정에서 얻은 성취감을 맛보면서 행복감을 느낄 수 있어야 한다. 그러나 그 정도가 너무 지나쳐 모든 과정이 고통이라면, 무엇을 위해 고통 받아야 하는 것일까? 공부라는 활동이 즐겁고 신나기는 어렵지만, 당연히 고통스러운 것이고 그 고통은 미래에 보상을 받을 것이라는 논리는 통하지 않을 것이다. 성적을 엄청나게 향상시킨 경험이 있는 제보자들 중 고통스럽지만 그 고통을 참으면서 공부했다고 보고한 경우는 찾아볼 수 없었다. '어려웠지만 보람이 있었다', '그렇게 많이 힘들다고는 생각하지 않았다', '할 만큼만 하자고 생각했다' 등으로 그 과정을 표현하고 있다. 조금은 어렵지만 도전해보니 해볼 만하고, 그 과정에서 성취감도 맛보고, 그래서 조금 더 도전해 보고 싶은 마음이 드는 선순환을 할 수 있도록 목표 조절을 잘 하는 것이 상담자가 해야 할 일이다.

✍ 엉덩이를 무겁게 하는 데 도움이 되는 책
『(보통 사람의 인생을 특별하게 만드는) 지속하는 힘』, 고바야시 다다아키 저, 정은지 역, 아날로그(글담), 2016년

✍ 점진적 접근의 효과와 중요성에 대한 확신을 갖게 해 주는 책
『끝까지 계속하게 만드는 아주 작은 반복의 힘』, 로버트 마우어 저, 장원철 역, 스몰빅라이프, 2016년

모니터링의 힘

나는 매일 달리던 고속도로에서 빠져나와 잠깐 다른 고속도로를 타다가 또다시 고속도로를 빠져나오는 길을 거친다. 고속도로에서 나올 때는 모두 급커브에 경사까지 있는 출구를 거치게 되어 있어 속도를 줄여 진입하라는 안내문과 40km/h의 속도로 지나가라는 속도 표지판도 여러 개 세워져 있다. 두 곳에 모두 동일한 안내문과 표지판이 있지만, 첫 번째 지나는 곳에서는 거의 대부분의 차가 속도를 크게 줄이지 않는 반면, 두 번째 지나는 곳에서는 거의 대부분의 차가 속도를 줄인다. 두 곳의 차이라면 두 번째 출구에는 속도 게시판이 설치되어 있다는 점이다. 여기에 설치된 속도 게시판에는 지나가는 모든 차들의 속도가 차례로 표시되는데, 단속을 하는 곳은 아니지만 거의 모든 차들이 속도를 줄인다. 나도 그곳을 지날 때는 계기판을 보면서 내 차의 속도를 줄이게 된다. 자신의 행동이 모니터링되고 기록으로 나타나는 것을 보는 것만으로도 행동에 변화를 일으키게 된다는 것을 보여주는 사례라고 하겠다. 이런 모니터링의 효과는 학습과정에도 밀접히 관련되는데, 행동관리, 공부방법, 창의력 신장과 밀접히 관련된다.

1. 공부습관 형성에 필요한 모니터링

공부는 꾸준히 해야 하는 것이고 많이 해야 하는 것이기 때문에 습관의 형성이 중요하다. 새로운 학습습관을 형성한다는 것은 매우 어려운 과제인데, 자신이 공부하는 행동을 잘 관찰하고 기록해보는 것 즉, 모니터링도 하나의 방법이 될 수 있다. 다이어트를 할 때 체중을 매일 재거나 먹은 음식을 기록해 보는 것과 같은 방법이다. 하루에 무엇을 얼마나 공부하는지 기록해 보면, 자신도 모르는 사이에 피드백이 되어 공부하는 양과 시간을 늘려나갈 수 있다. 따라서 기록하기를 통한 공부습관 형성에서 지켜야 할 가장 중요한 지침은 빠짐없이 규칙적으로 관찰하고 기록하는 것이다. 기록은 행동에 피드백을 주는 기제를 통해 행동변화를 촉발하기 때문에 규칙적으로 꾸준히 기록하지 않으면 그 효과를 기대하기 어렵다.

그렇다면 어떤 기록 방법이 좋을까? 무엇을, 언제, 어디에, 어떻게 기록할 것인가는 자유롭게 선택할 수 있다. 예를 들어, '매일 30분 국어책 읽기'라는 목표를 세우고, 실천여부를 기록하면 계획만 세우고 다짐만 할 때보다 훨씬 실현 가능성이 높아진다. 가장 간단한 방법은 달력이나 다이어리에 체크하는 것이다. 국어책을 읽은 날은 ○, 읽지 않은 날은 X로 간단히 표시만 하는 것이다. 기록이 세밀할수록 모니터링의 효과가 높아질 수 있는데, 다음과 같은 양식에 국어책을 읽은 시간과 장소 그리고 읽은 내용에 대한 요약이나 생각을 함께 기록해 볼 수 있다. 이렇게 기록을 하면 실천한 날과 실천하지 못한 날의 차이를 알 수 있어 좀 더 실천을 잘하기 위해 어떤 노력을 해야 할지 바로 알 수 있다.

표 10-2. 기록의 예

나의 국어책 읽기 목표: 하루에 30분씩 읽기

날짜	실천 여부	시간	장소	페이지	내 생각
4/3	○	8:10~8:40	교실	12~23쪽	예습을 해서 좋았음
4/4	△	11:10~?	침대	23~?	읽다가 잠들어 버림
:					
:					

'매일 국어책 30분 읽기'와 같이 간단한 목표가 아니라 여러 과목에 걸쳐 목표를 세우고 실천하고 싶다면, 공부할 영역과 분량에 대한 목표와 달성률을 상세히 기록해야한다. 이런 경우라면 목표를 세우기 위한 모니터링부터 하는 것이 좋다. 너무 높은 목표를 세울 경우 아무리 모니터링을 잘해도 실천하기 어렵기 때문에 현재 자신이 무엇을 얼마나 공부하고 있는지부터 기록해 보는 것에서 출발하는 것이 좋다.

모니터링을 해 나가다 보면 습관만 형성되는 것이 아니라 자신의 공부시간 사용에 대한 문제점도 발견하게 된다. 그래서 자신의 공부시간에 대한 기록은 보다 합리적인 학습량과 학습과정을 자리 잡게 해 준다. 가능한 언제 어디에서 무엇을 했는지에 대해 상세히 기록하고, 처음부터 가장 좋은 기록방법을 찾기보다는 기록을 해 나가면서 더 좋은 기록방법을 찾는 것이 바람직하다. 꾸준히 기록하면서 자신의 변화를 주시하고 보다 효과적으로 자신을 조절할 수 있는 방안을 찾아야 한다.

2. 사례 엿보기: 등교 시간 기록하기

보라는 졸업 후 사법고시 공부를 2년째 하고 있었는데, 공부가 잘 안되어 대학 상담실을 찾게 되었다. 공부문제를 호소하는 학생들의 대부분은 자신이 왜 공부가 안되는지에 대한 가설을 가지고 있는 경우가 많아 상담자는 그 부분부터 질문했다. 보라는 시간관리가 안 되는 것이 문제라고 생각하고 있었는데, 어느 시간이 가장 문제인지 구체화해 나가는 과정에서 아침에 도서관에 오는 시간이 너무 늦다는 것이 확인되었다. 일찍 도서관에 나오는 날은 공부가 잘 되고 그렇지 않은 날은 공부가 잘 안되는데 일찍 나오기가 힘들다는 것이다. 상담자는 도서관에 나오는 시간이 언제인지 물어보았으나 정확하게 모르고 있었다. 상담자는 먼저 도서관에 도착하는 시간부터 확인하기로 했는데, 상담실 입구에 달력을 두어 학교에 오면 도착한 시간을 그 달력에 적어두고 도서관에 가기로 했다.

일주일 후 만나 달력을 확인했는데, 지난 한 주 동안에는 아주 늦게 학교에 온 적이 하루도 없었다. 휴일조차 평일과 다르지 않은 8시 30분 전후에 학교에 도착했던 것이다. 무슨 일이 일어난 것일까? 가능성은 두 가지다. 실제 학교를 제 시간에 나오고 있는데 어쩌다 늦게 나와 공부가 안 되는 날의 문제를 너무 심각하게 생각하고 있었던가, 아니면 학교에 도착하는 시간을 적는 것만으로 행동이 변화되었거나. 이 부분에 대해 보라는 후자라고 생각한다고 말했다. 그리고 학교에 오는 시간을 30분만 앞당겨 보고 싶다고 해 그렇게 하기로 하고, 계속 상담실 문 앞에 달력을 걸어두고 학교 도착 시각을 적기로 했다. 8시 전후로 등교해 도서관에서 공부를 시작했고, 아침에 일찍 공부를 시작하면서 기분이 좋아져 공부도 잘된다고 했다. 다음 한 주 동안은 상담실의 달력과 보라의 다이어리에 함께 등교 시간을 기록하기로 했고, 그 다음 주 만났을 때 다이어리에 도서관 도착 시간을 적으면서 해 보기로 하고 상담을 종결했다. 물론 보라와의 상담에서 고시공부에 대한 부담감, 동기, 전략 등에 관한 내용을 다루긴 했지만, 등교 시간 기록이 행동 변화에 가장 큰 영향을 미친 것으로 평가되었다.

1. 모니터링을 적용한 개입전략이 있나요?

모니터링을 학습습관의 형성을 위해 많이 적용하는 대표적인 원리와 방법은 잘 알려진 '자기관리기법(self-management)'이다. 일반적으로 자기관리기법은 '자기관찰-자기평가-자기강화'의 요소로 구성되는데, 기록은 자기관찰 과정에 해당하고 자기평가와 자기강화를 위한 기초자료가 된다. 여기에서는 청소년들을 위한 자기관리기법 적용을 위해 개발된 프로그램(김혜숙, 박한샘, 1996)의 내용을 소개한다.

① 자기관리기법의 기본 가정

먼저 자기관찰이 포함된 자기관리기법의 기본 정신을 이해해야 이를 내담자에게 잘 적용할 수 있는데, 여러 학자들이 제시한 자기관리의 기본적 틀에서 시사하는 바를 요약해 보면 내담자의 책임감, 창의성, 자율성에 기반하고 있다.

첫째, 내담자가 자신의 행동과 행동변화에 대한 책임감을 수용하는 것이 자기관리기법에서 가장 중심되는 개념이다. 과거의 환경이나 경험들이 실제로 내 삶에 영향을 미쳤다 할지라도 그것을 내가 현재 어떻게 생각하고 지각하는가는 자신에게 달려있다. 그러므로 현재 어떤 행동을 하고, 행동을 변화시키기 위한 책임은 자신에게 있는 것이다. 자신의 행동에 대한 책임감이 생길 때 변화에 대한 동기도 높아질 수 있기 때문에 이 부분은 상담구조화 단계에서부터 꾸준히 주지되어야 한다.

둘째, 자기관리는 자신의 욕구와 필요에 따라 생산적인 방식으로 자신과 환경을 조절하는 창의적인 과정이다. 즉, 내담자에게 환경에 대하여 좀 더 적극적으로 대처하고, 상황과 문제에 따라 가장 적합한 자기관리를 할 수 있는 능력이 있다고 본다.

셋째, 자기관리는 내담자가 삶을 보다 효율적으로 살아 나가는데 필요한 기술들을 습득하고 스스로 적용시키는 과정이다. 우리는 삶에서 발생하는 크고 작은 문제에 대하여 스스로 생각하고 대처하는 능력을 배워감으로써 자기관리는 일생동안 일어나는 과정이다.

② 자기관리기법의 구성요소로서의 자기관찰

김혜숙과 박한샘이 개발한 자기관리기법에서는 자기관리의 과정을 자기관찰, 자기평가, 자기강화의 3단계로 제시하는데, '자기통제 피드백 고리(feedback-loop, Kanfer & Gaelick, 1975)'라는 자기관리 과정을 설명하는 모델에 근거를 두고 있다. 자기관찰(self-monitoring) 단계에서 관찰은 단지 행동 자체에 대한 관찰뿐만 아니라 행동 이전의 선행사건과 그 이후의 결과, 이들의 상호작용을 모두 관찰의 대상으로 포함한다. 또한 관찰할 행동은 겉으로 보이는 외현적 행동과 더불어 생각이나 감정과 같은 내재적 행동까지 포함된다. 자기관찰은 주먹구구식으로 이루어지는 것이 아니라 문제행동과 관련지어 체계적인 방법으로 기록하는데, 자기관찰의 능력은 발달단계나 개인적 요인에 따라 영향을 받는다. 따라서 어떤 행동을 어떻게 관찰하고 기록할 것인지를 결정하기 위해 내담자와 의논하고 실행해 보고 적합한 방법을 찾는 과정을 거쳐야 한다.

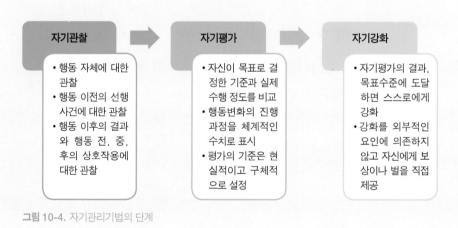

그림 10-4. 자기관리기법의 단계

③ 자기관찰의 활용

자기관찰은 여러 측면에서 내담자의 행동변화에 활용할 수 있는데(Kanfer & Gaelick, 1975), 다음 사항들을 상담에 활용할 수 있다. 그 목적에 따라 관찰의 내용이나 빈도는 달라질 수 있고, 관찰과 기록에 대한 내담자의 동기화가 선행되어야 정확한 자기관찰이 가능하다는 점을 유념해야 한다.

- 문제행동이 실제 생활에서 어떻게 일어나고 있는지에 대한 구체적 정보를 제공한다.
- 내담자가 호소하는 문제가 무엇인지 정확하게 확인할 수 있다.
- 기록된 정보를 바탕으로 문제행동이 일어나는 발생 과정에 대해 진단할 수 있다.
- 상담의 효과를 확인하는 평가의 준거가 될 수 있다.
- 내담자가 자신의 행동을 관찰하고 기록하는 과정 자체가 행동변화에 대한 동기를 높인다.

2. 자기관리기법을 공부문제에 적용한 사례가 있나요?

자기관리기법은 다양한 분야에서 적용되고 있는데, 학습영역보다 병원에서의 환자관리나 회사에서의 사원관리 쪽에서 더 많이 활용된다. 앞서 살펴본 김혜숙과 박한샘의 자기관리기법은 비록 오래 전에 소개되었지만, 지금도 적용되고 있는 대표적 프로그램이다. 자기관리기법 프로그램 워크북에 포함된 사례들 가운데 학습과정과 관련된 사례(pp. 165-170) 한 가지를 인용해 보면 다음과 같다.

준석은 중2 남학생인데 모든 일을 미룰 수 있는 데까지 미루었다가 막판에 해치우는 습관이 있다. 학교 숙제와 학원 숙제를 항상 미루다가 숙제를 내기 바로 직전에 시작해서 다하지 못하는 행동을 고치려고 학교 상담실을 찾았다.

1단계 : 문제행동의 구체화

	상황 (언제, 어디서)	누구와	관찰된 문제행동
1	방학 숙제	혼자	개학하기 전날 한 달 동안의 방학 숙제와 일기를 쓰느라 정신이 없다
2	시험	혼자	시험공부 계획을 지켜본 적이 없고, 언제나 벼락치기
3	학교 숙제	혼자	아침에 가방 챙기다가 숙제가 있다는 걸 알고 학교에 가서 하지만 다 못함
4	학원 숙제	혼자	집에 와서 학원가기 전 간식을 먹으면서 하지만 다 못함

2단계 : 목표의 설정

목표	세부목표	환경	변화수준
숙제를 미루지 않는다	숙제가 나오면 그날 반드시 끝낸다	시험기간이 아닐 때	1주일에 2번(1달) → 3번(2달) → 4번 → 5번(3달) → 6번 숙제를 해간다
	학원에 가지 않는 날은 학원 가는 시간에 숙제를 한다	학원에서 숙제를 내 줄 때	〃

3단계 : 자기관리기법의 선택

상담자는 내담자가 사용할 수 있는 몇 가지의 자기관리기법들을 설명해 준다. 이러한 기법들이 앞으로 행동을 변화시키는 데 어떻게 도움이 되고 왜 필요한지 충분히 설명하여 자기관리에 대한 동기를 높인다. 자기관리기법에 대하여 충분히 이해한 뒤, 목표 달성에 가장 적절하다고 생각되는 기법들을 선정한다.

4단계 : 선택된 기법의 교육과 시범

자기관찰을 기록할 수 있는 기록지를 내담자와 함께 만들고 어떤 상황에서의 행동을 기록할 것이며, 얼마나 자주 할 것인지, 기록지를 어디에 둘 것인지 등을 결정하고 자기관리가 잘 되었을 경우 어떤 보상이 있을 수 있을지 의논한다.

이 사례의 경우 학교나 학원에서 선생님께서 숙제를 내 줄 때 바로 숙제 수첩을 꺼내 적기, 하교하면 시계의 자명종을 4시 50분에 맞추고 숙제수첩을 꺼내 숙제 옆에 숙제할 시간 적기, 자명종 소리가 나면 학원에 가거나 학원 숙제 시작, 숙제가 끝나면 수첩에 숙제한 시간과 숙제한 양을 기록하고 100%일 경우 게임하기, 9시가 되면 숙제수첩을 꺼내 학교 숙제하기, 숙제를 끝내면서 숙제수첩을 꺼내 숙제한 시간과 숙제한 양 기록하고 100%일 경우 TV보기 등 자기관리의 과정도 가르친다. 필요한 경우 흐름도(flow chart)를 그려주고 익숙해질 때까지 책상에 부착하고 보면서 하게 할 수도 있다.

• 자기관찰

다음과 같은 기록지를 이용하여 자기관찰을 하는데 숙제수첩에 직접 그려서 사용한다.

8월 2일 금요일

	숙제 내용	언제 할까?	언제 했나?	얼마나 했나? (%)
학교 숙제	① 수학:프린트물 1장 풀기	21:00-22:00	21:30-23:00	100%
	② 영어:단어, 숙어 프린트물 2장 외어가기	22:00-23:00	다음날 수업 시간 전	40%
	③ 가정:저고리 만들어 가기	23:00-24:00	못함	0%
학원 숙제	① 국어:문제집 5장 풀기	8/3 17:00-18:00	8/3 17:20-19:10	100%
	② 영어:독해문제풀이 3장	8/3 19:30-21:00	8/3 19:30-21:30	90%
	③ 수학:문제집 5장	8/3 21:00-22:00	8/4 아침자율학습시간	30%

이 사례의 경우 표적행동에 대한 자극으로 학교 숙제의 경우는 숙제를 기록한 수첩을 이용하는데 일단 숙제를 정해진 수첩에 적어오도록 지도한다. 그리고 학교 숙제를 하는 시간을 매일 일정하게 정해두고 그 시간에 수첩을 반드시 보게 한다.

예를 들면 매일 9시부터 10시 30분으로 숙제 시간을 정하고 9시가 되면 숙제수첩을 보고 숙제를 시작한다.

학원 숙제의 경우는 자극으로 시계를 이용하는데 학원에 가는 시간에 자명종을 맞춰두고 학원에 가는 월, 수, 금요일은 자명종이 울리면 학원에 가고 학원에 가지 않는 화, 목, 토요일은 자명종이 울리면 학원 숙제를 시작한다.

• 자기강화

학교 숙제가 끝나면 잠자기 전까지 TV를 실컷 보고, 학원 숙제가 끝나면 평소 학원에서 돌아오는 시간까지는 게임을 마음껏 한다. 장기적인 보상체제는 부모와 함께 정한다.

5단계 : 연습

상담회기 전날을 회상하며 만약 자기관리를 했다면 어떻게 했을지 상담실에서 해 본다. 여기에서는 학원에 가는 날과 가지 않는 날을 나누어 연습해 본다. 4단계에서 설명한 자기관리과정을 그대로 재현해 본다.

6단계 : 실제 상황에의 적용

상담을 마치고 집으로 돌아가서 실제 생활에서 자기관리전략을 적용한다. 이때 상황표를 만들어 매일 매일의 점수를 그래프로 그리게 하는데 그 부착 장소를 준석의 방 앞으로 정하여 다른 식구들이 볼 수 있게 한다.

7단계 : 진행 점검 및 효과 평가 → 자기관리기법의 변경 혹은 지속

다음 상담회기에 기록지를 가지고 오게 하여 자기관리전략의 진행상황을 점검하고 효과를 평가하여 전략을 지속하거나 수정한다.

공부시간
늘리기

시간관리 노하우

아마 현대인들의 대표적 공통점 중 하나는 '바쁘다'일 것이다. 경제가 발전할수록 개인의 일상이 바빠진다는 보도에 따르면 우리나라 사람들은 앞으로 더 바쁘게 살아가게 될 것이 예상된다. 바쁜 일상은 직장인들만의 문제가 아니라, 모든 사회구성원이 경험하는 현상으로 공부하는 학생들도 해결해야 할 문제다. 제한된 시간에 해야 할 일이 많기 때문에 효율적으로 시간을 사용할 수 있는 방법을 터득하지 못하면 계속 쫓기면서 살아야 하고 어느 일에도 집중하지 못한다. 마치 이상한 나라의 앨리스에 등장하는 토끼가 시계를 들고 내 뒤꽁무니를 쫓아오며 재촉하는 것 같다. 누구에게나 똑같이 주어진 하루 24시간을 잘 활용해 좋은 성과를 내기 위해서는 적극적으로 시간을 관리해야 한다.

1. 시간관리의 원리

시간을 관리한다는 것의 의미

시간관리는 영어의 'time management'의 번역어로 시간을 자신의 뜻대로 사용하고 운영한다는 뜻이고, '시간을 유용하게 잘 사용하는 방법'이라는 의미도 담고 있다. 시간을 잘 사용하는 것은 공부하는 학생들에게만 필요한 일이 아니어서 직장생활을 비롯한 다양한 생활 장면에 적용되고 있다. 또한 시간 약속을 잘 지키는 것부터 시작해 주어진 일을 제 시간에 마치는 것까지 시간과 관련된 모든 활동에 걸쳐 적절한 지침들이 제시되고 있다.

시간을 잘 활용해 자신에게 주어진 일과 자신이 하고 싶은 일을 모두 해내려면 남들이 정해주는 시간표에 따라 생활해서는 곤란하다. 적극적으로 자신의 시간과 과제를 분석하고, 과제에 따라 시간을 배치하고, 실천과정을 점검하여 다시 계획하는 과정의 반복이 필요하다. 즉, 시간관리에는 '시간분석 → 과제분석 → 시간계획 수립 → 점검과 평가 → 습관형성'의 과정이 계속 반복된다. 각 단계의 내용을 살펴보면 다음과 같다.

시간분석: 시간을 어떻게 쓰고 있나?

시간을 잘 활용하기 위해서는 현재의 시간 사용을 얼마나 효율적으로 하고 있는지 먼저 파악해야 한다. 요일에 따라 시간 사용이 달라지는 경우가 많기 때문에 가능한 일주일을 단위로 분석하는데, 먼저 매일 24시간을 어떻게 사용하고 있는지 기록한다. 지난 1주일을 돌아보며 사용한 시간을 기록해도 되고, 잘 기억이 나지 않는다면 1주일 동안 시간 사용을 기록할 수도 있다. 첨부된 '나의 일주일 (시간대별 시간분석)' 양식을 사용할 수도 있고, 자신이 따로 만들어 사용할 수도 있는데, 반드시 하루 24시간 전체에 대한 기록이 필요하다.

시간을 분석하는 또 다른 방법은 각 활동별로 얼마나 시간을 사용하고 있는지 분석하는 것이다. 첨부된 '활동별 시간분석' 양식에 따라 매일 자신이 사용한 시간을 기록해 본다. 여가 활동은 개인마다 많이 다를 수 있어 직접 세부 활동 내용을 자신에게 맞게 바꿔 기록하도록 한다. 활동을 할 때마다 바로 '시간'란에 기록하고, 하루의 기록을 마치면 각 활동영역별 총 시간을 계산해 기록한다. 요일마다 시간 사용이 달라서 활동별 시간분석도 1주일 정도 꾸준히 작성해 보는 것이 좋다.

시간분석 결과를 보면서, 현재 어떤 시간을 낭비하고 있고 비효율적으로 사용하고 있는지 확인할 수 있을 것이다. 이 부분을 수정하는 것만으로도 시간활용이 훨씬 유용해 질 수 있다.

과제분석: 해야 할 일이 무엇인가?

다음으로 주어진 시간 안에 해야 할 일들이 무엇인지에 대한 과제분석을 정확히 하는 것이 필요하다. 해야 할 일 중에는 자신이 스스로 통제할 수 없는 것들이 있다. 예를 들면, 생리적 욕구를 충족시키는 데 필요한 잠자기, 밥먹기, 씻기, 용변보기 등과 정해진 교육과정에 따라 운영되는 학교 수업시간은 거의 고정되어 마음대로 줄이거나 늘리기 어렵다. 따라서 시간관리를 위한 과제분석이란 무엇을 언제 얼마나 공부해야 하는가를 정하는 것이다.

수업시간을 제외하고 주어진 시간에 무엇을 공부할 것인가 정하기 위해 과제분석이 필요한데, 대부분 학원과 숙제로 이 시간을 채우는 경우가 많다. 여기에서도 '시간별 활동분석' 양식을 사용할 수 있는데, 항목을 보다 구체적으로 설정해 어떤 공부를 얼마나 하고 있는지 기록한다. 그리고 그런 활동을 왜 하는지, 그것이 어떤 목표를 이루는 데 도움이 되는지 살펴본다. 즉, 현재 나의 활동이 나의 목표를 이루어 나가는 데 얼마나 적합한가를 평가해 보는 것이다. 만약 자신의 목표가 무엇인지 잘 모르겠다면 목표설정부터 해야 한다. 시간관리에서는 왜 시간관리를 해야 하는지를 명료화하고, 시간을 관리할 시간표를 짜는 토대가 바로 목표의 설정이라고 본다. 다음의 시간관리 전략의 원리에서도 이 부분이 강조되고 있다.

목표는 작은 목표에서부터 큰 목표까지 다양하게 있을 수 있는데, 큰 목표를 세우고 그 목표를 이루기 위한 작은 목표들로 점차 좁혀나가는 것이 효과적이다. 그리고 목표는 가능한 구체적이고 달성 여부를 확인할 수 있도록 기술해야 한다. '성적을 올리겠다'라는 것은 모호하고 추상적이어서 목표로 적

시간관리 전략의 6가지 원리

1) 나에게 맞는 그리고 내가 원하는 목표를 세워야 한다.

2) 일의 우선순위를 정해야 한다.

3) 목표를 이룰 수 있도록 효과적이고 현실적인 계획을 세워야 한다.

4) 계획의 실행은 최대효과를 발휘할 수 있는 환경과 시간에 단호하게 이루어져야 한다.

5) 내가 계획한 대로 얼마나 잘 실행했는지 점검하고 평가하여 다음 계획에 반영시켜야 한다.

6) 정보화 사회에서는 적절한 정보이용이 일의 성패를 좌우한다.

(출처: 청소년 시간·정신에너지 관리 연구 Ⅳ, 김진숙 외, 1997: 50)

절하지 않고, '이번 학기동안 국어 내신성적을 1등급 올리겠다', '다음 중간고사에서 평균 5점을 올리겠다', '이번 학기에는 3과목에서 A를 받겠다' 등과 같이 구체화해야 한다. 이런 목표는 큰 목표에 해당할 수 있고, 이를 성취하기 위한 작은 목표가 가능한 하루에 해야 할 일까지 세분화되어야 한다. 예를 들어, '다음 중간고사에서 평균 5점을 올리겠다'라는 목표를 세웠다면, 어떤 과목에서 얼마의 성적을 올릴 것인지, 이를 위해 무슨 공부를 얼마나 어떻게 할 것인지, 이번 달에는 무엇을 이번 주에는 무엇을, 그리고 오늘은 무엇을 공부할 것이라는 내용까지 세분화해야 한다.

시간계획 수립: 시간표 짜기

다음으로 시간분석과 과제분석의 결과를 토대로 앞으로 실천할 시간계획을 세우는 단계로 넘어간다. 항상 할 일은 많고 시간은 부족한 상황이기 때문에, 꼭 해야 할 일이 무엇인지 그리고 먼저 해야 할 일이 무엇인지를 반영해 시간계획을 세워야 한다. 이를 위해 시간분석과 과제분석 결과를 비교해 해야 할 일의 우선순위와 적절한 시간 안배를 생각해 본다. 반드시 필요한 일이지만 시간을 너무 많이 사용하고 있거나, 꼭 필요한데 하지 않고 있는 일이 있다면 현재 사용하는 시간과 앞으로 실천할 시간계획표는 많이 달라져야 할 것이다.

활동별 시간분석에 사용했던 양식과 거의 같은 양식으로 '활동별 시간계획'에 해야 할 일의 활동을 적고, 그에 필요한 시간이 얼마가 적절한지 '필요한 시간'란에 적는다. 공부 시간과 공부 외 시간의 활동을 비워두었는데 각자에게 필요한 내용을 구성해 넣으면 된다. 첨부된 양식의 모든 세부활동란을 비워두고 계획을 세울 때마다 필요한 활동을 적으면서 계획을 세울 수도 있다. 이를 토대로 시간분석에서 사용했던 '나의 일주일' 양식에 각 활동을 배치한다. 수업시간, 학원시간, 식사시간, 이동시간 등과 같은 내가 바꿀 수 없는 시간부터 시간표에 먼저 적어 넣는다. 다음으로 해야 할 것들 가운데 중요한 활동부터 시간표에 적는다. 시간표를 구체적으로 적다보면, 처음 배정했던 시간을 시간표에 모두 적을 수 없을 수 있다. 즉, 나에게 시간이 부족한 것인데, 시간 배치를 다시 할 수 밖에 없다. '활동별 시간계획'과 '나의 일주일'의 작성은 순차적으로 이루어지기도 하지만, 서로 피드백을 주고 받으며 순환하기도 한다.

시간표는 한 주 단위로 작성하는 것이 일반적인데, 한 주에 해야 할 일을 계획해 다음 한 주간의 시간표를 모두 작성할 수도 있고 그날의 시간표를 그날 짜는 것도 방법이다. 어느 쪽이든 해야 할 일을 정하는 것과 시간표를 작성하는 것은 일정한 시간에 하는 것이 바람직하다. 예를 들면, 어떤 사람은 매주 일요일 저녁에 다음 주 할 일의 계획을 세우고, 매일 아침 일어나자마자 그날의 시간표를 짠다고 한다.

점검과 평가

계획은 잘 세웠지만 지키지 않는다면 아무 소용이 없다. 따라서 자신이 세운 시간표를 잘 실천하고 있는지 매일 점검하고 평가해야 한다. 가능한 시간표를 가까이에 두고, 그때그때 실천 여부를 표시하는 것이 좋다. 때로 예상했던 것보다 더 많은 시간이 걸리거나 예상했던 것보다 훨씬 빨리 끝나는 일이 있을 수 있다. 또는 예상하지 못한 일 때문에 계획대로 실행하지 못할 수도 있다. 그리고 이러한 일이 반복되면, 시간계획과 다르게 시간을 사용하게 될 가능성이 크다. 따라서 시간표를 어긴 경우 바로 다음 활동의 계획을 변경하여 앞으로 지켜나갈 시간계획에 차질이 없도록 하는 것이 필요하다.

시간관리에 대한 평가는 매일 이루어지는 평가와 더불어 매주와 매월 단위로도 실시하는 것이 바람직하다. 보다 긴 안목에서 자신의 시간 사용을 확인하고 수정할 사항을 반영하는 것이 필요하기 때문이다. 특히, 시간관리를 처음 시작할 때는 어떤 활동에 얼마나 시간이 걸릴지 정확하게 예상하지 못하는 경우가 많아 시간계획을 지키지 못하는 경우가 많다. 또는 너무 욕심을 내어 비현실적으로 높은 목표를 세우는 바람에 시간계획을 지키지 못하기도 한다. 이렇게 잘 지키지 못하는 일이 생기더라도 실망하지 말고 계획을 수정해 나가면 점차 안정화되고 지키는 빈도가 높아질 것이다.

시간관리를 잘하는 사람들은 기계적으로 한 달 또는 일 년의 계획을 세워 놓고 그대로 지키는 것이 아니라, 오히려 수시로 점검하면서 필요할 때마다 다시 계획을 세운다. 사람들은 시간관리를 할 때 계획 설정과 실행만이 시간관리라고 착각하기 쉬운데, 평가에 따른 재계획이라는 유연성을 갖추지 못하면 여전히 시간에 쫓기는 나아가 계획에 쫓기고 삶을 살아가게 된다.

습관형성

시간관리는 일정한 시기에만 하고 지나가는 것이 아니라, 나의 습관으로 자리 잡아야 한다. 이를 위해서는 꾸준한 실천이 필요한데, '작심삼일(作心三日)'이 되지 않도록 굳게 결심하는 것이 필요하다. '작심삼일'과 같은 말이 구전되어 내려오는 이유는 인간사에 빈번히 일어나는 일이기 때문인데, 그만큼 자신의 습관을 바꾸는 것이 어렵다는 것을 의미한다. 이러한 어려움을 극복하고 시간을 잘 관리하는 습관을 형성하기 위해서는 무엇보다 시간관리를 함으로써 자신에게 이득이 되는 것이 무엇인지 찾아야 한다. 귀찮고 피곤하고 더 힘들기만 하다면 시간관리를 하는 의미가 없다. 시간관리가 잘 되어 이전보다 훨씬 공부도 잘 되고, 여유도 생기고, 기분도 좋아져야 한다. 이런 부분을 찾아볼 수 없다면 시간분석과 과제분석부터 다시 시작해 새로운 시간계획을 세우는 것이 필요하다.

2. 사례 엿보기: 시간관리를 배워 공부-가사-일을 모두 해내는 데 성공한 사례

미연 씨는 25세의 결혼 1년차 기혼여성으로 아직 아이는 없다. 미연 씨는 대학 3학년으로 학교를 다니면서 주로 저녁 시간을 이용해 아르바이트를 한다. 남편은 일을 하면서 사이버대에서 공부하고 있어 서로 바쁘다. 미연 씨는 전문대를 다니면서 범죄심리학에 관심을 갖게 되어 공부를 더 하기 위해 졸업 후 4년제 대학에 편입했다. 편입 후 첫 학기에 학사경고를 받아, 대학의 교수학습센터에서 학사경고자들을 대상으로 운영하는 공부방법 워크숍에 참여했다. 일반 학생들과는 형편이 많이 다른 미연 씨에게는 큰 도움이 되지 못했다.

편입이 결정되면서 곧바로 결혼준비로 바빴고, 결혼을 하고 나서는 학업과 가사, 그리고 아르바이트까지 함께 하는 것에 익숙하지 않아 언제나 바쁘기만 하고 학업도 가사도 제대로 하지 못했다. 남편도 일을 하면서 함께 공부를 하고 있어 아르바이트를 그만둘 수 없는 상황에서 학업을 그만둘 것을 심각하게 고민하고 있었다. 미연 씨가 참여했던 워크숍 진행자에게 부탁해 학업을 계속할 수 있을지에 대해 상담을 받게 되었는데, 성적이 나빴던 가장 큰 이유가 시간을 제대로 사용하지 못했기 때문이라는 것을 알았다. 따라서 학교를 그만두기 보다는 시간관리를 잘해서 한 학기를 더 지내보기로 하고, 시간관리에 초점을 둔 상담이 진행되었다.

상담자는 미연 씨 시간관리의 문제점을 확인하기 위해 시간을 어떻게 사용하고 있는지 시간분석부터 해 보았다. 이를 통해 시간 사용의 가장 큰 문제점은 무슨 일이든 닥치는 대로 바쁜 것부터 하고, 아무리 바빠도 다른 사람의 도움을 청하지 않는다는 것을 확인할 수 있었다. 아르바이트나 집안일보다 우선순위에서 밀리는 학교 공부를 소홀히 하게 되고, 서둘러 일을 하면서 일의 실수도 많아져 오히려 시간이 더 걸리는 악순환이 이어졌다.

다음으로 미연 씨에게 주어진 일이 어떤 것이 있는지부터 확인하고, 각 일에 얼마나 시간이 필요한지 예상해 보는 과제분석 단계로 넘어갔다. 여러 가지 역할을 동시에 하고 있는 미연 씨의 상황적 특성을 고려해 해야 할 일을 공간 중심으로 배치하여 각 영역에 균형을 고려하고자 했다. 수업 시간, 과제수행 시간, 아르바이트 시간 등 고정된 시간부터 배치하고, 가사, 휴식, 친구만나기 등을 다음으로 고려했는데, 해야 할 일에 필요한 시간에 비해 배정할 수 있는 시간이 부족했다. 이 부분을 해결하기 위해 다른 사람의 도움을 받을 수 있는 방안을 찾아보았는데, 가사는 남편과 친정의 도움을, 학교 공부는 튜터의 도움을, 아르바이트는 시간조정을 하는 방식으로 계획을 세웠다. 예를 들면, 일주일 중 저녁시간까지 아르바이트를 해야 하는 3일은 키우고 있는 개의 산책을 친정에 부탁했다.

이러한 과제에 따른 시간 배치 계획을 토대로 매일 매일의 일정표를 작성하고 실천하기로 했다. 약속과 해야 할 일을 모두 일정표에 표시해 두었다가, 매주 일요일 저녁을 먹고 난 뒤 다음 일주일의 시간표를 작성하고 가능한 지켜나가려고 했다. 갑작스러운 일이 생기거나 지키지 못한 일이 생겼을 때는 바로 그 주의 시간표를 수정했다. 또한 학교 시간, 아르바이트 시간, 가사 시간, 모임 시간 등을 각기 다른 색으로 표시해 서로 균형을 잃지 않도록 한 점도 도움이 되었다. 이렇게 시간관리를 한 다음부터 수업과 자습에 대한 집중도도 높아지면서 학점도 잘 받을 수 있게 되었고 피로도도 적어졌다. 자신감도 되찾고 결혼생활에 대한 만족도까지 높아진 미연 씨는 시간관리만 잘하면 얼마든지 여러 가지 일을 동시에 할 수 있음을 알게 되었다.

상담자 코너

1. 시간관리는 어떤 학생들에게 필요한가요?

시간관리는 누구에게도 필요한 삶의 기술이라서 심리교육이나 생활지도 시간을 통해 직접 교육과정으로 가르치고 있는 나라도 있다. 우리나라에는 아직 그와 관련된 교육과정이 마련되어 있지 않아 대부분 학생들이 시간관리를 어떻게 해야 하는지 잘 모르고 있는 경우가 많다. 뿐만 아니라 성인이 되어서도 시간관리를 잘 하지 못해 스트레스를 받는 사람도 점차 늘어나고 있다. 즉, 시간관리는 공부문제로 상담실을 찾은 학생들만 경험하는 문제가 아니라 모든 사람에게 필요하다. 상담실에서 운영하는 전체 학생 대상 심리교육이나 프로그램 운영의 기회가 있다면 시간관리 프로그램을 실시할 것을 추천한다.

상담실을 찾는 내담자들 가운데 시간관리와 관련된 개입이 필요한 내담자는 직접 시간관리에 대한 도움을 청하는 학생인 경우보다 공부문제의 원인을 파악하다보니 시간관리가 필요한 학생인 경우가 더 많다. 가장 대표적인 예로 치료를 요할 정도는 아니지만 공부를 방해할 정도로 많은 시간을 인터넷, 게임, 채팅, 운동, 잠 등의 활동으로 보내고 있다면 시간관리를 도와주어야 한다. 휴식의 정도를 넘어 공부할 시간을 온통 다른 활동에 보내고 있다면 시간관리를 통해 공부할 시간을 확보해야 한다. 공부 이외의 모든 시간을 공부로 바꿀 필요는 없지만, 적절한 공부와 휴식의 조화가 이루어지도록 시간을 다시 분배해야 한다. 이런 경우 하루 24시간 모두에 대해 시간을 분석하고 시간표를 짜는 활동으로 개입할 수도 있지만, 대표적인 공부 방해 활동시간과 공부시간에 중점을 두어 두 시간의 균형에 초점을 두어 개입할 수도 있다.

2. 성격에 따라 시간관리 방법이 다를 수 있나요?

개인의 성격적 특징에 따라 시간관리가 보다 쉽기도 하고 어렵기도 하다. 예를 들어 충동적인 기질을 가진 사람보다 사려 깊은 기질을 가진 사람이 시간관리를 더 잘할 수 있고, 성격 5요인 측면에서는 성실성이 높은 사람이 시간관리를 잘할 것이다. MBTI 성격유형에서는 생활양식(P-J) 측면이 시간관리와 밀접히 관련될 수 있다. 이들 가운데 상담자를 찾는 쪽은 시간관리가 잘 안 되는 사람들일 가능성이 높다. 이런 내담자들은 시간관리의 일반적인 원칙이나 절차가 바람직한 방향이라는 것은 이해하지만, 실제 실천하는 단계로 들어가면 자신의 특성과 맞지 않아 힘들어할 가능성이 높다. 따라서 상담자는 내담자의 특성에 맞게 시간관리 방법을 조정할 수 있어야 한다.

　어떤 성격에 어떤 시간관리 방법이 효과적인가에 대한 연구는 찾아보기 어려워 이런 상황에 적용할 구체적 원칙은 없는 셈이다. 상담자가 시간관리 개입에서 유념해야 할 사항은 시간관리 방법의 적용에서 개인차가 고려되어야 한다는 점과 어떤 방법을 택할 것인가는 내담자와의 의논과 시행착오를 통해 결정해야 한다는 점이다. 한 사례를 소개하면 다음과 같다.

　　행정고시를 준비하는 대학생이 공부문제로 상담실을 찾았는데, 공부를 꾸준히 규칙적으로 하고 싶다는 것이 가장 중요한 호소문제였다. 시간관리의 일반적 절차를 거치기 위해 시간사용에 대해 점검하고 시간계획을 세워나가려고 했다. 그러나 계속 약속을 어기고 자신이 사용한 시간을 기록해 오는 일도 시간표대로 생활하는 것도 상당히 어려워했다. 이런 방법은 이전에도 많이 해봤지만 자신과는 맞지 않고 항상 실패했다고 하면서 저항도 보였다. 상담자는 해결중심상담의 기법을 적용해 일주일 가운데 하루만 또는 아침에 일어나서 동전을 던져 앞면이 나오는 날만 시간표대로 생활해 보자고 제안했다. 공부할 게 많은 상황에서 그렇게 조금씩 나아가서는 곤란하다고 하여 이 방법도 포기했다. 다음으로 하루 중 가장 중요하게 지켜야 할 시간이 무엇인지 파악해 보기로 했다. 내담자는 "아침에 일어나서 학교만 오면 그날은 공부가 괜찮게 된다"고 했고, 그렇다면 기상시간과 등교시간만 지켜볼 것을 상담자가 제안했다. 월~금에는 8시 50분에 상담실에 와서 상담자에게 등교를 알리고 그날 해야 할 공부목록을 보여준 후 하루를 시작하기로 했다. 매일 5~10분씩 만나는 것으로 매주 한번 50분씩 만나는 상담을 바꿔본 것이다. 이렇게 3주 정도 개입해 규칙적으로 공부하는 습관을 형성할 수 있었고, 24시간을 낱낱이 계획하지 않아도 수험준비에 문제가 없었다.

3. 해야 할 것이 너무 많은 내담자에게 필요한 것은 무엇일까요?

여러 가지 일을 동시에 해내야 하는 것은 누구나가 가진 문제라고 할 수 있다. 중·고등학생들의 경우만 봐도 학교와 학원도 가야하고, 자기 공부도 해야 하고, 놀기도 해야 하고, 동아리 활동이나 봉사 활동 등 공부 이외 활동에도 참여해야 하고, 쉬기도 해야 하고, 가정에서도 자신이 맡은 일이 있다. 항상 시간은 부족하고 무엇을 먼저 해야 할지 몰라 허둥대다 보면 어느 것도 제대로 못하게 된다. 그래서 시간관리에서 무엇을 먼저 할 것인가를 정하는 '우선순위 정하기' 절차가 포함되어야 하는 경우가 많다.

　어떤 일을 언제 하는 것이 좋을지 정하기 위해 시간관리 매트릭스를 사용해 볼 수 있다. 시간관리 매트릭스란 주어진 일을 중요성의 축과 긴급함의 축으로 나눠진 4사분면에 배치해 보고, 그에 따라 해야 할 일을 시간표에 넣어 계획을 세우는 것이다. 다음은 각 4사분면의 의미를 간략에 설명한 것으로, 이를 참고하여 '이 주의 할 일'과 '시간관리 매트릭스'를 작성해 본 다음 시간계획을 세워보도록 개입한다.

	긴급함	긴급하지 않음
중요함	급하고 중요한 일들로서 즉각적인 처리가 요구되고, 결과도 중요하다. 예) 촉박한 학교 숙제, 임박한 시험준비, 마감일이 정해진 중요한 과제 등 ⇨ 짧은 기간 동안 많은 시간과 노력을 투입해야 한다.	중요하지만 급하지 않은 사항들로서 장기적인 계획과 지속적인 노력이 필요 예) 입시(고시) 준비, 건강을 위한 운동, 부족한 교과의 보충, 중간고사 및 기말고사 준비 ⇨ 장기간 동안 적은 시간을 규칙적이고 지속적으로 노력해야 한다.
중요하지 않음	긴급하지만 중요하지 않은 사항들로서 즉각적인 행동을 요구하지만 결과의 중요성은 크지 않다. 예) 임박한 학교축제 준비, 임박한 발표회 준비, 급한 잔심부름 ⇨ 짧은 기간 동안 많은 시간이 요구되지만 많은 정신에너지를 쏟을 필요는 없다	중요하지도 급하지도 않은 사항들로서 즉각적인 행동이 요구되지도 않고 결과가 중요하지도 않다. 예) 컴퓨터 게임, 인터넷 쇼핑, 스마트폰 사용, 방청소 ⇨ 적은 시간만 할애하고 많은 정신에너지를 투입할 필요가 없다.

4. 미루는 습관: "게으른 새가 석양에 바쁘다"

여러 사람이 모여 사는 사회는 어떤 일을 일정시간에 완수해야 하는 경우가 많다. 버스를 타려고 해도 그 시간에 가지 않으면 원하는 버스를 탈 수 없다. 따라서 시간을 지키지 못하는 행동은 부적응을 초래하게 되는데, 학업에서도 많은 문제를 일으킨다. 숙제나 과제를 미루거나 시험공부를 미루는 행동에서 부터 졸업을 미루는 행동까지 다양하게 나타난다. 외형으로 드러나는 행동은 해야 할 일은 하지 않고 게으름을 피우는 것이지만, 실제 미루는 행동의 이면에는 불안이 내재하는 경우가 많다. 잘해야 하는데 어떻게 해야 할지 잘 모르거나 진행이 안 되어 답답한 상황에 놓여 있는 것이다. 과제를 작게 나누고, 자신이 할 수 있는 것부터 처리해 나가는 방식으로 점진적으로 접근할 필요가 있는데 이 과정을 스스로 하지 못하는 상태다. 상담에서는 내담자가 당면하고 있는 과제 하나를 미루지 않고 처리하는 과정을 조력하면서, 도중에 발생하는 어려움을 함께 헤쳐 나간다. '미루지 않기'와 같은 큰 목표를 세우기보다는 주어진 작은 과제 하나라도 제 시간에 처리해 보는 성공경험을 하는 것이 중요하고, 이런 경험을 축적해 나가는 과정을 통해 행동을 방해하고 있던 장벽들을 극복해 가나는 접근이 필요하다.

'좋은 습관'이라는 석정의 작품은 미루지 않고 일을 하고 나서의 편안한 정서상태를 잘 표현하고 있는데, 이런 작품이 미루는 행동을 하는 내담자의

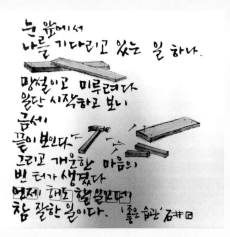

그림 11-1. 좋은 습관

이야기를 이끌어내는 단서로 활용될 수 있다. 미루는 행동을 하는 내담자들이 자신의 미루는 행동에 대해 구체화하는 것을 어려워하고 솔직한 감정을 개방하기를 꺼려하는 경우가 많은데, 이런 단서를 활용하면 조금 쉽게 내담자가 자신의 얘기를 할 수 있다.

✍ 미루는 행동을 다루는 상담 방법을 소개한 책

『학업 미루기 행동 상담: 이해와 개입』, 김동일 역, 학지사, 2015년

원저: Schouwenburg, H. C., Lay, C. H., Pychyl, T. A., & Ferrari, J. R. (Eds., 2004). *Counseling the procrastinator in academic settings*. American Psychological Association.

나의 일주일(시간대별 시간분석)

날짜 (요일) 시간	(/)	(/)	(/)	(/)	(/)	(/)	(/)
오전 0~1시							
1~2시							
2~3시							
3~4시							
4~5시							
5~6시							
6~7시							
7~8시							
8~9시							
9~10시							
10~11시							
11~12시							
오후 12~1시							
1~2시							
2~3시							
3~4시							
4~5시							
5~6시							
6~7시							
7~8시							
8~9시							
9~10시							
10~11시							
11~12시							

활동별 시간분석(___월 ___일 ___요일)

활동	세부 활동	시간	총시간	비고
수면 시간	밤잠	~		
	낮잠	~		
	기타( )	~		
식사 시간	아침	~		
	점심	~		
	저녁	~		
	간식	~		
준비 시간	세수, 샤워, 외출준비(옷 갈아입기)	~		
	가방 챙기기	~		
	기타( )	~		
이동 시간	학교 왕복	~		
	학원 왕복	~		
	기타( )	~		
수업 시간	학교 수업	~		
	방과 후 학교에서 보내는 시간	~		
	학원 수업	~		
	과외(인터넷 or EBS 강의 포함)	~		
	기타( )	~		
공부 시간	개인공부시간 (예습, 복습 포함)	~		
	학교 자율학습	~		
	숙제하는 시간	~		
여가 시간	청소, 동생돌보기, 심부름 등 맡은 일	~		
	친구들 만나는 시간	~		
	취미활동(운동, 음악감상 등)	~		
	TV시청(EBS강의 제외)	~		
	핸드폰 문자, 전화통화	~		
	인터넷(게임, SNS, 웹툰, 유튜브)	~		
	종교생활	~		
	기 타( )	~		
기타 시간		~		
		~		
		~		

활동별 시간계획

활동	세부 활동	필요한 시간	세부 계획
수면 시간	밤잠		
	낮잠		
	기타( )		
식사 시간	아침		
	점심		
	저녁		
	간식		
준비 시간	세수, 샤워, 외출준비(옷 갈아입기)		
	가방 챙기기		
	기타( )		
이동 시간	학교 왕복		
	학원 왕복		
	기타( )		
수업 시간	학교 수업		
	방과 후 학교에서 보내는 시간		
	학원 수업		
	과외(인터넷 or EBS 강의 포함)		
	기타( )		
공부 시간			
공부외 활동 시간			

쉬는 시간을 확보하라

공부를 하지 않고도 성적을 높일 방법이 있다면 좋겠지만, 공부를 조금밖에 하지 않고 높은 성적을 받기는 어렵다. 어떤 경우이든 공부에 많은 시간과 노력을 투입해야 원하는 성취수준에 도달할 수 있다. 이런 원리가 적용되면서 공부를 너무 많이 하는 것에 대한 경계심은 적은 것이 사실이다. 과연 공부를 많이 하면 할수록 성취가 높아지는 것인지에 대해서도 질문을 던져보아야 한다. 실제 "정말 잠자고 먹고 화장실 가는 시간을 제외하고는 공부만 하는데 왜 성적이 오르지 않는지 모르겠어요"라고 호소하는 학생들이 있는데 이들의 문제는 무엇일까?

1. 과유불급

무엇이든 지나쳐서 좋은 것은 없다. 지나치면 오히려 부족한 것과 같아진다는 의미의 '과유불급(過猶不及)'이라는 사자성어를 인용하게 되는 경우도 바로 이러한 점을 경계하기 위해서다. 학업에 있어서도 이런 상황에 있는 학생들이 있다. 공부를 많이 하는 건 바람직하지만, 모든 시간과 노력을 공부에만 써버려서는 그리 좋은 효과를 거두기는 힘들다. 대부분의 학교에 '하루 종일 화장실 갈 때 말고는 공부만 하는 ○○는 왜 1등을 못하는 것일까?'라는 지목을 받는 학생들이 한 명씩 있다. 거기에 덧붙여 학생들은 '내가 그렇게 공부했으면 벌써 1등 했겠네', '머리가 정말 나쁜가 봐', '그만큼 공부하는데 그 정도 성적도 안 나오면 바보지'라면서 놀림거리로 만들기도 한다. 누구보다 공부를 많이 하지만 성적은 그에 비할 정도로 높지 않은 학생들이다. 다른 학생들의 가설처럼 이 학생들은 머리가 나쁜 것이 아니라 휴식이 부족해서 학습의 효과가 떨어졌기 때문이다.

기계도 쉬지 않고 계속 사용하면 과열되거나 고장이 나고, 신발조차 2개를 번갈아 신을 때보다 1개를 계속 신을 때 마모가 빨리 진행된다. 마찬가지로 공부에도 휴식기간을 통해 회복할 시간이 필요하다. 휴식 시간이 없어 회복하지 못하고 계속 공부하면서 빨리 소진 상태에 이르게 되는 것이다. 공부만이 아니라 예체능 쪽도 마찬가지이고, 업무를 할 때도 마찬가지로 쉬지 않고 계속 하는 것은 피로감을 가중시켜 오히려 효과를 떨어뜨린다. 어떤 활동이든 5시간 이상 지속하면 피로도로 인해 더 이상 효과가 없고, 그 이후부터는 이미 습득된 것도 손실될 가능성이 있다는 주장도 있다. 그러나 모든 사람에게 모든 과제에서 피로가 쌓이지 않는 최대 시간이 5시간은 아닐 것이다. 피로도가 학습활동을 방해하지 않도록 적절하게 휴식을 취하는 것이 필요하다는 의미이다. 휴식 시간 역시 잘 조절해야 하는데, 너무 오래 동안 휴식하게 되면 휴식 상태에 젖어들어 학습활동으로 몰입해 들어가는 데 많은 시간이 소요될 수 있다. 따라서 학습활동 사이에 적당히 휴식을 취해 그 효율을 높일 수 있는 방향으로 시간계획을 세워야 한다.

2. 휴식시간에 공부하지 않기

공부시간 사이에 휴식시간을 두는 이유는 공부를 하는 동안 계속 움직였던 뇌의 작동을 멈추고 좀 쉴 시간을 주기 위한 것이다. 휴식시간에 또다시 동일한 뇌활동을 하게 된다면 휴식이 불가능하다. 수험생들에게 "쉴 때는 가능한 글자는 안보는 게 좋아요"라는 말을 하는 이유다. 문자를 확인하기보다는 통화를 하는 것이 좋고, 언어를 사용하는 활동보다는 운동이나 그림 감상과 같이 언어에 대한 정보처리를 하지 않아도 되는 활동이 좋다. SNS에 사진을 찍어 올리고 보는 것은 좋겠지만, 글을 읽고 답을 올리는 활동은 공부할 때와 동일한 정보처리를 하게 되어 휴식이 되기보다는 피로를 키울 수 있다. 음악을 듣는다면 가사가 없는 음악을 듣는 것이 언어정보를 처리하지 않아도 되기 때문에 더 좋다.

특히, 공부를 열심히 하는 학생들 중에는 휴식시간조차 공부시간으로 활용하는 경우들이 있는데, 바람직하지 못한 시간 사용이라고 할 수 있다. 예를 들면, 쉰다고 하면서 시사상식을 쌓기 위해 뉴스나 논설을 읽는다는 것은 가장 어리석은 휴식이다. 또는 서로 공부한 내용을 요약해서 쉬는 시간동안 만나서 서로 정보를 교환하는 경우도 역시 공부의 연속으로 휴식을 방해한다. 암기만 하다가 내가 말을 해보고 서로 정보를 비교해 보는 활동은 학습활동 내에서의 다른 활동으로서 학습효율을 높이는 것에는 도움이 되지만, 휴식을 했다고 보기는 어렵다. 따라서 어느 정도의 공부시간을 가진 후엔 가만히 눈을 감고 호흡에만 집중하는 명상을 한다거나, 주변을 한번 산책한다거나, 간식을 먹는다거나 하면서 휴식시간을 짧게라도 가지는 것이 좋다.

3. 취미생활 개발하기

보다 장기적으로는 공부라는 활동 이외에 휴식으로 할 수 있는 활동을 찾는 것이 바람직하다. 가능한 공부라는 활동과는 반대되는 '실외에서 신체를 이용해 다른 사람과 함께 재미있게' 할 수 있는 활동이 가장 효과적이다. 조금 다른 형태가 되더라도 자신에게 맞는 활동을 찾는 것이 무엇보다 중요하다. 이 활동이 꾸준한 활동이 될 수 있도록 취미나 특기를 갖는 것인데, 지금 아무런 취미나 특기가 없다면 바로 시작하면 된다. 우리나라 학생들은 초등학교 때까지 너무 다양하게 이것저것을 배우고 참여하다가 중학교에 진학하면서 점점 공부 외의 활동에서 멀어져 취미나 특기를 갖지 못하는 경우가 많다. 어느 시기가 취미나 특기를 시작하기 가장 좋을지 질문할 수 있는데, 그런 건 없다고 할 수 있다. 언제든 필요하면 시작하는 것이고, 고3이어도 시작하는 것이 좋다. 공부 이외의 활동으로 뇌를 휴식하게 하는 것이 공부에 도움이 되기 때문에, 취미생활이 공부할 시간을 빼앗기는 것이 아니라 오히려 공부의 효과를 극대화할 수 있다.

4. 사례 엿보기: 토요일은 공부하지 않는 날

모든 시간을 공부에 쏟고 있는 학생들이 보이는 공통적인 특징 중 한 가지는 쉬고 있으면 불안하다는 것이다. '공부를 해야 할 시간에 놀고 있다'는 죄책감이나 '다른 친구들은 지금 이 시간에도 공부하고 있을 텐데'라는 불안에 사로잡혀 쉬어도 쉬는 것이 아닌 상태가 되어 버리기 때문에 그냥 공부를 하고 있는 것이 마음이 편하다고 한다.

중학교 때까지 줄곧 상위권을 유지했던 영주는 고등학교에 올라가면서 부쩍 이런 문제로 힘들어져 상담실을 찾아 도움을 구했다. 공부를 해야 한다고 하면서 외출도 거의 하지 않고, 가족과 외식을 하러 나갈 때도 책을 들고 나가지만 공부도 식사도 제대로 못한다. 결국 외식을 하자고 했던 가족들에게 짜증을 낸다. 뿐만 아니라 공부를 하지 않고 있을 때에는 공부에 대한 걱정 때문에 제대로 놀지도 못하고 항상 스트레스 상태에서 지냈다. 공부를 하고 있을 때에도 자신보다 더 많이 공부할 친구들을 생각하며 쫓기는 기분이 들고, 그런 조급함 때문에 차근차근 공부하지 못했다. 이런 영주의 이야기를 듣고 상담자가 내린 처방은 아주 간단했다. "토요일은 공부하지 않는 날"로 정하고 그날은 절대로 공부를 하지 말기로 하자는 것이었다. 영주에게는 휴식이 절대적으로 필요했고, 일주일에 하루를 공부하지 않아도 성적이 떨어지지 않는다는 사실을 경험하게 하는 것이 필요했기 때문이었다.

상담자와 약속하고 토요일을 쉬던 첫날 영주는 불안한 마음을 완전히 가라앉힐 수는 없었다. 그런데 토요일을 쉬고 난 뒤 일요일의 학습효과가 높아짐을 실감하면서 휴식의 효과를 체험했다. 그 다음 주부터는 불안하기보다는 어떻게 토요일을 보낼 것인가에 더 집중하게 되었다. 영주는 토요일 휴식을 하면서 자신의 공부습관에 대해 객관적으로 생각할 수 있는 시간도 가지게 되고, 친구들과 만나는 시간이 늘어나면서 친구들도 공부에만 전념하지 못하고 있는 상황이라는 현실도 알게 되었다. 토요일을 쉬어도 해야 할 공부를 하기에는 시간이 충분하다는 것도 알았고, 마음의 여유를 가지고 꼼꼼히 공부하다 보니 성적이 오히려 향상되는 효과까지 보게 되었다.

상담자 코너

1. 어떤 내담자들에게 이런 문제가 있을 수 있나요?

공부에 대한 과도한 스트레스를 받으면서 계속 쉬지 못하고 공부만 할 경우 학업소진의 상태에 이를 수 있다. 소진(burnout, 消盡)이란 단어의 뜻은 '모두 타서 없어진다'는 것인데, 심리적 소진을 줄여 소진으로 부르는 경우가 많다. 심리적 소진은 상담자들도 겪는 문제로 그 개념에 대해서는 상담자들도 익숙할 것이다. 소진이란 과도한 업무 부담으로 인해 자신의 신체적 에너지와 정신적 에너지가 모두 고갈된 상태로 전형적으로 탈진(정서적 고갈), 비인간화(냉소), 성취감 저하(무능감) 등을 나타낸다. 즉, 심리적으로 소진이 되면 어떤 것도 느끼지 못하고, 다른 사람의 입장을 생각해 볼 수도 없으며, 모든 것이 실패한 것 같아 일상생활 적응에 문제가 생긴다. 이러한 소진은 직업을 가진 성인들만이 아니라 공부라는 일(學業)을 하는 학생들에게도 나타난다. 주어진 공부가 자신에게 과도한 것도 모르고 참으면서 하다보면 어느새 모든 것이 고갈된 상태가 되는 것인데, 쉬지 않고 모든 시간을 공부에 쏟아 붓는 경우 학업소진 상태로 가기 쉽다. 서구에서는 주로 대학생들을 대상으로 학업소진이 연구되고 있는 반면, 우리나라에서는 청소년 시기, 더 빠르게는 초등학교 시기부터 학업소진을 경험하는 것으로 밝혀지고 있다.

2. 우리나라 학생들이 경험하는 학업소진의 특징은 무엇인가요?

의학교육논단에 발표된 '교육에서의 소진에 대한 이론적 고찰'(이상민, 안성희, 2014)은 학업소진에 대해 간단하면서도 알기 쉽게 잘 정리하고 있다. 그리고 아산재단 연구총서 중 하나인 「초·중·고등학생의 학업소진 진행과정 및 경로분석」(이상민, 2012)은 실제 우리나라 학생들이 경험하고 있는 학업소진에 대한 경험적 자료를 제시하고 있다는 점에서 의의를 갖는다. 이 두 가지 자료를 중심으로 우리나라 학생들이 경험하는 학업소진의 특징을 살펴보면 다음과 같다.

첫째, 우리나라 학생들이 학업소진에 이르는 경로를 밝히기 위한 연구 결과를 살펴보면 다음과 같다. 일반적으로 소진은 정서적 고갈, 비인간화, 성취감 저하가 동시에 일어나는 것이 아니라 어느 증상이 다른 증상에 앞서게 되는데, 그 과정에 대한 합의는 이루어지지 않고 있다. 예를 들면, Leiter와 Maslash(1988)의 모델에서는 '탈진 → 비인간화 → 성취감 저하'의 순서를 제안하지만, Golembiewski 등(1986)은 '비인간화 → 성취감 저하 → 탈진'의 순서를 제안하고 있다. 우리나라 학생들의 학업소진 경로를 파악하기 위해 실시된 이상민의 연구결과에 따르면, 우리나라 중·고등학생들의 경우 '정서적 고갈에서 냉담'으로 가는 인과적 관계가 있었고 '학업 무능감에서 냉담'으로 가는 인과적 관계가 확인되어, 우리나라 학교장면에서는 정서적인 탈진과 학업 등 자신의 일에 대한 효능감을 갖지 못한다는 것이 소진의 초기 증상으로 나타날 수 있음을 시사한다(이상민·안성의, 2014, p. 62). 정서적 고갈과 학업적 무능감 사이의 경로를 밝히지 못했다는 점과 횡단적 자료에 의존하고 있다는 한계는 있지만, 학업적 소진 상태에 있는 내담자가 다른 사람들에게 관심이 철회되는 냉담 상태까지 이르렀다면 상당히 진행된 상태라는 진단을 내릴 수 있는 근거가 된다. 뿐만 아니라 정서적 고갈과 무능감이 선행하기 때문에 이러한 증상에 대해 더 빨리 감지하고 대처할 수 있도록 해야 한다는 점도 상담자가 활용할 중요한 정보다.

둘째, 우리나라 학생들의 학업소진은 어떤 모형으로 잘 설명되는지도 밝히고 있다. 심리적 소진의 원인을 설명하는 이론 모형은 요구-통제 모형, 자원보존 모형, 노력-보상 모형 등 세 가지 모형이 대표적이다(이상민, 2012). 요구-통제 모형에서는 일에서 요구하는 것은 많은 반면 그것을 자신이 통제할 수 없다고 생각하기 때문에 소진 상태에 빠진다고 본다. 자원보존 모형에서는 일의 요구에 대처하는 자원인 기술, 사회적 지지, 전문성 등이 위협받거나 손상이 생기면 소진이 일어난다고 설명한다. 노력-보상 모형에서는 노력을 많이 기울이고 있음에도 불구하고 보상이 제대로 주어지지 않을 때 소진 상태가 된다고 본다. 이상민은 세 모형 중 요구-통제 모형과 노력-보상 모형을 비교했는데, 노력-보상 모형이 우리나라 청소년의 학업소진의 원인을 보다 잘 설명하는 것으로 밝히고 있다. 노력보상비율이 높은 조건과 요구통제비율이 높은 조건을 비교했을 때 우리나라 학생의 학업소진을 더 악화시키는 것은 노력-보상 불균형이 일어날 때임을 증명했다(이상민, 안성희, 2014). 학습적 과제를 얼마나 통제할 것인가도 중요하지만, 학업에 대한 노력을 기울인 만큼 얼마나 보상받을 수 있는지가 소진 발생을 더 크게 예언함을 확인한 것이다. 즉, 소진을 예방하기 위해서는 노력에 대한 적절한 보상인 정서적 지지와 성취도 향상이 필요하다.

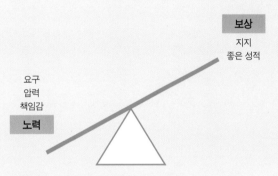

그림 11-2. 노력-보상 불균형 모형(이상민, 2012, p. 60)

3. 학업소진 상태의 학생들을 어떻게 도와야 하나요?

① 소진 상태에 대한 파악

심리적 소진에서 벗어나기 위한 일반적인 방법과 학업소진에서 벗어나기 위한 방법이 크게 다르지 않다. 무엇보다 공부에서 한 발짝 떨어져 노력의 효율성에 대해 생각해 볼 필요가 있다. 이를 위해 내담자의 학업소진 상태에 대한 파악이 필요한데, 미국에서 사용한 척도를 우리나라 청소년들 대상으로 타당화한 척도(Shin et al., 2011)를 활용해 볼 수 있다. 이 논문에는 번역된 문항은 공개되어 있지 않지만, 여러 학위논문에 수록된 것을 사용할 수 있다(예: 최옥, 2015). 현재 규준이 없어 다른 사람과 비교해 자신이 얼마나 소진상태에 있는지를 알아볼 수는 없으나, 각 문항에 응답한 결과를 통해 학업소진의 하위 영역인 정서적 고갈, 냉담, 무능감 중 어떤 상태가 더 심한지 알 수 있고, 5점 리커트 척도임을 감안할 때 각 하위영역의 평균이 3점 이상이라면 주의가 필요하고, 4점 이상이라면 조치가 필요한 상태라고 파악할 수 있을 것이다. 이런 방법으로 객관적으로 자신의 상태를 조망하는 것 자체가 개입이 될 수도 있다. 이외에도 학업소진을 측정하는 척도들이 여러 가지가 있다. 우리나라 중·고생을 대상으로 개발된 학업소진척도(이영복, 2009), 미국 척도를 토대로 우리나라 초·중·고 학업소진 학생의 특성을 반영해 개발한 척도(이상민, 2012), 초등학생을 대상으로 개발한 척도(조주연, 김명소, 2014) 등이 있다. 문항이 모두 공개되어 있고 개발과정도 상세히 기술되어 있으므로, 그 내용을 살펴보고 각 상담실의 특성에 맞는 척도의 문항을 사용할 수 있을 것이다.

② 휴식시간 확보

소진의 정도와 증상에 따라 대응을 달리해야 하지만 어떤 경우이든 공통적으로 필요한 것은 '휴식'이다. 학업소진 해결을 위한 휴식이란 공부로부터 온전히 물러서보는 것이다. '공부를 하지 않는 시간'의 확보가 중요한데, 먼저 일상생활 속에서 여유를 가질 부분을 찾아보는 것에서 출발한다. 예를 들면, 수업시간 사이 쉬는 시간, 이동하는 시간, 식사시간 등 자투리 시간까지 공부에 쏟고 있다면 그 시간부터 휴식을 취하는 것이 필요하다. 아무 생각 없이 '뇌'를 쉬게 해주어야 함의 중요성을 알려주고, 과로 상태에서 효율이 떨어져 지친 자신을 객관적으로 바라볼 수 있도록 도와주면 효과적이다.

앞서 살펴본 영주의 사례에서 보듯이 하루를 아예 비우는 것도 또 다른 방법이다. 확실하게 휴식을 취할 수 있을 뿐만 아니라 나머지 날의 공부 밀도도 향상시킬 수 있다. 학습부진을 극복하고 성적을 많이 올렸던 두나의 경우에는 아버지가 목회를 해서 일요일은 하루 종일 공부를 전혀 할 수 없었는데, 그것 때문에 오히려 다른 날 더 열심히 하고 과제도 미루지 않을 수 있어 좋았다고 보고했다.

③ 학습량에 대한 점검

모든 소진의 해소와 예방의 핵심은 과다한 과제 줄이기다. 앞서 살펴본 휴식시간 확보도 그 일환이긴 하지만, 근본적으로 해야 할 일의 양을 줄이지 않고 소진에서 벗어나기는 어렵다. 이 지침은 학업소진에도 그대로 적용할 수 있는데, 학습해야 할 분량을 적절하게 조정해 학업소진을 줄여야 한다. 이를 위해 현재 하고 있는 학습량을 점검하고, 어떤 부분을 줄일 수 있는지 의논한다. 주어진 시간에 비해 해야 할 공부가 많기 때문에 학습량을 줄이는 것은 쉽지 않지만, 꼭 해야 할 공부부터 챙기는 것이 효율적이다. 시간관리 부분에서 과제분석을 했던 것과 유사하게 지금 하고 있는 공부를 모두 기록하는 일부터 시작한다.

이제 무엇부터 줄일 것인가? 공부 기록을 보며 상담자가 먼저 나서기보다는 내담자에게 이 질문을 던지는 것에서 시작하는 것이 좋다. 그리고 그 방안이 적절하다면 실천할 수 있도록 돕는다. 무엇을 줄일지에 대한 생각이 합리적이지 않다면 그 부분에 대해 이야기를 나누면서 보다 더 나은 방안을 찾도록 한다.

일반적으로 적용될만한 지침을 살펴보면, 첫째, 공부는 하고 있지만 시간만 보낼 뿐 집중하지 못하는 부분부터 줄이는 노력이 필요하다. 대부분 학교 수업시간, 학원 수업시간, 인터넷강의 수강시간 등에 시간을 많이 쓰고 있으면서, 그 시간에 학습한 내용을 그 시간에 해결하지 못하는 경우들이 많다. 수업시간의 집중도를 높여 이후 재학습하는 시간을 줄이는 것이 일차적으로 고려해 볼 학습량 줄이기 영역이다. 둘째, 복습하기에도 벅차다면 예습시간을 줄이는 것이 효율성 면에서 유리하다. 특히, 선행을 하는 것은 인지적 발달 수준과 교과 내용에서 요구되는 사고 수준이 맞지 않을 경우 시간과 노력이 많이 들어 학생들을 쉽게 지치게 한다. 셋째, 숙제량에 대한 조정도 필요하다. 숙제를 내주는 교사(강사)의 의도를 잘 파악하고 자신이 감당하기 어려울 정도의 분량이라면 조정에 대해 의논해 볼 수 있다. 이 점을 내담자에게 알려주고 내담자가 숙제량에 대해 어떻게 생각하는지 들어본 다음 대처전략을 구상한다. 도저히 조정이 불가능한 숙제라면 숙제를 자기 공부와 연결시키는 방안을 고려해 혼자 공부할 분량을 줄이는 방향으로 조정한다.

④ 학업에 대한 통제감 증진

과제의 양은 비슷한데 누군가는 소진에 이르고 누군가는 그렇지 않다. 즉, 어떤 사람은 과제가 지나치게 많지 않아도 소진의 상태에 빠질 수 있다. 우리나라 학업소진에 대한 연구결과(이상민, 2012)를 보면, 통제감은 학업과다와 학업소진 간에 억제 변인으로 기능하여, 학업과다와 학업소진의 관계를 약화시킨다고 한다. 즉, 같은 학업과다 상황에서도 통제감이 높고 보상이 주어지면 학업소진이 덜 일어난다는 것이다. 따라서 상담자는 내담자의 통제감 증진을 통해 학업소진을 완화시킬 수 있다. 먼저, 내담자가 자신의 공부에 대해 통제감을 가지기 위해서는 외부로부터의 공부에 대한 기대나 압력을 줄이는 것과

학업소진검사(최옥, 2015: 100)

	문항	전혀 그렇지 않다	그러지 않다	보통 이다	그렇다	매우 그렇다
1	나는 공부 때문에 즐거움이 줄어든다.	1	2	3	4	5
2	나는 학교수업이 끝나고 집에 오면 완전히 지친다.	1	2	3	4	5
3	나는 아침에 일어나면 학교에 가서 다시 공부를 해야 하는 것 때문에 힘들다.	1	2	3	4	5
4	나는 공부를 하거나 수업에 참여하는 것 때문에 스트레스를 많이 받는다.	1	2	3	4	5
5	나는 공부로 인해 소진되었다고 느낀다.	1	2	3	4	5
6	나는 학교에 입학한 이후로 공부에 대한 흥미를 덜 느끼게 되었다.	1	2	3	4	5
7	나는 공부에 대한 열정이 식는 것 같다.	1	2	3	4	5
8	나는 공부가 미래에 도움이 되는지 의심스럽다.	1	2	3	4	5
9	나는 공부의 중요성이 의심스럽다.	1	2	3	4	5
10	나는 공부하면서 생기는 문제를 효과적으로 해결할 수 없다.	1	2	3	4	5
11	나는 학교수업에 활발하게 참여하지 않았다고 생각한다.	1	2	3	4	5
12	내 생각에 나는 좋은 학생이 아니다.	1	2	3	4	5
13	나는 학업목표를 성취할 때 활력이 생기지 않는다.	1	2	3	4	5
14	나는 공부를 통해 흥미 있는 내용을 배우지 못했다.	1	2	3	4	5
15	나는 수업 중 수행을 잘 했다는 확신을 하지 못한다.	1	2	3	4	5

정서적 고갈: 1~5번, 냉소: 6~9, 무능감: 10~15

스스로 자율성을 확보하기 위한 노력이 동시에 이루어져야 한다. 부모님을 비롯한 타인으로부터 받는 압력에 대해 이야기를 나누면서 얼마나 현실적으로 지각하고 있는지 파악해야 한다. 지나친 기대 자체에 대한 개입과 함께 이에 대한 지각을 현실화하고, 부모의 기대와 자신의 기대를 구분하는 작업도 필요하다. 나아가 자율성의 확보를 위해서는 공부하는 이유와 해야 할 공부가 무엇인가를 다른 사람으로부터 지시받기보다 혼자 결정하는 연습을 할 수 있도록 돕는다.

잠을 줄여야 하나?

'3당4락', 3시간 자면 합격할 수 있지만 4시간 자면 불합격한다는 말은 해방 이후 지금까지 계속 이어져오고 있는 대학입시의 중요한 지침 중 하나이다. 아마도 잠자는 시간을 쪼개서라도 공부하지 않으면 경쟁에서 이길 수 없다는 것을 강조하는 어른들의 '잔소리'일 것이다. 아이들이 잠을 많이 자기 때문에 해야 할 것을 못한다는 부모들의 불평과, 잠도 마음대로 못 자게 하는 부모의 잔소리에 짜증이 나는 아이들 사이에서 갈등의 출발점이 되기도 한다. "한 번도 깨웠을 때 바로 일어나는 법이 없다"와 "기분 좋게 일어나 본 적이 한 번도 없었어요"라는 서로의 입장이 부딪힌다. 어른들의 잠을 줄이라는 요구는 노력을 강조한다는 측면에서 도움이 되지만 실제 학업성취도를 높이는 데 얼마나 효과적일지에 대해서는 의문을 남긴다. 이미 우리나라 청소년들 나아가 세계 청소년들은 신체발달에 필요한 시간보다 훨씬 적게 자고 있다고 한다.

연령대	권장 수면시간
신생아(0~3개월)	14~17시간(종전 12~18시간)
영아(4~11개월)	11~14시간(종전 14~15시간)
유아(1~2세)	11~14시간(종전 12~14시간)
미취학 연령 아동(3~5세)	10~13시간(종전 11~13시간)
취학 연령 아동(6~13세)	9~11시간(종전 10~11시간)
10대(14~17세)	8~10시간(종전 8.5~9.5시간)
청년(18~25세)	7~9시간(신설)
성인(26~64세)	7~9시간(종전과 같음)
노인(65세 이상)	7~8시간(신설)

그림 11-3. 연령대별 권장 수면시간

1. 잠은 왜 필요한가?

잠은 깨어있는 동안 사용했던 우리 몸의 모든 부분을 쉬게 하여, 다시 새롭게 활동할 수 있도록 회복시켜주는 역할을 한다. 공부라는 활동을 잘하기 위해서도 충분한 휴식을 취한 몸 상태의 유지가 필요하기 때문에 공부를 잘하기 위해 잠을 잘 자야 한다. 뿐만 아니라 잠은 공부한 내용을 잘 기억하게 해주는 데도 도움이 된다. 영화 「인사이드아웃」에서 주인공이 잠을 자는 동안 기억이 정리되는 과정을 기억하는가? 이 장면은 뇌과학적으로 밝혀진 잠자는 동안 일어나는 기억의 공고화라는 과정을 그린 것이다. 깨어있는 동안 알게 된 많은 정보들에 어떤 것이 있었는지 확인하고, 필요한 것과 필요하지 않은 것으로 분류하고, 이미 있는 정보와 연결시키는 과정들이 우리가 잠든 사이 일어난다.

2. 잠을 줄이기보다는 관리하는 것에 초점을 두어야

잠을 자는 동안 공부를 못하는 것은 너무 분명하다. 그래서 확실하게 공부를 하지 않는 시간인 잠자는 시간을 공부하는 시간으로 확보하라는 것이 설득력 있게 들린다. 그러나 '잠자는 시간을 줄여야 하는가?'에 '그렇다'라고 답하기는 곤란하다. 잠자는 시간을 규칙적으로 확보하고 숙면을 취하는 것이 더 중요하다. 잠은 유기체의 피로 회복과 재충전을 위한 필수적 활동으로 잘 활용해야 한다. 또한 습관이기 때문에 어떤 습관을 키워나가는가라는 점도 중요하고, 학교나 학원가 규칙적인 시간으로 운영되는 만큼 그 습관은 학교나 학원의 일정에 맞추어야 한다.

"잠이 와서 어쩔 수 없이 자버렸어요.", "항상 졸린 상태로 지내요.", "잠을 실컷 자보는 것이 소원이에요." 등을 말하고 있다면 잠에 쫓겨 지내는 상태라고 할 수 있다. 잠이라는 욕구에 쫓기면 항상 그 욕구에 끌려다니기만 한다. 이런 상태에서는 아무리 잠을 많이 잔다 해도 충분히 잠을 잤다고 느끼기 어렵다. 언제까지 잠이라는 욕구에 끌려다니며 괴로워할 것인가? 잠 역시 관리해야 할 한 부분인데, 내가 스스로 주인이 되어 잠을 이끌어가야 한다. 내 잠의 주인이 될 때 비로소 잠으로부터 해방될 수 있다.

잠자는 시간을 관리하기 위해 가장 먼저 해야 할 것은 자신에게 필요한 잠이 얼마나 되는가를 파악하는 일이다. 수면요구량은 사람마다 다르기 때문에 자신에게 적절한 수면시간의 길이를 찾아야 한다는 것이다. 성인의 경우 평균 7시간 정도의 수면이 요구된다고 하지만, 5시간 정도만 자도 충분히 잘 지내는 사람도 있고 9시간 정도는 자야 하는 사람도 있다. 일반적으로 청소년기에는 키와 몸무게가 급격히 증가하는 성장급등기(growth spurt)로 인해 수면요구량이 늘어난다고 하니, 청소년들에게는 더 많은 수면시간이 필요할 수 있다.

하루에 몇 시간을 자야한다는 것을 다른 사람에게 질문할 것이 아니라 나에게 필요한 수면시간이 얼마인지 스스로 알아내고, 그 시간을 확보해야 한다. 해야 할 일을 할 시간을 먼저 정하고 잠자는 시간을 정하는 것이 아니라, 잠잘 시간을 먼저 정한 다음 공부와 다른 활동에 필요한 시간을 배치하는 것이 필요하다. 그리고 언제 잠자리에 들어 언제 일어날 것인가에 대한 계획을 세우고 이를 지켜나가는 노력이 필요하다.

3. 잠을 줄이려면

필요 이상 잠을 자고 있다면 분명 잠을 줄여야 한다. 잠을 줄이는 것은 매우 고통스럽고, 자칫 건강을 해칠 수 있기 때문에 잠을 줄일 필요가 있는지부터 점검해 보아야 한다. 잠을 줄여야 한다면 어떻게 줄이는 것이 좋을까? 잠을 줄여야 하는가의 판단의 근거는 '해야 할 공부가 너무 많아서 잠을 줄이지 않으면 안 돼'가 아니라 '나한테 필요한 잠보다 더 많이 자고 있어'여야 한다. 앞서 소개한 바와 같이 자신에게 필요한 수면량을 파악하고, 실제 얼마나 자고 있는지를 비교해 잠을 줄여야 하는지 그 여부를 판단해야 한다.

잠을 줄여야 하는 경우는 대부분 피로를 잠으로만 해결하려고 하는 경우다. '잠이 잠을 부른다'는 말을 들어본 적이 있을 것이다. 운동의 제1법칙인 '관성의 법칙'은 움직이고 있는 사물에만 해당하는 것이 아니라 어느 정도는 우리의 습관에도 적용된다. 잠을 자면 잘수록 잠이 더 오고, 잠을 자면 잘수록 피로가 풀리는 것이 아니라 더 힘들어진다면 잠이 아닌 다른 활동을 찾아볼 필요가 있다. 잠을 푹 못자고 그냥 누워서 뒹구는 시간이 많다면 수면의 질을 높여야 하는 것이지 수면시간을 늘리는 것은 효과가 없다. 피로회복에 도움이 되지 않는 잠의 대표적 예는 쉬는 시간 자는 잠과 주말에 자는 늦잠으로 실제로는 피로회복에 도움이 되지 않는다. 피로를 풀 수 있는 다른 활동을 찾는 것이 더 도움이 된다.

잠을 자는 대신 신체를 움직여 보는 것이다. 현대사회는 많은 것이 자동화되면서 사람들이 자신의 몸을 움직여 활동할 일이 많이 줄었다. 일상생활 속에서 신체가 필요로 하는 만큼 움직이지 못하게 되면서 여러 가지 부작용이 일어나고 있는데, 공부를 하는 학생들도 마찬가지 문제를 갖는다. 가능한 즐겁게 할 수 있는 바깥 활동 시간을 매일 30분 이상 갖는 것은 수면의 질도 높이고 피로도 푸는 좋은 방법이다. 매일 해야 하기 때문에 재미가 없으면 지속하기 힘들다. 학생들이라면 무엇보다 쉬는 시간을 잘 활용해 볼 수 있다. 우리나라 학교에 가보면 대부분의 학생들이 쉬는 시간이면 책상에 엎드려 있다. 다른 나라에서는 보기 드문 장면으로 신기해서 질문해보면 '졸려서' 또는 '피곤해서'라고 대답한다. 우리나라 학생들만 특별히 더 졸리고 피곤한 것일까? 대부분은 별로 효과적이지 않은 습관에 길들여져 있는 경우다. 쉬는 시간에 엎드려 있지 말고 보다 즐겁고 재미있는 시간으로 활용하는 것이 엎드려 자는 것보다 피로회복에 더 도움이 된다. 피로도가 낮으면 잠에 대한 의존도도 낮아지고, 피로를 풀 수 있는 대안이 많아지면 잠에 대한 의존도도 낮아진다.

4. 잠이 부족하다면

잠을 줄이는 것이 아니라 수면시간이 너무 부족해 오히려 잠자는 시간을 늘려야 하는 경우도 많다. 수면의 질이 떨어지면서 항상 피곤한 상태에서 집중을 제대로 할 수 없다면, 많은 시간을 들여 공부를 해도 실제 학습하여 습득하는 양은 얼마 되지 않을 수 있다. 즉, 비효율적으로 학습시간을 사용하는 것이다. 아래 명수의 경우라면 확실하게 잠잘 시간이 부족하다. 아직 성장기에 있는 명수에게 하루 5시간 밖에 안자고 지내는 것은 건강과 성장에 악영향을 미칠 뿐 아니라 공부에도 도움이 되지 않을 것이다.

고등학교 1학년인 명수는 7시에 일어나 정신없이 학교 갈 준비를 하고 아침도 제대로 먹지 못한 채 8시 등교시각에 겨우 맞춘다. 이렇게 시작된 학교는 4시에 끝나고, 집에 와서 좀 쉬었다가 저녁을 먹고 학원에 가서 6시 30분부터 10시까지 수업을 듣는다. 집에 오면 10시 30분이 넘는다. 간식 먹고 씻고 TV 잠깐 보는 사이 어느새 12시 가까이 되고, 숙제도 하고 내 공부시간도 갖기 위해 2시까지 공부를 한다. 그리고 다음날 다시 7시 기상부터 하루가 시작된다. 정말 더 자고 싶다.

명수는 어떻게 잠자는 시간을 늘릴 수 있을까? 여기에서도 잠을 줄일 때와 동일한 방식으로 자신의 시간을 점검하고 잠자는 시간을 재배치하는 것이다. 명수의 일과를 보면, 더 이상 잠을 더 잘 수 있는 시간이 없어 보인다. 이경우라면 잠을 더 자기 위해 다른 활동을 줄여야 한다. 학교에 머무는 시간은 조정이 불가능하기 때문에 명수의 일과에서 가장 먼저 고려되어야 할 시간은 학원에서 수업을 듣는 시간과 집에서 숙제와 자기 공부를 하는 시간이다. 학교에서 이미 7시간 정도 수동적으로 수업을 들었는데, 매일 학원에서 다시 3시간 이상 수동적으로 수업을 듣는 것은 비효율적으로 보인다. 선행이 필수적이어서 학원 시간을 줄일 수 없다면, 학교에 머무는 시간과 학원에 머무는 시간 동안 숙제와 내 공부시간을 확보하는 것이다. 예를 들면, 학교의 아침 자습시간을 활용하거나 숙제까지 마치고 올 수 있는 프로그램으로 운영되는 학원을 선택하는 것도 한 가지 방법이다. 또는 학원을 통해 제대로 선행을 했다면 학교의 수업시간을 복습시간으로 활용하면서 나만의 공부시간으로 만들 수도 있다.

상담자 코너

1. 잠이 공부에 얼마나 중요한가요?

① 공부에 선행하는 잠이라는 욕구

상담자들에게 익숙한 Maslow의 욕구위계이론은 왜 잠을 못자면 공부가 안되는 지를 설명해 준다. 사람들은 누구나 항상 무엇인가를 원하는 욕구를 가지고 있고, 그 욕구가 행동을 결정한다. 그러나 인간이 가진 욕구는 다양하고, 여러 욕구를 동시에 채울 수 없기 때문에 그 욕구들 사이에는 우선순위가 있다. 모든 사람들에 게 가장 일차적으로 충족되어야 하는 욕구는 인간 생존에 꼭 필요한 결핍욕구인 데, 생리적 욕구 → 안전에 대한 욕구 → 소속감을 느끼고 사랑을 받고 싶은 욕구 → 남들보다 낫다고 인정받고 싶은 욕구의 순으로 나타난다. 그리고 이런 욕구가 모두 충족되면, 인간은 지금보다 좀 더 나은 사람이 되고 싶은 성장욕구(알고 싶은 욕구 → 아름다움을 추구하고 싶은 욕구 → 자아실현의 욕구)를 느끼게 된다.

　학생들에게 있어 공부를 통해 충족시킬 수 있는 욕구란 바로 이 성장욕구 에 속한다. 즉, 공부할 마음이 생기기 위해서는 기본적인 욕구들이 충족되지 않으면 안 된다. 즉, 결핍욕구가 위협받게 되면 그로 인해 학생들의 행동은 보 다 훌륭한 사람이 되기 위한 욕구가 아닌 다른 욕구를 따라 행동하게 된다. 바 로 수면욕구가 그 중 하나다. 우리나라 대부분의 청소년들은 수면욕을 충족시 키지 못하고 있다. 인간은 태어나면서부터 나이가 들어감에 따라 수면요구량 이 점차 줄어든다. 따라서 당연히 청소년들은 성인들에 비해 잠이 많다. 최근 연구에 의하면, 사람들의 수면요구량이 꾸준히 감소하는 것이 아니라 급성장 기인 청소년시기에는 수면요구량이 오히려 증가한다고 한다. 부모들이 "우리 애는 왜 이렇게 잠이 많은지 모르겠어요."라고 말하거나 교사들이 "우리 교실 의 반 정도의 학생들이 아예 자고 있어요, 수업시간인데도."라고 말하는 것은 모두 마찬가지 현상이다. 잠을 줄이라는 것은 학생들의 가장 기본적인 욕구인 생리적 욕구에 속하는 수면욕을 이겨가며 공부를 하라고 하는 매우 비합리적 인 기대다. 그리고 잠이 부족한 학생들은 계속 부족한 잠을 채우는 방식으로 행동하기 때문에 깨어있다 하더라도 공부가 잘 될 리 없다.

② 잠자는 동안의 기억 향상

잠을 자는 동안 기억이 향상된다는 것은 오랫동안의 연구결과가 일관되게 입증하고 있다. 잠이 기억을 얼마나 향상시키는지에 대한 연구를 종합한 한 연구(Stickgold, 2005, p. 1275)에 따르면, '잠을 자는 동안은 기억에 방해가 되는 요인들이 없기 때문에 깨어있을 때보다 기억이 더 잘 되는 것'이라는 주장과 '잠을 자는 동안 기억을 향상시키는 일들이 뇌에서 일어나고 있다'는 주장이 맞서고 있다고 한다. 실제 연구는 후자를 입증하는 쪽으로 이루어지고 있는데, 기억해야 할 여러 가지 종류의 지식들 중 잠자는 동안 향상되는 지식이 무엇인지, 잠을 자는 동안 기억이 향상되는 시기는 어떤 잠을 자고 있을 때인지, 어떤 과정을 통해 기억이 향상되는 것인지 등에 초점을 두고 있다.

예를 들면, 절차적 지식은 잠을 통해 향상되는 것이 보다 명확하게 입증된 반면, 명명적 지식은 그 이유는 아직 밝히지 못했지만 REM 수면 때보다 SWS 수면 때 기억이 향상되는 것이 발견되었다(Wixted, 2004). 즉, 단순암기의 경우 SWS 수면시간을 많이 확보하는 것이 중요한데, 전체 수면 중 SWS 수면을 많이 하기 위해서는 일찍 잠들어야 한다. 즉, 수면량도 중요하지만 일찍 잠자리에 드는 것도 중요함을 보여주는 연구결과라고 할 수 있다.

잠의 단계를 간단히 살펴보면, 밤시간 동안의 잠은 일반적으로 90분 단위로 서로 다른 잠의 단계가 반복된다. 잠의 단계는 REM(rapid eye-movement) 수면과 NREM(non-REM) 수면으로 나뉘고, NREM은 다시 1~4단계로 나뉜다. 각 단계는 잠의 깊이, 꿈의 빈도와 강도, 뇌파, 눈동자 움직임, 근육의 긴장, 신경계의 순환, 뇌의 활성화 부위, 기억체계 간 소통 등에서 차이를 보인다. 그 중 3~4단계가 가장 깊은 잠에 드는 시기이고 이를 특히 SWS(slow-wave sleep)라고 명명한다.

잠이 기억에 미치는 효과에 대한 논의는 이제 그 여부에 대한 논의보다는 어떤 기억을 향상시킬 수 있는가, 또는 어떤 수면(수면의 질, 수면의 길이, 수면의 단계 등)이 더 효과적인가 등 그 효과에 대한 세밀한 내용을 밝히는 쪽으로 옮겨가고 있다. 예를 들면, 다음은 잠의 효과를 입증한 실험연구로 2015년 12월 학술지 「학습과 기억에 대한 신경심리학(Neurobiology of Learning and Memory)」에 실린 논문의 초록 내용이다. 보다 자세한 내용은 원문을 참고하기 바란다.

> 잠이 공고화라는 기제를 통해 여러 종류의 기억을 향상시킨다는 점에 착안하여, 사람의 이름과 얼굴을 기억하는 데에도 잠이 도움이 되는지 실험을 통해 확인해 보았다. 14명의 참가자에게 2번에 걸친 실험을 실시했는데, 매번 20명의 얼굴과 그 사람의 이름을 보여주었다. 12시간 후 각 얼굴을 2번씩 보여주었는데, 한 번은 올바른 이름을 한 번은 틀린 이름을 짝지어 보여주었다. 각각 얼굴과 이름이 맞는지 응답하고 자신의 응답에 대한 자신감도 스스로 평가해 보았다. 12시간 공백 동안 한 번은 8시간 잠을 자고, 한번은 잠을 자지 않았는데 그 두 가지 조건에서 얼굴과 이름을 맞추는 수행 결과가 다르게 나타났다. 12시간 공백 동안 잠을 잔 경우가 잠을 자지 않았던 경우에 비해 얼굴과 이름의 짝짓기에 대해 정확하게 맞춘 수도 많았고, 자신의 응답에 대한 자신감도 높았다.
>
> (출처: Maurer et al., 2015)

2. 적절한 수면량은 얼마인가요?

대한수면학회에서 제안한 적정 수면시간은 하루 6~8시간이다. 미국 수면기금에서는 성장급등기에 필요한 수면시간이 8~10시간이라고 밝히고 있다. 이런 기관들에서 제시한 수치는 평균이고 수면요구량은 개인마다 다르다. 내담자에게 필요한 수면량을 알기 위해서는 직접 일상생활 관찰을 통해 알아보는 것이 좋다. 그렇다면 각 개인에게 필요한 수면량을 어떻게 알 수 있을까? 먼저 1주일 정도 잠자는 시간과 잠을 잔 이후의 컨디션에 대해 기록하는 자기점검을 한다. 이 기록을 바탕으로 언제 얼마나 잘 때가 자신에게 맞는가를 파악해 보는 것이다. 분명하지 않다면 1주일 더 기록해 볼 수 있다. 누구에게나 적합한 수면시간이 정해져 있거나, 어떤 검사 한번으로 적정 수면시간을 알 수 있는 것이 아니라 스스로 찾아야 한다는 점을 유념시켜 주어야 한다. 이렇게 출발하여 매일 잠자리에 든 시간, 일어난 시간, 잠의 효과 등을 기록하는 '수면 다이어리'를 써보게 하면 잠을 보다 적극적으로 활용하고 관리하는 역량을 키울 수 있다.

☞ 잠에 대한 보다 자세한 내용을 알고 싶다면

　미국수면기금 십대와 잠 (https://sleepfoundation.org/sleep-topics/teens-and-sleep)

　미국심리학회 수면의 중요성 (http://www.apa.org/topics/sleep/why.aspx)

☞ 건강한 수면을 위한 10계명

　우리나라 여러 수면관련 학회 웹사이트에서는 다음과 같은 동일한 내용의 수면에 대한 지침을 게시하고 있다. **수면의 질**을 높이기 위해 아래 지침을 내담자들에게 안내할 수 있다.

　① 잠자리에 드는 시간과 아침에 일어나는 시간을 규칙적으로 하라.

　② 잠자리에 소음을 없애고, 온도와 조명을 안락하게 하라.

　③ 낮잠은 피하고 자더라도 15분 이내로 제한하라.

　④ 낮에 40분 동안 땀이 날 정도의 운동은 수면에 도움이 된다.

　　(그러나 늦은 밤 운동은 도리어 수면에 방해가 된다)

　⑤ 카페인이 함유된 음식, 알코올 그리고 니코틴은 피하라.

　　(술은 일시적으로 졸음을 증가시키지만 아침에 일찍 깨어나게 한다.)

　⑥ 잠자기 전 과도한 식사를 피하고 적당한 수분 섭취를 하라.

　⑦ 수면제의 일상적 사용을 피하라.

　⑧ 과도한 스트레스와 긴장을 피하고 이완하는 것을 배우면 수면에 도움이 된다.

　⑨ 잠자리는 수면과 부부생활을 위해서만 사용하라.

　　(즉, 잠자리에 누워서 책을 보거나 TV를 보는 것을 피하라.)

　⑩ 잠자리에 들어 20분 이내 잠이 오지 않는다면, 잠자리에서 일어나 이완하고 있다가 피곤한 느낌이 들 때 다시 잠자리에 들어라. 즉, 잠들지 않고 잠자리에 오래 누워있지 마라. 이는 오히려 과도한 긴장을 유발하여 더욱 잠들기 어렵게 만든다.

Chapter 12

공부하는 환경
바꾸기

공부를 방해하는 환경

매일 집 근처 공공도서관에 나가 독학으로 재수를 하던 영서는 어느 날 우연히 옆자리에 앉은 학생이 수시로 스마트폰을 보면서 공부하는 모습을 보았다. 자신도 모르게 '저렇게 해서 공부가 되겠어'라는 생각이 들었다. 그날 집으로 돌아오는 길에 '내가 혹시 그 친구처럼 스마트폰 때문에 공부시간을 빼앗기고 있는 건 아닌가?'라는 질문을 자신에게 해 보았다. 시간을 보느라 스마트폰을 책상 위에 두고 있지만, 사실 영서도 스마트폰으로 시간만 확인하는 것은 아니었다. 다음날 도서관에 가는 길에 작은 탁상용 시계를 하나 사고, 스마트폰은 도서관 사물함에 두고 열람실로 들어갔다. 쉬는 시간에만 스마트폰을 꺼내 보는 것이 조금 답답하고 궁금하기도 했지만, 금방 익숙해져 오히려 방해받지 않아 더 편하게 느껴졌다. 그동안 스마트폰 때문에 얼마나 집중을 못하고 시간을 낭비했는지 몸소 깨닫게 되었고, 도서관에서만이 아니라 집에서 공부할 때도 스마트폰은 거실에 두고 공부방으로 들어갔다.

1. 내 방의 방해자들

어떤 환경에도 불구하고 공부에 집중할 수 있어야 한다는 주장보다는 집중에 도움이 되는 환경은 무엇일까에 대해 생각해 볼 필요가 있다. 공부와 관련된 환경에는 공부를 방해하는 환경도 있고, 공부를 돕는 환경도 있다. 공부를 방해하는 환경을 공부를 돕는 환경으로 바꾼다면 보다 수월하게 공부에 몰두할 수 있다. 그러나 우리의 일상적 환경을 살펴보면 환경이 공부의 방해하는 경우가 더 많은데, 특히 공부방으로 사용하고 있는 자신의 방에는 방해요소가 많다.

침대의 유혹

물리적 환경이라고 하면 춥고 덥지 않은 것을 쉽게 떠올릴 수 있는데, 적절한 조도라든지 체형에 맞는 책상과 의자 등도 여기에 속한다. 추위도 참고 더위도 참아야 한다기보다는 쾌적한 환경을 마련해 주어야 한다는 데에 모두 동의할 것이다. 학교와 가정은 꾸준히 이 부분을 갖춰가기 위해 노력하고 있다. 그러면서도 놓치고 있는 몇 가지 문제가 남아 있다. 책상과 침대가 같은 공간에 있는 학생들의 공부방은 과연 공부하기에 좋은 환경일까? 한 공간에서 공부를 하는 가구와 잠을 자는 가구가 경쟁하고 있다. 공부와 잠 중 어떤 활동이 더 강력하게 한 개인을 이끌 것인가를 예상해 보면 좋은 배치가 아니라는 것을 쉽게 알 수 있다. 예를 들어, 책상에 앉아 공부하다가, 침대에 앉으면 더 편하겠다는 생각이 들어 침대로 옮겼다가 잠들어버린 일은 누구나 겪어보았을 것이다.

어떻게 해야 할까? 침실과 서재를 따로 분리하는 것이 가장 좋은 방법이다. 잠을 자고 쉬는 것은 각자의 방에서 하고 공부는 모든 가족이 모여서 하는 형태로 구조를 바꾸는 것이다. 공간도 충분하고 생활공간 재편의 계획이 있는 가정이라면 이 부분을 고려한 배치를 추천한다. 그러나 갑자기 집의 가구배치를 바꾸는 것은 쉽지 않다. 공간이 여의치 않을 경우 거실을 서재로 바꾸는 경우도 있는데, 이 방법도 가족들이 모여 함께 휴식하고 즐겁게 노는 공간이 없어진다는 점에서 바람직하지는 않다. 다른 대안은 자기 방 안에서의 활동과 가구 사이의 구분을 분명히 하는 것이다. 예를 들면, 책상에서는 공부만 하고 다른 활동을 하지 않는 것으로, 침대에서는 잠을 비롯한 모든 휴식과 놀이를 하는 것으로(단, 불면과 같은 문제가 있을 때는 침대에서는 잠만 자야함), 그리고 간식을 먹고 싶을 때는 나가서 식탁을 이용하는 것으로 정하는 것이다. 이렇게 정한다고 해도 처음에는 잘 지켜지지 않을 수 있는데, 각 공간에 팻말을 붙여 할 수 있는 활동과 할 수 없는 활동을 명시해 두면 효과적이다.

컴퓨터의 유혹

또 한 가지 유사한 문제는 공부하는 책상 위에 컴퓨터가 놓여있다는 것이다. 대부분 인터넷 강의를 위해 컴퓨터가 준비되어 있는데, 컴퓨터는 인터넷 강의만이 아니라 마음껏 인터넷의 바다를 다닐 수 있는 매체라는 것이다. 인터넷 강의보다 재미있는 여러 가지 활동이 가능하다는 점을 감안하면 이런 유혹을 모두 뿌리치고 인터넷 강의에 집중하기 매우 어려운 상황이다. 더구나 여러 가지 SNS는 새로운 글이 올라올 때마다 알림을 울리며 유혹의 손길을 내민다. '잠깐 답만 하고 와야지', '어떤 게 올라왔는지 확인만 해야지' 하면서 SNS에서 시간을 보내다 보면, 어느새 인터넷 강의를 듣고 있었다는 것조차 잊게 된다.

이 문제를 생각하면 '인터넷 강의를 듣지 않고 공부를 하기는 어려운데 어쩌나'라는 걱정이 앞선다. 쉬운 방법은 아니지만 인터넷 강의를 듣는 전용 기기를 마련하는 것이 가장 좋은 방법이다. 데스크탑, 노트북, 태블릿 등 어떤 것이든 인터넷 강의만 듣는 것을 하나 정하고, 그 기기를 이용해서는 인터넷 강의 수강과 관련된 자료 정리만 한다. 이 기기에서는 SNS를 사용하거나 게임을 할 수 있는 프로그램이나 어플리케이션을 탑재하지 말아야 한다. 스마트폰으로 거의 모든 인터넷 활동이 가능하기 때문에 놀이를 위한 인터넷 접속은 스마트폰으로 옮겨보는 것도 방법이다.

스마트폰의 유혹

마지막 문제는 스마트폰을 손에 들고 공부를 하고 있다는 것이다. 학교에서는 수업에 방해된다는 이유로 학생들의 휴대폰을 등교하면 수거했다가 하교할 때 돌려주기도 한다. 그러나 휴대폰이 스마트폰으로 바뀌고 고급화되어 가격이 높아지면서 학생들의 스마트폰을 수거하는 것도 도난의 경우 보상 문제가 있어 어려워졌다. 그래서 아예 학교에 스마트폰을 못 가져오게 하는 학교도 있지만, 자녀들과 연락할 방법이 없다는 이유로 부모들의 반대에 부딪치기도 한다. 어떤 경우든 수업시간에 스마트폰을 사용하는 것을 금지하고 있지만 교사의 눈을 피하기 어려운 일은 아니다. 학교만이 아니라 학원이나 공부방에서도 학생들은 스마트폰을 손에서 놓지 않는다. 스마트폰 사용은 공부하는 시간만이 아니라 밥을 먹거나 놀거나 잠을 잘 때에도 계속 된다.

어떻게 하면 스마트폰의 유혹에서 벗어나 공부에 몰두할 수 있을까? 첫 출발점은 스마트폰의 방해로부터 벗어나겠다고 결심하는 것이다. 공부를 해야겠다고 마음을 단단히 먹은 학생들은 스스로 스마트폰을 2G폰으로 교체하기도 하는데, 가장 근본적인 해결책을 찾는 것이다. 그렇게까지 할 수 없다면, 적어도 공부를 할 때 손에 스마트폰을 들고 있지는 않아야 한다. 수업시간이라면 가방에 스마트폰을 넣어두고, 혼자 공부하는 상황에서는 적어도 손에 닿지 않는 곳에 스마트폰을 둔다. 사물함이나 거실과 같이 공부하는 방이 아닌 장소에 두는 것이 가장 좋고, 같은 공간에 스마트폰을 둔다면 2m 이상 떨어져 있어 일어나 움직여야 갈 수 있는 곳에 둔다. 자신의 의지만으로 사용을 절제하기 보다는 물리적으로 사용이 어렵고 불편하게 만드는 것이 더 효과적일 수 있다.

또 다른 방법은 매일 자신이 스마트폰을 얼마나 사용하는지 점검함으로써 사용량을 줄여나가는 것이다. 자신의 스마트폰으로 각 어플리케이션을 하루에 얼마나 사용했는지 계산하여 제시해 주는 어플리케이션이 있다. 이런 어플리케이션을 사용해 매일 일정한 시각(취짐 직전, 기상 직후, 방과 후)에 스마트폰 사용 현황을 확인한다. 어떤 시간을 줄여야겠다는 정도는 스스로 판단할 수 있을 것이고, 가능한 줄여보도록 노력할 수 있다. 사용량이 너무 많은 경우 자신에게 부끄럽거나 짜증이 나서 확인하고 싶지 않을 수 있는데, 그렇다면 스마트폰 사용으로 인한 공부 방해를 극복하기는 어렵다. 고통 없이 장애물을 뛰어 넘을 수는 없기 때문에 어려움을 견뎌내는 노력이 필요하다.

2. 음악 듣기를 하면서 공부하는 건 방해되지 않나요?

많은 학생들이 음악을 들으면서 공부하고 있고, '음악을 들으면서 공부가 되냐?'라고 물으면 모두 '공부가 잘 된다'고 대답한다. 대학가 카페에서는 카페가 도서관이 되어버려 영업에 어려움이 많다는 고충을 내놓고 있지만 학생들은 여전히 음악이 흐르는 카페에서 공부하기를 좋아한다. 그렇다면 분명 음악은 공부를 방해하는 것이 아니라 공부에 도움이 되는데, 왜 자꾸 음악이 공부를 방해할 것이라는 의문이나 지적이 야기되는 것일까?

지금까지 많은 사람들이 음악을 들으면서 공부를 하거나 일을 할 때 음악이 어떤 영향을 미치는가에 대해 연구해왔다. 서로 다른 음악의 종류에 따라, 공부나 일의 종류나 특성에 따라, 사람들의 성격 특성에 따라, 성별이나 연령에 따라 음악이 다른 효과를 나타내는지도 검증하려고 노력을 기울이고 있다. 그러나 아직 아무런 결론에 도달하지 못하고 있는 것이 사실이다.

전반적인 연구결과로 볼 때 음악은 공부를 방해할 수 있다는 쪽으로 조금 더 기울어져 있다고 할 수 있다. 가사가 있는 음악에 비해 연주로 이루어진 음악이 공부에 도움이 되거나, 복잡하고 고차원의 지적 활동에는 음악이 더 크게 방해된다거나, 외향적인 사람이 음악에 더 많이 방해받는다와 같은 연구결과들이 있지만 여전히 개인차가 있을 수 있음을 가정한다.

반면, 음악이 공부를 도와준다는 쪽의 연구결과는 다른 소음을 차단해 집중을 하게 해 준다거나, 음악이 스트레스를 경감시켜 도움이 된다는 다소 소극적 차원에서의 도움을 증명하고 있다. 최근 ADHD를 비롯한 장애가 있는 학생들에게 특정한 소리로 지속적 자극을 주면 인지적 활동이 향상된다는 연구결과가 나와 음악을 비롯한 소음을 치료나 개입의 목적으로 사용될 수 있음을 시사하기도 했다. 이러한 소음을 특히 백색소음(white noise)이라 명명하는데, '일정한 주파수의 소리를 내는 소음으로 다른 불규칙한 소음을 막아주는 역할을 한다. 자연상태의 백색소음만이 아니라 수면, 공부, 업무 등을 돕는 백색소음이 의도적으로 개발되어 SNS를 통해 공유되고 있다. 백색소음을 사용하고 있는 학생들을 대상으로 우리나라 한 대학에서 실시된 연구결과에 따르면, 학생들은 다음의 목적으로 백색소음을 공부에 활용하고 있다고 답했다. ① 학습 전 긴장

유발을 위한 준비 ② 주의집중을 방해받는 요소 제거를 위한 주의환기 ③ 청각 양식을 활용한 인지전략 ④ 학습으로의 복귀를 위한 일시적 학습 휴지 ⑤ 학습 과정에서의 정서조절(고대원, 2015, p. 45)이다. 학습부진 극복 사례 연구에 참여 했던 한 학생은 "공부할 때는 항상 음악을 듣습니다. 음악은 공부에 도움이 되고 즐겁게 해 주죠. 스트레스 없이 즐겁게 공부할 수 있는 비결입니다."라고 말하기도 했다.

　이런 연구들을 보면, 음악이 공부에 방해가 되는지에 대해 가장 정확하게 알 수 있는 사람은 학습자 자신이고, 모든 음악이 언제나 공부에 도움이 되는 것이 아니라는 점도 분명하다. 즉, 음악이 공부에 도움이 되는가 아닌가라는 이분법적 사고보다는 어떻게 음악을 공부에 활용할 것인가 또는 방해받는 음악으로부터 어떻게 자유로워질 것인가에 대한 고민을 해야 한다.

3. 사례 엿보기

정세는 평소 가고 싶다고 선망하던 대학에 수시로 합격하게 된 고3 선배의 소식을 들은 고1 말에 정신을 차려 공부에 집중하게 되었다고 한다. 정세는 선배의 진학 소식을 듣자 평소에 가고 싶다고만 생각했지 공부를 제대로 하고 있지 않던 자신의 모습을 갑자기 깨달았다. 지금 성적으로는 어림도 없다는 걸 생각하면서 한참이나 눈물을 흘렸다. 그러나 정세는 그날부터 정말 열심히 공부해서 원하는 대학진학에 성공했다. 자신이 그렇게 공부에 몰입할 수 있었던 이유에 대해 세 가지를 얘기했는데, 정세가 얘기한 내용을 그대로 옮겨보면 다음과 같다.

공부만 하는 상 마련해 사용하기

"제가 TV에서 봤는데 애들이 처음 책상에 앉았을 때 엄마가 책상을 사줬을 때 그 이후로는 계속 공부만 하라고 해야 된대요. 책상에서 딴 책을 보는 것도 말고 밥 먹는 것도 말고 우연히 TV에서 봤나 책에서 봤나 고등학교 때 본거에요. 그래서 핑계일지 모르지만 '아, 내가 책상에서 공부가 안된 이유가 있었겠다' 싶어갔고 밑에다가 상을 갖다 놓고 바닥에 앉아서 공부를 했어요. '이건 공부하는 상이야' 그렇게 해서 공부했어요"

판타지 소설 안 빌리기

"제가 약간 집중력이 좋지 않아서 딴 책을 꺼내는 걸 좋아해요. 판타지 소설을 좀 많이 읽었고. 중학교 때는 별로 그렇게 많이는 안 봤는데요. 고등학교 붙고 그때부터 판타지 소설을 조금씩 보다 보니까 그때부터 습관이 된 거에요. 그래서 판타지 소설을 안 읽으려고 엄마한테 말을 했어요. 여기 서점에서 내가 판타지 소설을 빌리는지 안 빌리는지 확인을 해달라고 했어요. 얼마나 가슴이 아팠겠어요. 좋아하는데. 물론 친구들이 빌려오면 학교에서 잠깐 보기는 했어요."

가요 CD 엄마에게 맡기기

"제가 음악 듣는 것도 좋아해서 CD를 맨날 모았어요. 진짜 애기 때부터 모은 거거든요. 공부할 때는 왠지 가요 듣고 하면 안될 거 같으니까, 그것도 엄마한테 반납하고 그러니까 고등학교 때 정신을 차린 거죠."

1. 상담에서 다루어야 할 공부를 방해하는 대표적 환경에는 어떤 것들이 있을까요?

앞서 학생들의 공부방에 얼마나 많은 공부 방해요소가 있는지 살펴보았다. 공부방은 학생들이 매일 생활하는 곳으로 가장 주의 깊게 살펴보아야 할 환경이다. 그러나 공부방의 환경 이외에도 학생들의 공부를 방해하는 환경은 많이 존재하는데, 공부를 방해하는 요소에 관한 경험적 연구결과에 따르면 방해요소는 여러 영역에 걸쳐있다. 예를 들면, 공부를 방해하는 물리적 환경으로 '주말이나 휴일이라 긴장이 풀려서'와 같이 시간의 주기와 관련된 것, '공부하는 장소의 주변 소음 때문에', 'TV나 컴퓨터 등 놀 것이 가깝게 있어서'와 같이 시청각적인 방해와 관련된 것, '공부할 때 필요한 책이나 준비물이 갖추어져 있지 않아서'와 같이 학습자료와 관련된 것이 포함되어 있고, 신체적 문제로 '학교 또는 학원에서 늦게 오면 지쳐서', '몸이 아파서', '운동 등으로 몸이 피곤해서' 등이 포함되어 있다(신을진, 2005, p. 57). 스마트폰을 비롯한 기기나 SNS가 전체 연령단으로 확산되기 이전 자료로 현재 학생들의 삶과는 조금 다를 수 있지만, 우리나라 고등학생들의 생생한 목소리를 통해 수집된 자료에 근거하고 있어 눈여겨 볼 필요가 있다.

공부를 방해하는 환경은 이와 같이 물리적 환경에만 국한되는 것은 아니다. 학습부진학생들이 가진 주요 환경적 특성으로 불편한 물리적 환경, 부모의 지원 부족, 맞지 않는 교수적 환경이 제안되기도 한다(이대식, 황매향, 2014). 부모의 지원 부족은 심리적 환경에 속하는 요인으로 부모만이 아니라 또래나 교사 나아가 대중매체와 SNS를 통해 형성된 사회적 압력 등 심리적 환경도 학생들의 공부를 방해하는 대표적 환경요인이다. 심리적 환경은 공부를 방해하기만 하는 것은 아니고 공부를 하게 하는 촉진적 작용도 하게 되는데, 이 책에서는 심리적 환경에 대해 따로 다루고 있으니 그 부분을 참고하기 바란다.

수업이 어떻게 진행되는가와 관련되는 교수적 환경 역시 학생들의 학습을 촉진하기도 하고 방해하기도 한다. 자신에게 잘 맞는 방식으로 배우게 되면 쉽게 배울 수 있고 학습에 대한 동기도 높아지는 반면, 자신에게 잘 맞지 않는 방식으로 배우게 되면 학습도 잘 되지 않고 하기도 싫어진다. 가능한 학생들의 개인차를 반영하기 위해 학교나 학원들이 노력을 기울이고 있지만, 여전히 학생들의 서로 다른 선호나 적성을 반영한 다양한 교수법의 실천은 부족한 것이 현실이다. 성격적인 측면에서만 살펴보아도 우리나라 교사들의 성격유형은 특정 유형에 편포되어 있고 학교의 규칙이나 수업에서 요구되는 바람직한 행동 역시 동일한 성격유형의 특성을 반영하고 있어, 다른 성격유형의 학생들은 그 교수법에 적응하기 어려울 수 있음을 예측해 볼 수 있다.

이렇게 다양한 요소들은 학생 개인의 내적 특성의 범위를 넘는 것으로 상담에서 간과하기 쉽지만 반드시 함께 다루어야 한다. 어떤 요소를 먼저 해결할 것인가 또는 상담에서 다루어야 할 요소인가에 대한 판단은 내담자와의 상담을 통해 답해야 할 문제다. 상담자가 먼저 해야 할 일은 학업과 관련된 진단과정에 공부를 방해하는 환경에 대한 탐색을 포함시키는 것이다. 물리적, 심리적, 교수적 환경의 큰 틀 속에서 각 영역에 어떤 방해요소가 있는지 내담자와 함께 알아본다. 상담시간에 잘 떠올리지 못한다면, 다음 상담회기까지 공부하는 과정에 대한 자기점검(self-monitoring)을 해 오도록 과제를 부과하고 그 내용을 통해 어떤 요소들이 공부를 방해하고 있는지 찾아볼 수 있다. 다음은 자기점검을 통해 방해요소를 찾은 사례다.

대학에 들어와 처음 본 시험에서 성적 환상이 떠올라 도대체 시험에 집중할 수 없었다. 그 증상은 시험을 볼 때마다 반복되었고, 학과의 특성상 거의 매주 시험을 봐야하는 상황이라 더욱 견디기 힘들었다. 석호는 학교적응이 어려운 상황이라 그것이 원인이라고 생각해 상담실을 찾게 되었다. 그러나 상담을 통해 심리적 문제들을 다루면서 학교적응은 좋아졌지만 그 증상에는 변화가 없었다. 시험을 보는 동안에만 나타나는 증상으로 달리 원인을 찾을 수도 없었다. 상담자는 시험을 보기 전 모든 행동을 기록해 볼 것을 제안했는데, 이 기록을 통해 시험 당일에 가까워질수록 특정 음료수의 섭취가 많아짐을 확인했다. 시험을 보기 직전 6개까지 마신 적도 있었고, 그땐 증상이 더 심했다. 바로 그날부터 그 음료수를 먹지 않아 보기로 했는데, 그 다음주 시험부터 아무런 증상도 나타나지 않았다.

2. 공부 방해요소 제거를 어떻게 도와야 할까요?

내담자의 공부를 방해하는 환경적 요소를 없애 보다 공부하기에 좋은 환경을
조성하기 위해 구체적인 방안들을 마련하고 내담자와 함께 실천하는 과정을
점검해야 한다. 행동수정에서는 선행자극을 바꾸어 행동을 변화시키는 자극
통제의 한 영역으로 '상황유도(situational induction)'를 소개하고 있는데, 그
구체적 방법으로 주위 환경 재배치하기, 장소를 옮겨서 활동하기, 사람들을 재
배치하기, 활동 시간 변경하기 등을 제안하고 있다(Martin & Pear, 2011/2012,
pp. 359-363). 이들의 책에 소개된 각 전략의 내용을 살펴보면 다음과 같다.

① 주위 환경을 재배치하기

주위 환경의 재배치는 바람직한 행동에 도움이 되도록 주변의 물리적 환경의
구조를 바꾸는 것으로, 앞서 살펴본 다양한 공부방의 방해요소들에 대한 대응
전략 대부분이 여기에 속한다. 학습을 위해 주위 환경을 재비치한 한 예는 책
상에 앉아서 공부를 더 열심히 하고 더 오래 하도록 하기 위해 방의 물건을 바
꾸는 것이라고 설명하면서 공부방의 침대 배치를 다루고 있다. 조명을 밝게
하고, 상관없는 물건들을 치워서 책상을 정돈하고, 침대를 되도록 책상에서 멀
리 떨어뜨려 놓고, 책상과 침대가 마주보지 않도록 배치할 수 있고, 더 좋은 방
법은 침대가 수면을 위한 식별자극(SD)이므로 가능하다면 침대를 책상과 같
은 방에 놓지 않는 것이다(Goldiamond(1965)를 참조하여 Martin과 Pear가 재
구성한 내용임).

② 새로운 장소로 옮겨서 활동하기

활동하는 장소를 바꾸는 것을 공부를 개선하는 한 가지 접근 방법으로 소개하
고 있다. 공부에 집중하기 위해서는 공부 이외의 다른 행동과는 연합되지 않
는 자극만이 있는 특별한 장소를 선택해야만 한다. 조명시설이 잘 되어 있고
적당한 활동 공간이 있는 조용한 장소도 좋지만, 이런 목적으로는 칸막이가

있는 개인 열람석이 이상적이라고 제안한다. 우리나라에도 많은 도서관이나 독서실에 칸막이로 된 개인 열람석이 마련되어 있는데, 아마 이런 이유에서일 것이다. 즉, 자신의 공부에 방해가 되는 자극이 가장 적은 곳이 어디인가를 찾아 그곳에서 공부를 하는 것이 효율적이다.

③ 사람들을 재배치하기

사람들을 재배치하는 것은 서로 가까이 있으면 소란스럽게 되고 공부에 방해가 된다면 자리를 바꾸는 것이 방법이다. 일반적으로 바람직하지 않은 상호작용을 제거하기 위해 새로운 프로그램을 계획하고 실시하는 것보다 훨씬 더 수월하다고 한다. 이를 적용해 본다면, 여자 친구와 함께 있으면 공부가 잘 안 되는 내담자가 있을 경우 여자 친구와 만나는 시간을 따로 정해 공부할 때는 서로 만나지 않기로 할 수 있다.

④ 활동시간을 변경하기

특정 자극과 행동 경향성이 시간이 경과함에 따라 예측 가능하게 변화한다는 사실을 이용한다. 공부에 관한 사례로 소개되어 있지 않지만, 방해요소가 많은 시간에 공부시간을 잡지 않는 것이 전략의 기본원리다. 예를 들면, 좋아하는 TV 프로그램을 방송하는 시간을 휴식시간으로 정하거나, 공부시간을 SNS의 방해를 받지 않는 이른 아침시간으로 정하는 것이다.

3. 공부 방해요소를 피할 수 없다면 어떻게 하나요?

공부 방해요소가 확인되면, 그 방해요소를 제거하는 것이 가장 근본적인 방법이다. 스마트폰을 아예 피처폰으로 바꾸거나 서재라는 새로운 공간을 집에 마련하는 것이 그 예일 수 있다. 이럴 경우 공부 방해요소를 근본적으로 제거하는 것이기 때문에 그 이후 공부 방해요소에 대해 내담자가 크게 노력을 기울이지 않아도 된다. 그러나 공부를 방해하는 요소들을 아예 없애는 것이 불가능한 상황들이 더 많다. 앞서 살펴본 사례에서처럼 특정 음료수를 아예 먹지 않는 것은 비교적 쉽게 공부 방해요소를 제거할 수 있는 상황이다. 같은 음식이어도 그 음식이 '밥'이었다면 해결이 그렇게 간단하지는 않았을 것이다.

① 효과적인 방법인지 확인하기

공부 방해요소를 제거할 수 없는 경우라면, 목표는 공부 방해요소와 함께 있으면서 어떻게 그것을 이겨낼 것인가로 달라져야 한다. 공부방의 방해요소들을 제거할 수 없을 때 어떻게 대처할 것인가의 방법은 다양한데, 상담자는 그 방법들 중 내담자에게 적합한 방법을 찾고 이를 꾸준히 실천할 수 있도록 돕는 역할을 해야 한다. 이 과정에서 항상 더 좋은 방법이 없을지 서로 아이디어를 내 보는 것도 필요하며, 어떤 방법이든 실제 효과가 있는지 점검하는 것이 가장 중요하다. 예를 들어, 앞서 제시한 방법대로 스마트폰의 방해를 덜 받기 위해 공부를 하다가 일어나서 확인할 만큼 스마트폰을 멀리 두었지만, 이렇게 해도 새로운 메시지가 올 때마다 확인하러 가게 된다면 이 방법은 효과가 없는 것이다. 즉, 이 경우엔 다른 방법을 강구해 보아야 한다.

② 규칙 정하기

공부 방해요소의 유혹을 이길 수 있는 방법 중 하나로 규칙을 정하고, 그 규칙을 보이는 곳에 붙여두는 것을 시도해 볼 수 있다. 규칙의 내용은 공부 방해요소를 극복하는 것으로 정하는데, 예를 들면 컴퓨터 사용과 관련하여 '인터넷 강의를 마치고 30분 게임하기', '밤 11시 이후 SNS 확인하기', '토요일 오전은 인터넷 쇼핑하는 날' 등과 같은 규칙을 정할 수 있다. 가능한 규칙은 하나만 정하고, 그 규칙을 컴퓨터에 붙여두는데 모니터 화면을 크게 가리지 않지만 잘 보이는 곳에 붙여둔다. 규칙 자체가 자극통제로 작용하고, 메모가 바로 식별자극(S^D)이 되어 컴퓨터를 사용해서 해야 할 인터넷 강의나 과제에 집중할 수 있게 돕는다.

③ 방해요소를 세분화하기

방해요소를 세밀하게 분석해 보면, 도움이 되는 요소와 방해가 되는 요소가 있을 수 있고, 그 중에서 도움이 되는 요소를 활용하는 방법으로 접근하면 방해요소를 완전히 제거하지 않아도 된다. 이 방법이 적용될 수 있는 가장 대표적인 예는 음악 듣기인데, 음악을 들으면서 공부하는 것이 습관이 되었지만 실제 음악이 방해가 될 때가 있다는 걸 알고 있는 경우다. 단번에 음악을 듣지 않고 공부하는 것으로 습관을 바꾸는 것은 쉽지 않을 수 있다. 갑자기 음악이 없어져 버리면 허전하고 오히려 다른 소리에 예민해져서 집중을 못할 수 있다. 이럴 경우라면, 음악이라는 방해요소를 조금 더 세밀하게 검토하고 활용할 필요가 있다. 공부에 도움이 되는 음악을 찾는 작업부터 시작하는 것이 좋다. 그리고 다음으로 음악이 도움이 되지 않는 공부가 무엇인지를 찾아 그 공부를 할 때만 음악을 듣지 않는 연습을 해 본다. 나아가 공부와 무관하게 좋아하는 음악만을 즐길 수 있는 시간을 확보한다. 즉, 음악이라는 자극과 음악을 들으면서 공부하는 활동을 세분화하여 내담자에게 가장 도움이 되는 것이 무엇인지 선별하고 그에 맞게 배치하는 작업이 필요하다.

공부를 촉진하는 사람들

- 선생님이 너무 좋아서 그 과목을 열심히 했던 기억이나 선생님이 너무 싫어서 그 과목 공부를 아예 하지 않았던 경험을 가진 사람들이 많다.
- 잘 알려진 맹모삼천지교(孟母三遷之敎)의 이야기에서는 맹자의 어머니가 사는 곳을 '묘지 근처 → 시장 근처 → 글방 근처'로 옮기면서 맹자의 학습을 독려했다고 한다.
- 친구들이 '모범생'이라고 놀리는 것이 싫어서 공부를 해야 하는 줄 알면서도 일탈을 하게 된다.

이런 상황들은 모두 다른 사람들과의 관계가 자신의 공부에 영향을 미치고 있음을 나타내준다. 공부가 중요하다고 이야기하고, 공부를 즐겁게 안내하고, 공부하는 과정에서의 어려움을 도와주고, 공부하는 자세의 본보기를 보여주고, 공부에 대해 보상을 해 주는 주변 사람들이 있다면 공부가 훨씬 수월해진다. 그러나 그 반대의 경우가 된다면 공부는 매우 어렵고 하기 싫은 일이 되어 버린다. 친구, 가족, 선생님, 이웃이 나의 공부를 지지하고 돕게 만드는 방법은 없을까?

1. 공부도 '친구 따라 강남 간다'

청소년기는 그 누구보다 친구의 영향을 많이 받는 시기로, 그래서 '친구 따라 강남 간다'는 옛말도 등장했을 것이다. 하기 싫지만 친구가 하면 따라한다는 의미를 담고 있는데, 또래압력(peer pressure)을 많이 받는 발달단계적 특징을 나타낸다. 모든 행동에서 누구보다 친구들이 하는 말과 행동의 영향을 크게 받는데 공부도 예외는 아니다. 공부에 대해 많은 사람들이 조언을 하지만 그 누구의 말보다 친구의 말을 따를 가능성이 높다.

같은 아이가 만나는 친구가 달라지면서 공부를 더 열심히 하게 되거나 공부를 아예 등한시 해 버리게 되는 경우가 많다. 어느 나라를 막론하고 학군이 좋은 곳의 부동산 가격이 높은 이유는 공부하는 학교 또는 동네에서는 공부하는 또래들을 보면서 내 아이도 더 공부를 많이 하게 될 것이라고 기대하기 때문이다. 같은 학교라 하더라도 교실의 분위기에 따라 공부를 더 많이 하는 학급이 있고 그렇지 않은 학급이 있다. 조용하고 쾌적한 내 방을 두고 도서관이나 독서실로 향하는 학생들은 이구동성으로 다른 사람들이 열심히 하는 걸 보면 공부가 더 잘된다고 말한다.

그렇다면 친구들이 나에게 어떤 영향을 미치고 있는가? 나는 친구들에게 어떤 영향을 미치고 있는가? 이런 질문에 답해 보면서 서로에게 긍정적인 영향을 미칠 수 있도록 노력하는 것이 필요하다. 공부를 열심히 하는 것의 가치에 대해 진지하게 친구들과 함께 고민해 보고, 그런 생각을 하는 데 영향을 미친 사람들이 누구인지에 대해서도 얘기해 본다. 그리고 공부할 필요가 있다는 결론에 도달한다면, 누군가 공부를 시작해 주기를 바라기보다 그 출발점이 내가 되면 그것이 바로 다른 친구들에게 영향을 미치게 될 것이다.

2. 공부를 둘러싼 심리적 환경

공부와 관련된 심리적 환경이란 얼마나 공부에 대해 지지해 준다고 느끼는가가 가장 핵심이다. 누구나 공부를 열심히 하는 것이 중요하다고 얘기하고 공부에 몰두하는 활동을 훌륭한 행동으로 인정해 준다면 공부하고 싶은 마음이 쉽게 든다. 특히, 가까이 생활하고 있는 가족, 친구, 교사가 공부에 대해 격려하고 지지해 준다면 공부하고 싶은 마음이 더 커질 것이다. 나아가 공부에 몰두하면서 보람을 느끼는 역할모델을 주변에서 찾는다면 공부가 훨씬 수월해진다.

물론 지나치게 공부만을 강조해서 놀지도 말고 공부만 해야 한다고 다그친다면 심리적 지지가 되기보다는 스트레스가 되어 공부를 방해하게 된다. 그렇지만 '공부 안 해도 잘 살 수 있다'라는 얘기를 듣는다고 해서 스트레스가 줄어드는 것은 아니다. '공부를 해서 뭐하냐?', '공부만 하는 바보', '공부 잘한다고 성공하는 거 아니야' 등의 말은 오히려 공부를 방해한다.

이번에는 "나의 주변 사람들은 공부와 관련해 어떤 이야기들을 하나?", "나는 누구의 말에 더 크게 영향을 받고 있나?", "나는 주변 사람들에게 어떤 메시지를 보내고 있나?" 등에 답해 보자. 다른 사람들과의 관계 속에서 공부가 어떤 주제로 다루어지고 있는지 살펴보면서, 나와 공부의 관계도 다시 정립해 볼 필요가 있다.

3. 사례 엿보기

학습부진을 극복한 학생들은 거의 대부분 공부를 격려해주거나 중요하다고 말해주는 사람들의 지지를 받았다고 한다. 중고등학교 시기에는 특히 열심히 공부하는 친구들의 모습이 자극이 되고 힘이 되었다고 한다. 그 내용들을 인용해 보면 다음과 같다.

• 학교 분위기가 공부에 도움을 줌

"고1 시작할 때부터 자습을 해도 남들 다 같이 많이 하고, 계속 남아서 지기 싫어하는 마음 하나로 공부했던 것 같아요. 제가 분위기를 많이 타요. 약간 경쟁적인 분위기에서 더 잘되는. 고1 때는 학원에도 반이 편성되는데, 제가 제일 공부를 못했어요. 경쟁의식도 생기면서 이것저것 많이 주워듣고 그래서 도움도 많이 받았죠."

"고등학교 들어가니깐, 그 학교마다 분위기가 있잖아요. 애들이 공부를 엄청 열심히 하는 거예요. 그래서 또 그 분위기를 보고, 분위기에 따라가게 되잖아요."

• 서로 힘이 되어줌

"고3 때 단짝친구가 생겨서 그 친구랑 얘기를 많이 했어요. 제가 성적 때문에 침체되어 있을 때 그 친구는 되게 의욕이 있어서 북돋아주고, 그 친구가 반대로 침체되어 있을 때는 제가 좀 되게 의욕에 차 있는 상태라 서로 보완이 됐던 것 같아요."

"고2 때 제가 머리를 되게 짧게 자르고 공부를 했는데, 그때 저랑 짝을 했던 친구가 있어요. 이 친구도 되게 성적이 좋았는데, ○○대학교에 들어가기 힘들 것 같으니까 미국유학을 택한 친구가 있었거든요. 그 친구가 유학 준비하겠다고 할 때 쉽지 않잖아요. 고2 때 유학을 준비하는 게. 공부를 열심히 하겠다 그랬었는데. 별로 친하지 않았지만 짝이 되니까 말을 좀 많이 하게 되잖아요. 얘기하던 차에 그 친구도 머리를 자르고 저도 머리도 자르고 이렇게 같이 했었어요. 그러니까 같이 한다는 그 자체가 되게 의지가 되었었던 것 같아요."

• 공부의 역할모델을 찾음

"7막7장 홍정욱 씨가 유학 가서 영어 때문에 엄청 고생하면서 자기가 진짜 이 악물고 공부하는 것을 그려 놓은 게 있어요. 저는 그대로 따라 해서 잠을 줄였어요. 그리고 정말 식사시간도 줄이고 거기 나와 있던 대로 했던 거예요. 저는 이 사람이 처음 롤모델이었던 것 같아요. 이 사람이 성공했잖아요. 나도 되겠다."

"내가 닮고 싶었던 친구는 조기졸업해서 지금은 과 선배예요. ○○고에는 역할모델이 될 만한 학생이 많아요."

• 가족을 통해 공부의 중요성을 알게 됨

"어떤 일이 있어도 졸업을 한다는 결심을 지금도 굳게 가지는데, 아마 자신의 일을 알아서 해 내는 언니와 오빠를 보면서 그렇게 해야 한다는 걸 배웠던 것 같아요. 언니는 대학을 다니고 있고, 어머니도 항상 일을 하시니까 저도 그렇게 살아야 한다는 생각을 하게 되었죠. 평균도 못하는 학생이었지만, 꼭 대학을 졸업해서 나도 할 수 있다는 걸 보여주고 싶어요."

"가만히 앉아서 수학문제를 계속 풀어야 하는 게 싫었지만 할 수밖에 없었어요. 저희 가족에게 교육은 가장 중요한 것이었거든요. 교육을 받고 대학을 나와야 좋은 일자리를 얻을 수 있다는 말을 항상 듣고 자랐어요. 어릴 때는 그게 참 힘들었고 이해할 수 없었지만, 점점 크면서 그 의미를 알게 되었고 그러면서 더 열심히 했어요."

"아버지께서 누누이 공부는 다른 사람들을 위해서 하는 것이라고 말씀하셨어요. 그래서 포기할 수 없고 계속 노력해야 하는 부분인거예요. 왜냐하면 다른 사람을 주려면 계속 가지고 있어야 하잖아요. 부족하지 않게. 나를 위한 것이었으면 그렇게 할 필요가 없죠. 다른 재미있는 것을 먼저 찾았을 테니까. 그게 제 공부에 중요한 영향을 미쳤어요."

상담자 코너

1. 공부 잘하는 친구들과의 만남을 촉진해야 하나요?

성적하락 문제로 상담실을 찾는 많은 부모들은 "우리 아이가 노는 아이들이랑 어울리더니 성적이 떨어졌어요"라고 자녀 성적하락의 원인을 친구 탓으로 돌린다. 실제 아이의 생활도 점검해 보면 친구들과 노는데 많은 시간을 쓰고 있는 경우가 많다. 성적하락에 대한 부모의 가설이 맞다고 볼 수 있는데, 여기에는 주의를 기울여 살펴보아야 할 문제가 있다. 노는 아이들과 어울리다보니 노는 걸 더 많이 하게 된 것도 있겠지만, 공부가 잘 안되면서 자신은 공부하는 아이들보다 노는 아이들에 더 어울린다고 생각해 노는 아이들을 선택했을 가능성도 있다. 이런 경우라면 친구들의 문제가 아니라 공부가 잘 안되던 시점에 어떤 일이 있었는가에서 문제를 찾아야 한다.

친구와 관련되어 상담자가 유의해야 할 사항 한 가지는 공부 잘하는 친구가 긍정적으로 작용하지 않을 수도 있다는 점이다. 우리나라에서 수행된 한 연구결과에 따르면 공부를 잘하는 친구가 있으면 여학생들은 질투와 시기심이 생기고, 남학생들은 기쁨과 자부심이 생긴다고 한다. 그리고 이러한 정서적 반응이 다음 학업행동으로 이어질 수 있는데, 일반적으로 긍정적 정서를 경험하는 것이 학업성취에 도움이 된다. 친구의 성적이 오를 경우 함께 성취를 높일 가능성은 여학생보다는 남학생 쪽이 높다. 그리고 이러한 연구결과는 성차만이 아니라, 친구의 학업성취도가 개인별로 서로 다르게 지각되고 서로 다른 방향으로 학업에 영향을 미칠 수 있다는 점을 시사한다. 즉, 상담자는 내담자의 또래관계와 그들의 학업성취도에 대한 정보의 확보도 필요하지만, 그것을 내담자가 어떻게 지각하고 있는지 확인해야 한다. 나아가 친구의 학업성취도가 공부를 방해하고 있다면, 자신의 공부에 도움이 되는 방향으로 인식을 변화시켜 나가는 개입전략을 적용한다. 상황 자체를 바꾸기보다는 그 상황에 대한 지각 내용을 바꾸는 접근이 필요하다.

2. 친구와 노는 것이 좋아 공부를 안 할 경우 어떻게 해야 할까요?

누구에게나 친구와 노는 것이 공부하는 것보다는 즐겁고 재미있다. 친구와 노는 것과 공부하는 것을 놓고 경쟁을 할 경우 공부하는 것이 이길 가능성은 전무하다고 해도 과언이 아니다. 아이들만이 아니라 어른들도 마찬가지인데 직장에 가는 것보다는 친구와 노는 것을 선택할 것이다. 따라서 친구와 노는 것보다 공부가 더 재미있을 수 있으니 공부해 보라고 하는 것은 통하지 않을 것이다. 궁극적으로 공부에서도 재미를 찾아야겠지만, 놀이와 공부를 경쟁시키기보다는 의무로서의 공부의 필요성부터 서로 확인해야 한다. 공부는 "해야 할 일"이고, 어차피 할 일이라면 얼마나 재미있고 즐겁고 보람있게 할 수 있을까를 고민한다는 것을 전제할 수밖에 없다.

   상담자가 해야 할 일은 '공부는 안하고 친구하고만 놀 거야'라든가 '친구와 노는 모든 시간을 공부해야 한다'와 같은 지나친 환원주의에 빠지지 않고, 놀이와 공부를 잘 조절해 나갈 수 있도록 돕는 것이다. 친구와 노는 것이 공부의 활력소가 되고, 서로 공부의 어려움을 나누는 지지자가 되고, 때로는 경쟁자가 되어 힘을 더 내게 해 주는 존재가 될 수 있도록 친구관계에 개입할 수 있다. 최근에는 동성친구만이 아니라 이성친구와의 만남까지 공부와 경쟁하고 있어 시간과 에너지를 적절히 안배하면서 공부를 해 나가는 것이 점점 더 어려워지고 있다. 이러한 어려움을 경험하게 되는 것의 타당성을 확인해 주고, 그것을 헤쳐 나가기 위해 노력하는 과정을 격려해 주고, 구체적인 해결책을 함께 찾는 과정에 모두 상담자가 도움을 줄 수 있다.

3. 주변인들의 영향을 받는 것에서도 개인차가 있지요?

상담자는 어떤 문제를 다루더라도 개인이 가진 특성이 그 문제에 어떤 기여를 하고 있는지를 검토해야 한다. 공부와 관련된 심리적 지원에 대해 다룰 때도 마찬가지인데, 상담 초기에 실시하는 심리검사 결과로 주변인으로부터 얼마나 크게 영향을 받고 있을지 예상할 수 있다. 예를 들어, 지능검사를 실시했다면 장의존성과 장독립성에 관한 정보를 눈여겨봐야 한다. 지능검사를 통해 파악할 수 있는 장의존성과 장독립성은 인지적 과제의 해결과 밀접히 관련되지만, 일상적 문제해결에도 그 특성이 작용하는 것으로 알려져 있다. 즉, 상담자는 장의존적인 내담자일수록 공부를 할 때 주변의 영향을 많이 받을 가능성이 있을 것으로 예상할 수 있다.

성격검사의 결과를 통해서도 내담자가 주변인들로부터 얼마나 많은 영향을 받는지 예측해 볼 수 있는데, 성격 5요인에서는 우호성(agreeableness)이 높을수록, 성격유형검사에서는 사고형(thinking)보다는 감정형(feeling)이, 직업적 성격유형검사에서는 실재형(realistic)보다는 사회형(social)이 다른 사람들의 영향을 더 크게 받을 수 있을 것이다. 이러한 예측은 상담 전 심리검사 결과로 가설을 세워볼 수 있는 것이고, 실제 내담자가 어떤 모습을 보이는지 탐색하는 것이 더 중요하다.

4. 내담자의 주변인들을 상담에 참여시켜야 할까요?

내담자가 주변인들의 영향을 많이 받고 있다면 그들을 만나보면서 바람직한 해결책을 찾아보는 것이 좋다. 그러나 현실적으로 여의치 않을 때가 많고, 상담자가 나서서 문제를 해결해 주는 것이 자칫 내담자로 하여금 의존성을 갖게 할 수 있으므로 주의해야 한다. 내담자만 만날 수 있는데, 내담자는 다른 사람들의 영향을 많이 받는다면 상담자는 어떻게 해야 하는가? 내담자가 극복해야 하는 방해요인이 학교 분위기가 공부를 하면 놀림을 받는 분위기, 아이의 공부를 전혀 지원하지 못하는 가정, 댄서, 가수, 웹툰 작가 등 예체능의 꿈을 꾸는 친구들 등이라면 쉽지는 않다. 이런 환경임에도 불구하고 공부를 잘하고 싶은 마음이 있어 상담을 요청한 내담자라면 그 자체가 대단히 높은 학습동기를 나타낸다. 이 부분부터 인정해 주고 지지해 주어 상담자가 가장 첫 번째 지지자가 되어 주어야 한다. 그리고 내담자가 자신의 주변 사람들을 공부 지지자로 변화시킬 수 있도록 도와주는 일과 새로운 공부 지지자와 역할모델을 주변에서 찾을 수 있도록 도와주는 일을 해야 한다.

부모와 공부

"부모님께 미안해서 공부해요" 대 "부모님을 위해 공부하는 게 싫어요"

준희는 중학교 때까지 성적이 하위권이었으나 고등학교 때 성적을 많이 향상시켜 우리나라 최고의 대학에 진학했다. 이런 엄청난 성과를 낸 준희의 이야기 속에는 부모의 이야기가 등장하는데, 어머니가 갑자기 편찮아지면서 공부에 집중하게 되었다고 한다. 물론 부모님을 생각해 더 열심히 공부하게 되었다는 준희와 같은 학생들만 있는 것은 아니다. 오히려 부모가 주는 공부에 대한 부담감이 반항심을 키우기도 하는데, 어느 쪽이든 우리나라 학생들의 공부 문제는 부모와의 관계와 밀접히 관련된다. 부모와 가장 많이 갈등하는 문제도 공부에 있고, 부모를 가장 기쁘게 하는 일도 공부에 있다. 부모에 대한 정서와 공부에 대한 동기는 마치 얽힌 실타래와 같아서, 이 부분을 잘 정리하지 않고는 공부에 전념하기 쉽지 않다. 부모와의 관계가 나의 공부에 도움이 되고 있는지 또는 방해가 되고 있는지 살펴보면서, 가능한 도움이 되는 방향으로 이끌어가는 노력을 기울여야 한다.

1. 부모와의 긍정적 관계의 양면

공부에 도움이 되는 경우

부모와의 좋은 관계는 한 개인의 삶에서 안전기지와 같은 역할을 하기 때문에 모든 삶의 영역에 도움이 된다. 부모로부터 사랑과 인정을 받으면서 부모를 믿고 따르는 토대는 공부라는 과제를 해 내는데 있어서도 큰 힘이 된다. 무엇보다 부모와의 편안한 관계는 심리적 안정을 주고 자존감을 높여준다는 점에서 도움이 된다. 마음이 편안하고 자신이 괜찮은 사람이라고 생각이 들 때, 자신에게 주어진 공부라는 과제를 보다 잘하고 싶고, 그 과정이 주는 즐거움에 몰입할 수 있기 때문이다.

일상생활 속에서는 부모와의 좋은 관계라는 토대가 긍정적 기능을 하고 있다는 점을 발견하지 못할 수 있다. 그러나 어떤 위기나 어려움에 직면할 때 부모와 좋은 관계가 힘을 발휘하게 된다. 학업 영역에서 보면, 부모와의 긍정적 관계가 공부에 전념하게 되는 계기가 되는 경우들이 있다. 학습부진을 극복했던 학생들과의 심층면담에서 이런 학생들의 이야기를 들을 수 있었다. 앞서 소개한 준희의 사례도 그 학생들 중 한 명이다. 그 외에도 "아버지께서 동네 분들에게 아들 공부 안 시킨다고 핀잔을 듣는 것을 보고 이래서는 안 되겠다는 생각을 했어요.", "어느 날 형한테 '네 눈에는 부모님이 돈벌어주는 기계처럼 보이냐'라는 말을 듣고 정신을 차렸던 것 같아요." 등과 같이 공부에 전념하게 된 계기를 부모님과의 관계에서 찾는 학생들이 있었다. 이 학생들이 일부러 이런 계기를 만들 수 없다는 점에서 어떻게 활용할 것인가에 한계는 있지만, 부모와의 긍정적 관계는 공부를 하는 학생들의 마음을 움직이는 동력 중 하나인 것은 분명하다.

부모님을 생각하며 공부에 대한 동기를 높인 학생들의 '부모님을 기쁘게 하기 위해', '부모님께 보답하기 위해', '부모님의 걱정을 덜어 들이려고' 등의 말은 마치 자신보다는 부모님을 위해 공부했다는 것처럼 들린다. 그러나 그 속마음을 더 탐색해 보았을 때, 자신의 삶에 대한 책임을 더 이상 부모님께 떠넘기지 않겠다는 마음이 작용하고 있었다. 앞서 살펴본 준희 역시 어머니가 편찮으시게 되자 당장 자신을 돌볼 사람은 자신밖에 없다는 절실함이 공부를 하는 동력으로 작용했다고 한다. 부모와의 긍정적 관계라는 토대는 이제 스스로 삶을 책임지겠다는 다음 단계의 성장으로 이끌고 있었다. 이런 관점에서 보면 부모님의 노고나 바람을 생각하면서 공부를 해야 할 이유를 찾기보다는 부모님께 의존하지 않고 스스로 서기 위해 나에게 필요한 것이 무엇인가를 깊이 생각해 보면서 공부라는 주어진 과제를 바라보는 것이 도움이 될 것이다.

공부에 방해가 되는 경우

부모와의 좋은 관계 자체가 공부에 방해가 되지는 않는다. 좋은 성적을 받으면 나도 기분이 좋고 부모님도 기뻐하시고 더 훌륭한 딸 또는 아들이 되었다는 기분이 드는 것은 자연스러운 일이다. 그러나 이런 경험이 반복되면서 '공부를 잘해야 부모와 좋은 관계가 유지될 수 있다'는 생각이 확고해지면 공부를 방해할 수 있다. 높은 성적표를 받아오면 칭찬을 받게 되고 낮은 성적표를 받아오면 꾸중을 듣기 때문에, 자칫 성적이 부모님의 사랑과 인정을 좌우하는 것으로 생각하기 쉽다.

공부 또는 성적이 부모님의 인정을 받는 도구로 사용된다면, 공부에 대한 부담과 스트레스가 높아서 공부를 회피하고 싶어지고 학교도 싫어지게 되고 여러 가지 부적응 문제를 초래할 수 있다. 안타까운 일이지만 공부문제로 자살이라는 극단적인 행동을 선택하는 학생들의 대부분은 성적이 최상위권인 경우가 많은데, 오로지 최고의 성적이 아니면 부모를 비롯한 다른 사람들로부터 인정을 받을 수 없다고 생각하기 때문이다. 따라서 공부를 잘하는 것이 부모님을 기쁘게 하는 일이긴 하지만 내가 공부하는 근본적인 이유는 바로 나 자신을 위한 일이라는 점을 잊어서는 안 된다. 어떤 누구의 삶도 다른 사람의 삶의 도구가 될 수 없으므로 '나를 위해' 공부하는 것이지, '부모를 위해' 공부하는 것은 아니라는 점을 분명히 해야 한다.

2. 부모와의 부정적 관계를 어떻게 극복할 것인가?

부모와의 갈등은 공부보다 먼저 해결할 과제

부모와의 부정적 관계는 학업을 방해한다. 아동과 청소년의 경우 부모와의 관계가 정서적 안정의 중요한 토대로 작용하기 때문에 부모와 관계가 좋지 않다면 모든 영역의 적응에 지장을 초래한다. 즉, 부모와의 부정적 관계는 아동 및 청소년들의 가장 핵심적 과업인 공부를 가장 먼저 방해한다. 어머니와 또는 아버지와 또는 어머니와 아버지 모두와 관계가 좋지 못한 상태의 생활을 상상해 보면, 그 상황에서 공부에 집중하기는 어렵다는 것은 쉽게 예상된다. 부모님이 강압적이고 자녀의 마음을 이해해주지 못 하는 경우, 어떤 결정에 대해 부모와 자녀가 대립하는 경우(진로나 이성교제에서 의견이 상충되는 경우가 많음), 부모의 방임상태에서 자녀의 문제행동이 제어되지 않는 경우 등 부모와 자녀 간 부정적 관계는 다양하게 나타난다.

이런 경우에는 공부문제보다는 부모와의 갈등이 먼저 해결해야 할 문제라고 하겠다. 그리고 부모와의 갈등의 원인은 그 출발이 자녀일 수도 있고 부모일 수도 있지만, 그 해결을 위한 출발은 부모와 자녀가 함께 해야 한다. 갈등상태는 원인의 제공에 상관없이 상호 부정적인 영향을 미치는 순환 고리 속에 있다. 따라서 부모와 자녀가 모두 문제를 인식하고 관계의 변화를 위해 노력해야 한다. 그럼에도 불구하고 어느 한 쪽이 먼저 나서야 한다면, 그 고리를 끊는 주체가 부모일 때 보다 빠른 해결에 도달할 수 있다. 부모의 자원이 절대적으로 부족하고 의지가 없을 경우 자녀의 변화를 통해 부모의 변화, 나아가 부모와 자녀의 관계가 회복될 수 있지만 훨씬 더 많은 노력과 시간이 필요하다.

공부문제가 갈등의 원인이라면

경우에 따라 공부문제가 부모와 자녀 사이 갈등의 원인이 되기도 하다. 한 학생은 "내가 성적이 오르면 엄마만 좋을 뿐인데 공부를 왜 해요?"라고 말하는가 하면, 어떤 학생은 "전 우리 부모님 체면 세워줄려고 공부하는 게 아닌가라는 생각이 들 때가 있어요."라고 말한다. "공부를 더 잘하는 형/언니/동생이 언제나 우선이에요.˝라고 하는 경우도 여기에 속한다. 이런 생각이 든다면, 나도 모르게 남들에게 이런 호소를 하고 있다면, 이제 스스로 나서 문제를 해결해야 할 만큼 준비가 되었다고 할 수 있다. 왜냐하면 적어도 문제에 대한 인식을 스스로 가지고 있기 때문이다.

어떻게 해결하나요?

첫째, 부모로부터 받는 이런 기대를 내 부모만이 독특하게 가지고 있는 것이 아니라 어떤 부모라도 갖는 자연스러운 마음이라고 받아들여야 한다. 100점이라고 적힌 자녀의 시험지를 보고 기뻐하고 자부심을 느끼지 않는 부모가 있다면 오히려 이상하지 않은가? 마찬가지로 자녀의 낮은 학업성취도 때문에 속상해하고 부끄러워하는 부모가 있는 것도 사실이다. 바람직한 현실은 아니지만 사람의 마음은 자신도 모르게 그렇게 움직인다. 비단 공부만이 아니라, 내 아이가 달리기에서 1등을 해도/꼴찌를 해도, 다른 아이보다 키가 커도/작아도, 뭔가에 적극적으로 참여하는 모습을 보일 때/참여하지 못하고 주저할 때도 마찬가지의 마음이 드는 것이 부모의 마음이다. 자녀가 부모를 바라볼 때에도 마찬가지다. 내 부모가 다른 부모보다 나은 모습을 보여주면 기분이 좋고 항상 그러기를 바란다. 다만 얼마나 이 마음에 사로잡혀 자녀를 힘들게 하는가 또는 자녀가 얼마나 부모의 이런 반응에 내 마음을 빼앗기느냐가 문제다. 부모가 자녀에 대해 적절한 기대를 하고 그 기대를 자녀가 부담을 갖지 않도록 전달하는 것이 가장 이상적이다. 많은 사람들이 이상적인 상태를 지향하지만 현실에서 실천을 하지 못하듯이, 자녀에게 부담을 많이 주는 부모의 경우도 마찬가지다. 지나친 기대를 하는 부모님에 대해 '내가 도대체 어떻게 해야 하는 거야', '나는 부모의 기대에 못 미치는 형편없는 아이야', '제발 나한테 아무런 기대도 하지 말았으면 좋겠어' 등과 같이 생각하지 말고, '내 부모님은 당신의 기대를 적절하게 표현하는 기술이 좀 부족하시구나'라고 생각하면서 그 문제를 부모의 문제로 바라볼 줄 알아야 한다.

둘째, 부모의 지나친 기대와 부담감에 대해 자신이 정확하게 지각하고 있는지에 대한 점검도 필요하다. 실제 부모와 자녀의 이야기를 함께 들어보면,

자녀가 부모의 기대를 잘못 지각하고 있는 경우도 적지 않다. 자녀는 "엄마는 말로는 기대 안 한다고 하지만 SKY가 아니면 대학도 아닌 줄 알아요."라고 말하는데, 그 아이의 어머니는 "아이 아빠랑 저는 정말 대학 이름이 그렇게 중요하다고는 생각하지 않아요. 요즘은 대학만 잘 간다고 나머지 인생이 보장받던 세상이 아니잖아요."라고 말한다. 자녀들은 부모의 기대를 부모가 직접 자신에게 하는 말에서만 찾는 것이 아니라 여러 가지 단서에서 기대를 짐작한다. 예를 들면, 한 아동은 엄마가 드라마 주인공 중 의사를 좋아했다고 하면서 엄마가 자신이 의사가 되기를 바란다고 했다고 한다. 그렇다면 부모의 기대에 대한 현실적 지각은 어떻게 가능할까? 부모의 기대에 대해 직접 부모와 얘기해 보는 것이 가장 좋은 방법이다. 부모도 자녀도 솔직하게 자신의 생각들을 털어 놓으면서 서로의 부담감을 줄여갈 수 있다.

마지막으로 자신의 인생은 부모를 위해 희생하는 인생이 아니라는 점을 분명히 하는 것이다. 물론 부모와 자녀는 끊을 수 없는 인연이고, 아동기와 청소년기 동안 자녀는 부모의 도움을 받고 지도를 받아야 한다. 그렇다고 해서 자녀가 부모의 인생을 대신 살아가는 것도 아니고 부모가 자녀의 인생을 대신 살아가는 것도 아니다. 서로 조력을 할 뿐 각자의 삶을 살아나가는 것임을 명심해야 한다. 정말 나를 위해 필요한 것이 무엇인가를 생각하면서, 부모의 기대를 거부하기 위해 혹시 나에게 필요한 것까지 포기하는 것은 아닌지 자문해 보아야 한다. "내가 성적이 오르면 엄마만 좋을 뿐인데 공부를 왜 해요?"라고 말한 학생은 분명히 이런 상태에 놓여 있는 것이다. 이런 생각이 든다면, 엄마의 기대가 없다면 내가 무엇을 하고 있을지를 질문하는 것에서 출발할 필요가 있다. 엄마와 연결된 나의 삶이 아니라 나라는 독립된 개체로서 나의 삶에 대한 고민을 시작해야 한다.

상담자 코너

1. 어떤 내담자를 도울 수 있나요?

'부모와 공부'는 공부 문제를 고민하는 거의 대부분의 내담자들과 한 번은 이야기를 나눠야 하는 주제다. 아동이나 청소년 대상 학업상담에서는 부모가 내담자를 데리고 오는 경우도 많고, 부모와의 갈등을 호소하는 내용 속에 공부문제가 포함되어 있는 경우도 많다. 이런 경우에는 처음부터 부모와의 문제와 공부문제가 어떤 연결고리가 있는지 파악하고, 그 지점을 상담의 출발점으로 삼아야 한다.

2. 개입과정에서 어떤 점을 유념해야 할까요?

첫째, '부모와 공부'의 문제를 다룰 때 상담자는 중립적인 입장을 유지하는 것이 무엇보다 중요하다. 자칫 부모의 입장에 서서 부모를 변호하거나, 자녀의 입장에 서서 부모를 탓하는 것에 치우치기 쉬운데, 이럴 경우 효과적인 조력을 하기 힘들다.

상담자가 부모 입장만을 대변해서는 곤란하다. 특히, 유료상담 장면에서는 부모가 상담료를 지급하기 때문에 부모의 입장에 서주기를 바라고 부모에게 내담자와의 상담내용을 공개하기를 바라는 경우들도 있는데 이에 응해서는 곤란하다. 뿐만 아니라 부모로서 경험이 있는 상담자들은 부모의 입장에 공감한다는 선을 넘어 부모를 변호하는 역할을 하기도 한다. 예를 들면, 어떤 상담자는 술을 먹고 들어오는 아버지 때문에 속상하다는 내담자에게 '아버지도 얼마나 속이 상하면 술을 드시겠는지 이해하려고 노력을 해 보았냐?'라고 말했다고 한다. 상담의 맥락으로 볼 때 상담자는 내담자에게 부모의 입장에서 보라는 의도로 개입한 것이긴 하지만, 지나치게 부모의 입장에 서 있기 때문에 효과를 거둘 수 없었다. 내담자는 상담자로부터 자신이 공감 받지 못한다고 느끼면서, 상담자의 말이 마치 부모의 잔소리처럼 여겨졌을 것이다.

청소년상담에서 더 흔히 나타나는 사안은 지나치게 내담자의 입장만을 옹호하고 부모를 비난하는 경우다. 물론 부모가 제 역할을 제대로 하지 못해 어려움을 겪는 아동과 청소년들을 만날 경우, 부모에 대해 불만을 갖는 내담 자에게 공감하고 부모의 잘못을 내담자의 잘못과 구분해 주는 것은 필요한 개입이다. 그러나 그 정도가 지나쳐 부모를 나쁜 사람으로 규정해 버릴 경우, 또 다른 화살이 되어 내담자에게 상처를 줄 수 있다. 부모는 바꿀 수 없는 자신의 중요한 배경이기 때문에 훌륭하지 못한 부모를 가진 자신은 형편없는 사람이라고 생각해 버리기 쉽기 때문이다. 따라서 부모가 잘못한 행동에 대해서만 언급할 것이 아니라, 어떻게 그것을 극복할 것인가에 초점을 두고 개입해야 한다.

둘째, 부모에 대한 개입이 필요한 경우 부모상담을 함께 진행해야 한다. 자녀에게 과도한 기대를 가지고 있거나, 지나치게 통제하려 하거나, 상담자에게만 맡겨두려고 하는 등의 부모라면 개입이 필요하다. 상담자가 내담자를 만날 수 있는 시간은 짧은 반면 부모가 내담자와 함께 있는 시간은 길기 때문에 부모의 부적절한 행동이 상담의 효과를 반감시킬 수 있다. 부모 상담이 불가능한 상황이 아니라면, 부모에 대한 개입이 필요한지 여부를 판단하여 함께 진행하는 것이 효과적이다.

3. 정말 부모가 학업성취에 영향을 주나요?

① 부모의 사회경제적 지위의 영향

부모와의 관계는 공부하게 하는 동기로 작용하기도 하고, 공부에 대한 반감을 일으키기도 한다. 서구의 학습이론이나 동기이론에서는 공부문제와 관련된 부모와의 관계에 대해 주로 사회경제적 지위 측면에서 논의가 이루어지고 있다. 부모의 사회경제적 지위 자체가 제공하는 물리적 자원과 서로 다른 계층의 부모가 제공하는 정서적 지원 및 정보적 지원의 차이가 아동과 청소년의 학력 차이를 가져온다는 것이다. 학생들의 학업성취와 밀접히 관련된 부모의 양육행동에 대한 여러 연구를 종합한 한 연구에 따르면, 어머니와 자녀 사이의 언어적 상호작용, 부모-자녀 관계의 질, 훈육과 통제 전략, 자녀에 대한 민음과 귀인, 성취에 대한 기대 등 다섯 가지가 가장 중요한 영향을 미친다(Hess & Holloway, 1984). 그리고 이러한 부모의 행동은 사회계층에 따라 차이를 보이고 있는데, 실제 부모의 사회경제적 지위는 물질적인 지원만이 아니라 계층에 따른 부모의 서로 다른 양육행동을 매개해 학업성취에 영향을 미친다.

이러한 서구의 연구는 주로 취약집단의 아동과 청소년에서 나타나는 현상을 잘 나타내 주고 있고, 우리나라에서도 마찬가지로 나타나고 있는 현상이다. 따라서 취약집단의 아동과 청소년에 대한 학업상담에서 상담자는 이러한 결핍을 확인하고, 그로 인한 학업적 곤란부터 해결할 수 있는 자원의 확보가 필요하다. 참고도서 구입이나 사교육 수강 등의 물질적 자원 공급의 결핍에 대해서는 사회복지사의 도움을 받을 수 있을 것이다. 나아가 부모의 양육태도 측면에서는 부모에 대한 조력과 내담자에 대한 조력을 동시에 제공해야 한다. 경우에 따라 부모를 조력하려고 해도 부모가 응하지 않을 수 있지만, 조력의 대상임을 잊지 말고 개입을 위한 노력을 기울여야 한다.

② 토착심리학이 밝힌 우리나라 부모의 영향

서구와는 달리 우리나라에서는 부모의 사회경제적 지위가 높을수록 학업성취와 관련된 자녀와의 갈등이 심해지고, 이로 인해 학업성취가 낮아지는 경우가 나타나고 있다. 다른 나라에서 찾아보기 힘든 교육열은 지나칠 경우 '자녀의 성적표가 나의 성적표'라는 오개념으로 이어져 자녀들을 힘들게 한다. 우리나라 사람들의 교육에 대한 성취의식을 질적으로 분석한 박영신과 김의철(2002)은 그 내용을 토착심리학이라는 새로운 개념으로 풀어나가고 있다. 이어 박영신, 김의철, 정갑순(2004)은 우리나라의 토착적인 부모자녀 관계의 변인을 학업성취도 과정에서 고려해야 함을 강조하면서, 3년간의 종단적 자료로 그 관계를 검증했다. 이 연구에 포함된 요인을 보면, 부모자녀 관계, 학습자의 특성, 과거의 성취도 등인데, 부모자녀 관계에 부모의 사회적 지원, 성취압력, 자녀에 대한 기대, 부모에 대한 죄송함, 부모에 대한 존경심이 포함되어 있다. 무엇보다 이 연구를 통해 부모의 영향력이 크게 작용하고 있음을 확인할 수 있었는데, 특히 부모에 대한 죄송한 마음은 성취동기에, 부모에 대한 존경심은 자기조절에 영향을 미쳐 학업성취도를 향상시킨다는 것으로 밝혀졌다.

상담자들이 임상적으로 경험해 오던 부모와 공부의 관계를 경험적으로 증명해 냈다는 점에서 의의를 갖는 연구라고 할 수 있다. 단, 부모에 대한 죄송한 마음이나 부모에 대한 존경심이 학업성취를 높일 수 있다는 것을 자칫 부모로부터의 독립이 안 된 미숙한 상태로 간주하지 않기 바란다. 상담자들이 배우고 훈련받은 이론이 형성된 서구의 문화적 상식에서 보면 의존적인 발달지체로 볼 수도 있다. 그러나 각 문화가 가진 독특한 현상을 하나의 잣대로 판단하는 것은 바람직하지 않다. 우리 문화 속에서는 자연스러운 현상일 수 있는데, 서구 문화의 준거로 우리나라 내담자에게 나타나는 현상을 왜곡하는 우를 범하지 않기 바란다.

4. 부모의 조력을 도저히 이끌어 낼 수 없을 때는 어떻게 하나요?

부모가 먼저 바뀌지 않아도 아이의 변화가 부모의 변화를 이끌 수 있다. 다음 상담사례를 통해 그 가능성을 찾고, 내담자를 통해 부모의 변화를 이끌어 보기 바란다.

미우(초4, 여)는 숙제를 거의 해 오지 않고 친구들과도 다툼이 잦아 도움이 필요한 아이로 여겨졌다. 상담을 공부하고 있던 교사는 수퍼비전을 받으며 상담을 할 실습 사례의 내담자로 미우를 선정하여 상담을 시작했다. 접수면접을 통해 미우는 아버지와 둘이 살고 있는데, 아버지는 거의 매일 술을 드시고 늦게 들어와 집에 거의 방치되어 있는 상황임을 확인할 수 있었다. 이에 아버지를 먼저 만나 양육에 더욱 관심을 가져줄 것을 요청하기로 했으나 아버지와는 통화하기조차 힘들고, 어렵게 통화를 했을 때에도 "남의 집 일에 무슨 상관이냐?"고 화만 내셨다.

현실적으로 아버지에게 개입할 수 없는 상황이라는 점에 교사는 매우 좌절되었으나, 수퍼비전을 통해 미우와의 상담을 통해서도 뭔가 도움을 줄 수 있는 것이 있으니 계속 진행해 보라는 격려를 받았다. 이에 미우에게 '지금 가장 바라는 것이 무엇인가'에 대해 질문했는데, 미우는 '아빠가 때리지 않았으면 좋겠다'고 했다. 역시 미우 아버지를 만나지 않고는 해결이 어려운 문제로 보였지만, '그래도 아빠에게 덜 맞는 날이 언제인가'에서 출발해서 아버지로부터 맞게 되는 상황에 대해 자세히 탐색해 보았다. 아버지가 들어오셨을 때 TV를 보고 있을 때가 아버지의 구타가 촉발된다는 점을 발견하고, 아버지가 오실 때가 되면 TV를 끄는 행동부터 해 보기로 했다.

8시가 되면 TV를 끄기로 약속한 미우는 아버지가 올 때까지 아무 것도 안하고 있기가 심심해서 그 시간에 숙제를 하게 되었는데 이것이 여러 긍정적 변화의 촉발 요인이 되었다. 아버지가 들어왔을 때 미우가 숙제하는 모습을 보고 매우 기뻐하면서 같이 밥도 먹고 그런 다음날에는 아침부터 술을 마시던 행동도 줄었다. 또한 미우는 숙제를 해 오게 되면서 학교에서도 수업에 더 참여하게 되고 친구들과의 갈등도 줄었다. 이런 변화가 일어나는 데는 상당히 시간이 걸렸지만 분명한 변화가 미우와 아버지에게서 일어나고 있었다.

미우 아버지가 직접 학교로 찾아와 교사에게 감사의 말을 전할 때쯤에는 술 문제도 많이 좋아지고 미우를 때리는 일도 없어졌다. 미우 아버지는 미우가 TV를 보고 있는 것을 볼 때 '자신이 아이를 제대로 키우지 못하고 있다'는 죄책감이 컸다고 한다. 그런 마음에 어리석게도 구타를 하게 되고, 아침에 일어나 자고 있는 미우의 얼굴을 보면 너무 미안하고 창피해서 술이라도 먹지 않으면 견딜 수 없었다고 했다. 이런 악순환을 끊어준 것은 바로 미우의 숙제하는 행동이었는데 미우 아버지는 교사가 미우와 자신을 정신 차리게 해 주었다고 감사의 말을 전했다.

(이 사례는 90년대 중반의 사례를 각색한 것임. 당시에는 아동학대에 관한 법률이 제대로 정비되기 이전으로 교사가 이 사례에 대해 아동학대 신고를 할 의무가 없을 때였음을 감안하기 바람. 또한 TV 이외에는 달리 아이들이 사용할 수 있는 매체도 없는 상황으로 지금과는 다소 다른 상황이라는 점도 감안하기 바람.)

참고문헌

고대원(2015). 학습환경 요소로서의 백색소음 환경음에 관한 학습자 인식 탐색 연구. 석사학위논문, 서울대학교.

교육과학기술부(2012). 수학교육 선진화 방안 발표. 보도자료, 2012. 1. 10.

교육부(2015). 제2차 수학교육 종합 계획(2015~2019). 세종: 교육부 융합교육지원팀.

구병두, 양애경, 최종진(2013). 자기주도학습이 학업성취에 미치는 영향에 대한 메타분석: 2000년 이후에 발간된 국내 논문을 중심으로. 농업교육과 인적자원개발, 45(4), 1-22.

구병두, 양애경, 최종진(2014). 자기효능감이 학업성취에 미치는 영향에 대한 메타분석: 2000년 이후에 발간된 국내 논문을 중심으로. 상담학연구, 15(5), 1979-2000.

김계현(1995). 상담심리학: 적용영역별 접근. 서울: 학지사.

김성수, 윤미선(2012). 자기결정성이론의 연구 동향 및 학업성취와의 관계에 대한 메타분석. 교육학연구, 50(4), 77-106 .

김아영(2010a). 학업동기: 이론, 연구와 적용. 서울: 학지사.

_____ (2010b). 자기결정성이론과 현장 적용 연구. 교육심리연구, 24(3), 583-609.

김은진(2013). 학업상황의 정서조절이 학업성취도에 미치는 영향: 정서와 학습전략을 매개로. 박사학위논문, 경희대학교.

김은진, 양명희(2011). 우리나라 학생들이 경험하는 학업상황의 정서 연구. 교육심리연구, 25(3), 501-521.

김은주(2005). 자아구성과 내, 외재 동기유형이 교수자의 자기제시에 대한 학습자의 평가에 미치는 영향. 교육심리연구, 19(4), 1065-1086.

김정섭(2009). 학습컨설팅의 중요성과 학습컨설턴트의 역할. 학교심리와 학습컨설팅, 1(1), 19-23.

김진숙, 박경희, 최은영, 이소래(1997). 청소년 시간 · 정신에너지관리 연구 IV: 프로그램(개정판) 종합 보고서. 서울: 청소년대화의광장.

김창대, 이정윤, 이영선, 남상인 (1994). 청소년 문제유형분류체계: 기초연구. 서울: 청소년대화의광장.

김창대, 이정윤, 임은미, 김택호, 이영선(1994). 성적이 떨어지는 아이들(청소년상담문제연구보고서 9). 서울: 청소년대화의광장.

김태성, 김형수, 이영선, 박정민, 임은미 (2001). WEB을 활용한 청소년 심리검사 프로그램 개발. 서울: 한국청소년상담원.

김형태, 오익수, 김원중, 김동일(1996). 청소년 학업상담. 서울: 청소년대화의광장.

김혜숙, 박한샘(1996). 인지행동상담기법 개발 및 보급 보고서: 자기관리기법 I. 서울: 청소년대화의광장.

노명숙(2009). 학습코칭 부모교육 프로그램 개발 및 평가: 학령기 가족을 중심으로. 박사학위논문, 성균관대학교.

박경애, 이명우, 권해수(1997). 시험불안극복기법. 서울: 청소년대화의광장.

박병기, 임신일(2010). 시험불안 관련 변인의 메타분석. 교육심리연구, 24(4), 875-894.

박승호, 김동일, 황매향, 장미경(2003). 청소년 학업상담. 서울: 한국청소년상담원.

박영신, 김의철(2002). 한국 사회의 교육적 성취: 현상과 심리적 기반. 교육심리연구, 16, 325‒351.

박영신, 김의철, 정갑순(2004). 한국 청소년의 부모자녀관계와 성취에 대한 종단연구: 자기효능감과 성취동기를 중심으로. 한국심리학회지: 사회문제, 10, 37-59.

송주연(2012). 성취목표와 학업성취의 상관관계에 대한 메타분석. 교육심리연구, 26(1), 225-250.

신을진(2005). 학습목표 실천과정의 방해요소 분석 : 고등학생의 공부계획 실천과정을 중심으로. 박사학위논문, 서울대학교.

신종호 , 김민성, 최지영, 허유성, 이지은(2015). 교육심리학. 서울: 교육과학사.

연합신문 2002. 9. 18일자: 초중고 학습부진아 심각. http://news.naver.com (검색일: 2016년 1월 10일).

오성삼, 구병두(1999). 메타분석을 통한 한국형 학업성취 관련변인의 탐색. 교육학연구, 37, 99-122.

유정이(2015). 상담기관의 기록. 서울: 학지사.

윤광심. (2003). 자기조절학습이 학업성취에 미치는 영향에 관한 메타분석. 숙명여자대학교 석사학위논문.

윤초희(2009). 학습컨설팅의 모형과 현장 적용 가능성 고찰. 학교심리와 학습컨설팅, 1(1), 1-18.

이대식, 황매향(2014). 학습부진학생의 이해와 지도(2판). 서울: 교육과학사.

이명숙, 안도희, 도승이(2015). 학습컨설팅 역량 척도의 개발 및 타당화. 학습자중심교과교육연구, 15(9), 835-872.

이보라(2011). 학부모의 DISC 행동유형에 따른 학습코칭에 관한 사례연구: 학령기 자녀를 둔 어머니를 대상으로. 석사학위논문, 아주대학교.

이상민(2012). 초 · 중 · 고등학생의 학업소진 진행과정 및 경로분석(아산재단 연구총서 제331집). 서울: 집문당.

이상민, 안성희(2014). 교육에서의 소진에 관한 이론적 고찰. 의학교육연단, 16(2), 57-66.

이영복(2009). 청소년의 학업 소진 척도 개발 및 타당화. 석사학위논문, 고려대학교.

이장호(1982). 상담심리학 입문. 서울: 박영사.

이종욱, 최한희, 박병기(2012). 부모양육방식과 자녀발달특성의 관계에 대한 메타분석. 아동교육, 21(4), 275-296.

이해명(1998). 중 · 고등 학생의 학업성적 결정구조. 서울: 교육과학사.

_____ (2001). 학업성적 결정이론. 서울: 단국대학교 출판부.

임선아, 정윤정(2013). 메타분석을 통한 자기효능감이 학업성취에 미치는 효과 검증. 교육학연구, 51(3), 83-105.

장대익(2013). 인간에 대하여 과학이 말해준 것들. 서울: 바다출판사.

조대연, 김희동, 배현경, 이윤수(2012). 고등학교 학업상담교사제의 효율적 운영 방안 탐색. 중등교육연구, 60(4), 891-915.

조주연, 김명소(2014). 한국형 초등학생용 학업소진척도(KABS-ESS) 개발 및 타당화 연구. 대한가정학회지, 52(1), 43-53.

최승현, 박상욱, 황혜정(2014). PISA와 TIMSS 결과에 나타난 우리나라 학생의 정의적 성취 실태 분석: 수학 교과를 중심으로. 한국학교수학회논문집, 17(1), 23-43.

최옥(2015). 가족기능과 학교적응의 관계: 자기효능감과 학업소진의 중다매개효과. 박사학위논문, 전남대학교.

하대현, 최형주, 송선희(2003). 내, 외재 동기유형의 타당화와 성격과의 상관요인 연구. 교육심리연구, 17(4), 1-21.

한국교육심리학회 편(2000). 교육심리학용어사전. 서울: 학지사.

한국청소년상담원(2011). 2011 상담사례연구집. 서울: 저자.

홍강의(1993). 청소년상담의 이론적 경향 고찰: 치료적 고찰. 청소년상담연구, 1(1), 41-62.

홍경자, 김창대, 박경애, 장미경 (2002). 청소년집단상담의 운영. 서울: 한국청소년상담원.

황매향(2008). 학업상담. 서울: 학지사.

_____ (2009). 학업문제 유형분류의 탐색. 상담학연구, 10(1), 561-581.

_____ (2016). 초등교사를 위한 행동수정 길잡이. 서울: 학이시습.

황매향, 김영빈, 오상철(2010). 학습부진유형별 학습지도 지침서. 서울: 한국교육과정평가원.

황매향, 선혜연, 정애경, 김동진, 김영빈(2009). 성적 하락을 경험한 학업우수 학생들의 학업실패 과정과 반응. 아시아교육연구, 10(3), 191-212.

황매향, 선혜연, 정애경, 김동진, 김영빈(2010). 학업우수 학생들의 잠재수월성 회복 경험. 교육문제연구, 38, 83-111.

황정규(1998). 학교학습과 교육평가(개정판). 서울: 교육과학사.

Amabile, T. M. (1979). Effects of external evaluation on artistic creativity. *Journal of Personality and Social Psychology, 37*(2), 221.

Arbona, C. (2000). The development of academic achievement in school-aged children: Precursors to career development. In S. D. Brown & R. W. Lent (Eds.), *Handbook of counseling psychology* (3rd ed., pp. 270-309). New York: Wiley.

Bandura, A. (1977). Self-efficacy: toward a unifying theory of behavioral change. *Psychological Review, 84*(2), 191-215.

Bandura, A. (1982). Self-efficacy mechanism in human agency. *American Psychologist, 37*(2), 122-147.

Bandura, A. (1994). Self-efficacy. In V. S. Ramachaudran (Ed.), *Encyclopedia of human behavior* (Vol. 4, pp. 71-81). New York: Academic Press.

Bar-Tal, D., & Bar-Zohar, Y. (1977). The relationship between perception of locus of control and academic achievement. *Contemporary Educational Psychology, 2*, 181-199.

Bates, T. C. (2015). The glass is half full and half empty: A population-representative twin study testing if optimism and pessimism are distinct systems. *The Journal of Positive Psychology, 10*(6), 533-542.

Beaumont, H. (1939). The evaluation of academic counseling. *The Journal of Higher Education, 10*(2), 79-116.

Bloom, B. S. (1954/1981). *Taxonomy of Educational Objectives Book 1: Cognitive Domain*. New York: Longman.

Bloom, B. S. (1976). *Human characteristics and school learning*. New York: McGraw-Hill.

Bordin, E. S. (1979). The generalizability of the psychoanalytic concept of the working alliance. *Psychotherapy: Theory, Research, and Practice, 16*, 252-260.

Bramlett, R. K., & Murphy, J. J. (1998). School psychology perspectives on consultation: Key contributions to the field. *Journal of Educational and Psychological Consultation, 9*(1), 29-55.

Campbell, D. P. (1965). Achievements of counseled and non-counseled students twenty-five years after counseling. *Journal of Counseling Psychology, 12*(3), 287.

Corey, G. (20103). *Case approach to counseling and psychotherapy* (8th ed.). Boston, MA: Brooks/Cole.

Deci, E. L. (1971). Effects of externally mediated rewards on intrinsic motivation. *Journal of Personality and Social Psychology, 18*, 105-115.

Deci, E. L., & Ryan, R. M. (2002). Overview of self-determination theory: An organismic dialectical perspective. In E. L. Deci & R. M. Ryan (Eds.), *Handbook of self-determination research* (pp. 3-33). Rochester, NY: University of Rochester Press.

Duckworth, A. L., Eichstaedt, J. C., & Ungar, L. H. (2015). The mechanics of human achievement. *Social and Personality Psychology Compass, 9*(7), 359-369.

Duckworth, A. L., Peterson, C., Matthews, M. D., & Kelly, D. R. (2007). Grit: Perseverance and passion for long-term goals. *Journal of Personality and Social Psychology, 92*(6), 1087-1101.

Duckworth, A. L., Quinn, P. D., & Tsukayama, E. (2012). What No Child Left Behind leaves behind: The roles of IQ and self-control in predicting standardized achievement test scores and report card grades. *Journal of Educational Psychology, 104*(2), 439-451.

Dweck, C. S. (1975). The role of expectations and attributions in the alleviation of learned helplessness. *Journal of Personality and Social Psychology, 31*(4), 674-685.

Dweck, C. S. (2006). *Mindset: The new psychology of success*. New York: Random House.

Ebbinghaus, H. (1913). *Memory: A contribution to experimental psychology* (H. A. Ruger & C. E. Bussenius, Trans.). New York: Teachers College. (Original work published 1885).

Forgeard, M. J. C., & Seligman, M. E. P. (2012). Seeing the glass half full: A review of the causes and consequences of optimism. *Pratiques Psychologiques, 18*(2), 107-120.

Gladwell, M. (2008/2009). *Outliers: The story of success*. New York: Hachette. 노정태 역, 아웃라이어: 성공의 기회를 발견한 사람들, 서울: 김영사.

Goldiamond, I. (1965). Self-control procedures in personal behavior problems. *Psychological Reports, 17*(3), 851-868.

Goleman, D. (1995). *Emotional intelligence*. New York: Bantam Books.

Golembiewski, R. T., Munzenrider, R. F., & Stevenson, J. (1986). *Stress in organizations: Toward a phase model of burnout*. New York: Praeger.

Gottfredson, L. S. (1981). Circumscription and compromise: A developmental theory of occupational aspirations. *Journal of Counseling Psychology, 28*(6), 545-579.

Gottfredson, L. S., & Becker, H. J. (1981). A challenge to vocational psychology: How important are aspirations in determining male career development? *Journal of Vocational Behavior, 18*, 121-137.

Harter, N. (1899). Studies on the telegraphic language. *Psychological Review, 6*(4), 345-375.

Hembree, R. (1988). Correlates, causes, effects, and treatment of test anxiety. *Review of Educational Research, 58*(1), 47-77.

Hess, R. D., & Holloway, S. D. (1984). Family and school as educational-institutions. *Review of Child Development Research, 7*, 179-222.

Hill, C. E., & O'Brien, K. M. (1999). *Helping skills: Facilitating exploration, insight, and action.* Washington: American Psychological Association.

Hulleman, C. S., Schrager, S. M., Bodmann, S. M., & Harackiewicz, J. M. (2010). A meta-analytic review of achievement goal measures: Different labels for the same constructs or different constructs with similar labels? *Psychological Bulletin, 136*, 422-449.

Hwang, M. H., Choi, H. C., Lee, A., Culver, J. D., & Hutchison, B. (2016). The relationship between self-efficacy and academic achievement: A 5-year panel analysis. *The Asia-Pacific Education Researcher, 25*(1), 89-98.

Hwang, M. H., Lee, D., Lim, H. J., Seon, H. Y., Hutchison, B., & Pope, M. (2014). Academic underachievement and recovery: Student perspectives on effective career interventions. *The Career Development Quarterly, 62*(1), 81-94.

Imel, Z., & Wampold, B. (2008). The importance of treatment and the science of common factors in psychotherapy. In S. D. Bown & R. W. Lent (Eds.), *Handbook of counseling psychology* (4th ed., pp. 249-266). New York: Wiley.

Jacobson, E. (1924). The technic of progressive relaxation. *The Journal of Nervous and Mental Disease, 60*(6), 568-578.

James, W. (1884). What is an emotion?. *Mind, 9*(34), 188-205.

Jeynes, W. H. (2016). Meta-Analysis on the Roles of Fathers in Parenting: Are They Unique?. *Marriage & Family Review, 52*(7), 665-688.

Kanfer, F. H., & Gaelick, L. (1975). Self-management methods. In F. H. Kanfer & A. P. Goldstein (1975), *Helping people change* (pp. 309-355). New York: Pergamon.

Kifer, E. (1973). The effects of school achievement on the affective traits of the learner. Unpublished doctoral dissertation. University of Chicago.

Karnes, F. A., Siegle, D., & McCoach, D. B. (2005). *Motivating gifted students.* Waco, TX: Prufrock Press.

Krumboltz, J. D. (1996). A learning theory of career counseling. In M. L. Savickas & W. B. Walsh (Eds.), *Handbook of career counselling theory and practice* (pp. 55-80). Palo Alto, CA: Davies-Black.

Krumboltz, J. D., & Levin, A. S. (2004). *Luck is no accident: Making the most of happenstance.* Ataseadero, CA: Impact.

Lambert, M. J., & Ogles, B. M. (2004). The efficacy and effectiveness of psychotherapy. In M. J. Lambert (Ed.), *Bergin and Garfield's handbook of psychotherapy and behavior change* (5th ed., pp. 139-193). New York: Wiley.

Leiter, M. P., & Maslach, C. (1988). The impact of interpersonal environment on burnout and organizational commitment. *Journal of Organizational Behavior, 9*, 297-308.

Lent, R. W., Brown, S. D., & Hackett, G. (1994). Toward a unifying social cognitive theory of career and academic interest, choice, and performance. *Journal of Vocational Behavior, 45*, 79-122.

Levitin, D. J. (2006). *This is your brain on music: Understanding a human obsession*. New York: Dutton.

Linnenbrink, E. A. (2007). The role of affect in student learning: A multi-dimensional approach to considering the interaction of affect, motivation, and engagement. P. A. Schutz & R. Pekrun (Eds.), *Emotion in education* (pp. 107-124). San Diego, CA: Academic Press.

Locke, E. A., & Latham, G. P. (2002). Building a practically useful theory of goal setting and task motivation: A 35-year odyssey. *American Psychologist, 57*(9), 705-717.

Locke, E. A., Latham, G. P., & Erez, M. (1988). The determinants of goal commitment. *Academy of Management Review, 13*(1), 23-39.

Mandel, H. P., & Marcus, S. I. (1988). *The psychology of underachievement: Differential diagnosis and differential treatment*. New York: Wiley.

Martin, G., & Pear, J. (2011/2012). *Behavior modification: What it is and how to do it* (9th ed). 임선아·김종남 역, 행동수정, 서울: 학지사.

Maurer, L., Zitting, K-M., Elliott, K., Czeisler, C. A., Ronda, J. M., & Duffy, J. F. (2015). A new face of sleep: The impact of post-learning sleep on recognition memory for face-name associations. *Neurobiology of Learning and Memory, 126*, 31-38.

Mischel, W., Shoda, Y., & Rodriguez, M. L. (1989). Delay of gratification in children. *Science, 244*, 933-938.

Mosing, M. A., Zietsch, B. P., Shekar, S. N., Wright, M. J., & Martin, N. G. (2009). Genetic and environmental influences on optimism and its relationship to mental and self-rated health: A study of aging twins. *Behavior Genetics, 39*(6), 597-604.

Multon, K. D., Brown, S. D., & Lent, R. W. (1991). Relation of self-efficacy beliefs to academic outcomes: A meta-analytic investigation. *Journal of Counseling Psychology, 38*(1), 30-38.

Murre, J. M., & Dros, J. (2015). Replication and analysis of Ebbinghaus' forgetting curve. *PloS One, 10*(7), 1-23. (Published online 2015년 7월 6일, 원문제공 URL (2015년 9월 15일) http://www.ncbi.nlm.nih.gov/pmc/articles/PMC4492928/)

Nicholls, J. G. (1978). The development of the concepts of effort and ability, perception of academic attainment, and the understanding that difficult tasks require more ability. *Child Development, 49*(3), 800-814.

Pekrun, R. (1992). The impact of emotions on learning and achievement: Towards a theory of cognitive/motivational mediators. *Applied Psychology, 41*(4), 359-376.

_____. (2006). The control-value theory of achievement emotions: Assumptions, corollaries, and implications for educational research and practice. *Educational Psychology Review, 18*(4), 315-341.

Pekrun, R., Goetz, T., Frenzel, A. C., Barchfeld, P., & Perry, R. P. (2011). Measuring emotions in students' learning and performance: The Achievement Emotions Questionnaire (AEQ). *Contemporary Educational Psychology, 36*(1), 36-48.

Ritchotte, J. A., Matthews, M. S., & Flowers, C. P. (2014). The validity of the Achievement Orientation Model for gifted middle school students an exploratory study. *Gifted Child Quarterly, 58*(3), 183-198.

Robbins, S. B., Lauver, K., Le, H., Davis, D., Langley, R., & Carlstrom, A. (2004). Do psychosocial and study skill factors predict college outcomes?: A meta-analysis. *Psychological Bulletin, 130*(2), 261-288.

Ryan, R. M. & Deci, E. L. (2002). Overview of self-determination theory In E. D. Deci & R. M. Ryan, *Handbook of self-determination research* (pp. 3-33). Rochester, NY: University of Rochester Press.

Salovey, P., & Mayer, J. D. (1990). Emotional intelligence. *Imagination, Cognition and Personality, 9*(3), 185-211.

Sarason, S. B., & Mandler, G. (1952). Some correlates of test anxiety. *The Journal of Abnormal and Social Psychology, 47*(4), 810.

Schalke, D., Brunner, M., Geiser, C., Preckel, F., Keller, U., Spengler, M., & Martin, R. (2013). Stability and change in intelligence from age 12 to age 52: Results from the Luxembourg MAGRIP study. *Developmental Psychology, 49*(8), 1529-1543.

Seligman, M. E. P., & Csikszentmihalyi, M. (2000). Positive psychology: An introduction. *American Psychologist, 55*, 5-14.

Seligman, M. E., Reivich, K., Jaycox, L., Gillham, J., & Kidman, A. D. (1995). *The optimistic child*. Boston, MA: Houghton Mifflin.

Seligman, M. E. P. & Maier, S. F. (1967). Failure to escape traumatic shock. *Journal of Experimental Psychology, 74*, 1-9.

Shin, H., Puig, A., Lee, J. & Lee, S. M. (2011). Cultural validation of the Maslach Burnout Inventory for Korean students. *Asia Pacific Educational Review, 12*, 633-639.

Siegle, D. (2013). *The underachieving gifted child*. Waco, TX: Prufrock Press.

Stickgold, R. (2005). Sleep-dependent memory consolidation. *Nature, 437*(7063), 1272-1278.

Tiedeman, D. V., & O'Hara, R. P.(1963). *Career development: Choice and adjustment*. New York: College Entrance Examination Board.

Wampold, B. E. (2000). Outcomes of individual counseling and psychotherapy: Empirical evidence addressing two fundamental questions. In S. D. Brown & R. W. Lent (Eds.), *Handbook of counseling psychology* (4th ed., pp. 711-739). New York: Wiley.

Weiner, B. (1985). An attributional theory of achievement motivation and emotion. *Psychological Review, 92*(4), 548.

Whitely, M. D. (2001). *Bright minds, poor grades: Understanding and motivating your underachieving child*. New York: Perigee.

Wixted, J. T. (2004). The psychology and neuroscience of forgetting. *Annual Review of Psychology, 55*, 235-269.

찾아보기